Die rechtlichen Auswirkungen von Medienberichterstattung auf Strafverfahren

Europäische Hochschulschriften
Publications Universitaires Européennes
European University Studies

Reihe II
Rechtswissenschaft

Série II Series II
Droit
Law

Bd./Vol. 3385

PETER LANG
Frankfurt am Main · Berlin · Bern · Bruxelles · New York · Oxford · Wien

Uwe Schulz

Die rechtlichen Auswirkungen von Medienberichterstattung auf Strafverfahren

PETER LANG
Europäischer Verlag der Wissenschaften

Die Deutsche Bibliothek - CIP-Einheitsaufnahme

Schulz, Uwe:

Die rechtlichen Auswirkungen von Medienberichterstattung auf Strafverfahren / Uwe Schulz. - Frankfurt am Main ; Berlin ; Bern ; Bruxelles ; New York ; Oxford ; Wien : Lang, 2002
(Europäische Hochschulschriften : Reihe 2, Rechtswissenschaft ; Bd. 3385)
Zugl.: Frankfurt (Main), Univ., Diss., 2001
ISBN 3-631-38316-9

Gedruckt auf alterungsbeständigem,
säurefreiem Papier.

D 30
ISSN 0531-7312
ISBN 3-631-38316-9

Printed in Germany 1 2 3 4 5 7

www.peterlang.de

„Wenn der Angeklagte in einem deutschen Gerichtssaal vorgeführt wird, dann mag er sich sagen, daß eine Hauptgefahr nicht der gefürchtete Staatsanwalt ist, nicht der Vorsitzende, nicht die Richter. Die Meute lauert anderswo. Sie hockt an langen Bänken, läßt die zitternden Federn spielen und wartet, wen sie zerreißt. Wehe dir, hier wird nichts geschont. Du wirst gesperrt gedruckt, du wirst fett gedruckt und du wirst mit einem brühwarmen Schmutz übergossen. Der Gerichtsreporter ist kaum korrupt, er nimmt kein Geld, damit er schweige, oder damit er nenne. Korrupt ist die Presse, die den niedrigsten und schmierigsten Instinkten ihrer Leser soweit entgegenkommt, daß sie ihre Hunde auf die Jagd schickt."

Tucholsky, Erpressung Schaubühne v. 23.7.1914

VORWORT

Die Arbeit lag dem Fachbereich Rechtswissenschaft der Johann Wolfgang Goethe-Universität Frankfurt am Main im Wintersemester 2000/2001 als Dissertation vor. Die mündliche Prüfung fand am 29. April 2001 statt.

Die Arbeit wurde von Prof. Dr. Ulfrid Neumann betreut. Er hat die Arbeit mit wertvollen Anregungen unterstützt und mir dabei den erforderlichen wissenschaftlichen Freiraum gegeben. Für all dies danke ich ihm. Prof. Dr. Walter Kargl danke ich für die Erstellung des Zweitgutachtens.

Frankfurt a. M., im Oktober 2001

Uwe Schulz

INHALTSVERZEICHNIS

Literaturverzeichnis

Alternativentwurf „Novelle zur Strafprozeßordnung, Strafverfahren mit nichtöffentlicher Hauptverhandlung". Herausgegeben von einem Arbeitskreis deutscher und schweizerischer Strafrechtslehrer (Arbeitskreis AE) und bearbeitet von Jürgen Baumann, Anne-Eva Brauneck, Rolf-Peter Calliess, Albin Eser, Armin Kaufmann, Ulrich Klug, Theodor Lenckner, Stephan Quensel, Klaus Rolinski, Claus Roxin, Horst Schüler-Springorum, Hans Schultz und Walter Stree, Tübingen 1980.

Arloth, Frank, Verfahrenshindernis und Revisionsrecht, NJW 1985, 418 f.

Arzt, Gunter, Der strafrechtliche Schutz der Intimsphäre, Tübingen 1970.

Baumann, Jürgen, Die Reform der Vorschriften über die Öffentlichkeit der Strafverfahren, NJW 1982, 1558 ff.

Bertram, Günter, Noch einmal: Die „Ausschwitz-Lüge" - Anmerkungen zum Urteil der 6. Großen Strafkammer des LG Mannheim vom 22.06.1994, NJW 1994, 2397 ff.

Bettermann, Karl August/Nipperdey, Hans Carl/Neumann, Franz/Scheuner, Ulrich, Die Grundrechte Band I - IV, Handbuch der Theorie und Praxis der Grundrechte, Berlin 1954 - 1967.

Berz, Ulrich, Polizeilicher agent provocateur und Tatverfolgung - BGH, NJW 1981, 1626, JuS 1982, 416 ff.

Beulke, Werner, Neugestaltung der Vorschriften über die Öffentlichkeit des Strafverfahrens, JR 1982, 309 ff.

Blau, Günther/Fischinger, Helmuth, Die Teilung des Strafverfahrens in zwei Abschnitte. Schuldspruch und Strafausspruch, ZStW 81 (1969), 31 ff.

Bornkamm, Joachim, Pressefreiheit und Fairneß des Strafverfahrens, Baden-Baden 1980.

Bornkamm, Joachim, Die Berichterstattung über schwebende Strafverfahren und das Persönlichkeitsrecht des Beschuldigten, NStZ 1983, 102 ff.

Bottke, Wilfried, Anmerkung (zu OLG Köln JR 1980, 473), JR 1980, 474 ff.

Bruns, Hans Jürgen, „Widerspruchsvolles Verhalten" des Staates als neuartiges Strafverfolgungsverbot und Verfahrenshindernis, insbesondere beim tatprovozierenden Einsatz polizeilicher Lockspitzel, NStZ 1983, 49 ff.

Brüssow, Rainer/Krekeler, Wilhelm/Mehle, Volkmar, Strafverteidigung in der Praxis, Bonn 1998.

Burkhardt, Björn, Das Zweckmoment im Schuldbegriff, GA 1976, 321 ff.

Dahs, Hans, Handbuch des Strafverteidigers, 6. Auflage, Köln 1999.

Dahs, Hans, Empfiehlt es sich die Vorschriften über die Öffentlichkeit des Strafverfahrens neu zu gestalten, insbesondere zur Verbesserung der Rechtsstellung des Beschuldigten weitere nicht-öffentliche Verfahrensgänge zu entwickeln?, Referat zum 54. Deutschen Juristentag, Nürnberg 1982.

Dahs, Hans, Fortschrittliches Strafrecht in rückständigem Strafverfahren, NJW 1970, 1705 ff.

Dalbkermeyer, Birgit, Der Schutz des Beschuldigten vor identifizierenden und tendenziösen Pressemitteilungen der Ermittlungsbehörden, Frankfurt 1994.

Dehler, Thomas, 1. Beratung des Entwurfs eines Gesetzes zur Änderung des Strafgesetzbuch (Strafrechtsänderungsgesetz - BT Drucksache Nr. 1307 1950), DRiZ 1950, 233 ff.

Dencker, Friedrich, Zur Zulässigkeit staatlich gesteuerter Deliktsbeteiligung, Festschrift für Dünnebier, Berlin/New York 1982, 447 ff.

Detter, Klaus, Der Sachverständige im Strafverfahren - Eine Bestandsaufnahme -, NStZ 1998, 57 ff.

Dreier, Horst, Grundgesetz Kommentar, Tübingen 1996.

Dünnebier, Hanns, Anmerkung (zu BGH StV 1981, 500), StV 1981, 504 ff.

Engels, Dieter/Frister, Helmut, Nichtöffentliches Verfahren vor dem Strafrichter?, ZRP 1981, 111 ff.

Esser, Josef, Vorverständnis und Methodenwahl in der Rechtsfindung. Rationalitätsgrundlagen richterlicher Entscheidungspraxis, 2. Auflage, Frankfurt 1972.

Foth, Eberhard, Kann die Anstiftung durch eine V-Person ein Verfahrenshindernis begründen?, NJW 1984, 221 f.

Franke, Dietmar, Die Bildberichterstattung über den Angeklagten und der Öffentlichkeitsgrundsatz im Strafverfahren, Berlin 1978.

Fezer, Gerhard, Strafprozeßrecht, 2. Auflage, München 1995.

Gadamer, Hans-Georg, Wahrheit und Methode, 3. Auflage, Tübingen 1972.

Gallas, Wilhelm, Zum gegenwärtigen Stand der Lehre vom Verbrechen, ZStW 67 (1955), 1 ff.

Gatzweiler, Norbert, Medienberichterstattung und hieraus resultierende Verteidigungsmöglichkeiten, StraFo 1995, 64 ff.

Gebauer, Michael, Die Rechtswirklichkeit der Untersuchungshaft in der Bundesrepublik Deutschland; eine empirische Untersuchung zur Praxis der Haftanordnung und des Haftverfahrens, München 1987.

Geis, Max-Emanuel, Die pragmatische Sanktion der „verfassungskonformen Analogie". Kritische Anmerkungen zur neusten „Lebenslänglich-Entscheidung" des BVerfG, NJW 1992, 2938 ff.

Giehring, Heinz, Rechte des Beschuldigten, Handlungskompetenz und kompensatorische Strafverteidigung, in: Hassemer, Winfried, Lüderssen, Klaus, Sozialwissenschaften im Studium des Rechts, Band III Strafrecht, München 1978, 181 ff.

Gillmeister, Ferdinand, Anmerkung (zu BGH NStZ 1997, 43), NStZ 1997, 44 f.

Gössel, Karl Heinz, Anmerkung (zum BGH NStZ 1984, 419), NStZ 1984, 420 ff.

Grave, Helmut, Der von der Presse als „Täter" bezeichnete Tatverdächtige, NJW 1981, 209 ff.

Groß, Karl-Heinz, Verteidigung in Ermittlungsverfahren und Medien - Schutz der Verteidigung, Wiesbaden 1998.

Gürtner, Franz, Das kommende Strafrecht, Band II (1936), 2. Auflage, Berlin 1935 - 1936.

Hamm, Rainer, Große Strafprozesse und die Macht der Medien, Baden-Baden 1997.

Hanack, Ernst-Walter, Anmerkung (zu BGH JR 1967, 227), JR 1967, 229 f.

Hanack, Ernst-Walter, Prozeßhindernis des überlangen Strafverfahrens?, JZ 1971, 705 ff.

Hassemer, Einführung in die Grundlagen des Strafrechts, 2. Auflage, München 1990.

Hassemer, Winfried, Vorverurteilung durch Medien, NJW 1985, 1921 ff.

Hassemer, Winfried, Das „Absehen von Strafe" als kriminalpolitisches Instrument, Festschrift für Sarstedt, Berlin 1981, 65 ff.

Hassemer, Winfried/Lüderssen, Klaus, Sozialwissenschaften im Studium des Rechts, Band III Strafrecht, München 1978.

Hauss, Fritz, Presse - Selbstkontrolle - Aufgaben und Grenzen, AfP 1980, 178 ff.

Heinitz, Ernst, Zweiteilung der Hauptverhandlung?, Festgabe für von Lübtow, Berlin 1970, S. 835 ff.

Herdegen, Gerhard, Die Überprüfung der tatsächlichen Feststellungen durch das Revisionsgericht, Schriftenreihe Arbeitsgemeinschaft Strafrecht, Heft 10, 17 ff.

Hesse, Konrad, Grundzüge des Verfassungsrechts der Bundesrepublik Deutschland, 17. Auflage, Heidelberg 1990.

Hilger, Hans, Anmerkungen zum Alternativ-Entwurf aus der Sicht der richterlichen Praxis, NStZ 1982, 312 ff.

Hillenkamp, Thomas, Verwirkung des Strafanspruches durch Verfahrensverzögerung, JR 1975, 133 ff.

Hillenkamp, Thomas, Verfahrenshindernisse von Verfassungs wegen, NJW 1989, 2841 ff.

Hillermeier, Karl, Zum Öffentlichkeitsgrundsatz im Strafverfahren, DRiZ 1982, 281 ff.

Hoffman-Riem, Wolfgang, Sozialstaatliche Wende der Medienverantwortung, JZ 1975, 469 ff.

Horn, Eckhard, Tatschuld-Interlokut und Strafzumessung, ZStW 85 (1973) 7 ff.

Jakobs, Günther, Strafrecht Allgemeiner Teil, 2. Auflage, Berlin/New York 1981.

Jescheck, Hans-Heinrich, Die Bedeutung der Öffentlichkeit für die moderne Kriminalpolitik, ZStW 71 (1959), 1 ff.

Jescheck, Hans-Heinrich, Der Strafprozeß - Aktuelles und Zeitloses, JZ 1970, 201 ff.

Jescheck, Hans-Heinrich/Weigend, Thomas, Lehrbuch des Strafrechts Allgemeiner Teil, 5. Auflage, Berlin 1996.

Karlsruher Kommentar, Strafprozeßordnung/Gerichtsverfassungsgesetz, 4. Auflage, München 1999.

Kaufmann, Arthur, Analogie und „Natur der Sache“. Zugleich ein Beitrag zur Lehre vom Typhus, 2. Auflage, Heidelberg 1982.

Kempf, Eberhard, Anmerkung (zu EGMR StV 1999, 127 f.), StV 1999, 128 ff.

Kempf, Eberhard, Das Verfahrenshindernis der "überlangen Dauer“ und seine Konsequenzen, StV 2001, 134 f.

Kerscher, Helmut, Berichterstattung und Persönlichkeitsschutz. Eine empirisch rechtspolitische Studie über Entstehung und Wirkung identifizierender Berichterstattung, Hamburg 1982.

Kleinknecht, Theodor, Schutz der Persönlichkeit des Angeklagten durch Ausschluß der Öffentlichkeit in der Hauptverhandlung, Festschrift für Schmidt-Leichner, München 1977, 111 ff.

Kleinknecht, Theodor, „Informelles Schuldinterlokut“ im Strafprozeß nach geltendem Recht. Zur modernen Gestaltung der Hauptverhandlung, Festschrift für Heinitz, Berlin 1972, 651 ff.

Kleinknecht, Theodor/Meyer-Goßner, Lutz, Strafprozeßordnung, 44. Auflage, München 1999.

Kloepfer, Michael, Verfahrensdauer und Verfassungsrecht, JZ 1979, 209 ff.

Kohl, Helmut, Vorverurteilung durch Medien?, JZ 1985, 668 ff.

Krekeler, Wilhelm, Maßnahmen zur Veränderung der Entstehung und der Einwirkung "öffentlicher Vorverurteilungen“ auf das Strafverfahren, AnwBl 1985, 426 ff.

Kreß, Claus, Das 6. Gesetz zur Reform des Strafrechts, NJW 1998, 633 ff.

Kübler, Friedrich, Amt und Stellung des Richters in der Gesellschaft von morgen, DRiZ 1969, 379 ff.

Kübler, Friedrich, Öffentlichkeit als Tribunal? - Zum Konflikt zwischen Medienfreiheit und Ehrenschutz, JZ 1984, 541 ff.

Kühne, Hans-Heiner, Anmerkung (zu BGH EuGRZ 1988, 303), EuGRZ 1988, 305 f.

Kürschner, Wolfgang, Der Informationsanspruch der Presse gegenüber der Justiz im Lichte von Steuergeheimnis, Persönlichkeitsrecht und anderen schutzwürdigen Belangen, DRiZ 1981, 401 ff.

Lackner, Karl/Kühl, Kristian, Strafgesetzbuch, 23. Auflage, München 1999.

Lampe, Ernst-Joachim, Der Straftäter als „Person der Zeitgeschichte“ NJW 1973, 217 ff.

Larenz, Karl, Methodenlehre der Rechtswissenschaft, 6. Auflage, Berlin 1991.

Larenz, Karl, Reichen die geltenden gesetzlichen Bestimmungen, insbesondere im Hinblick auf die Entwicklung der modernen Nachrichtenmittel, aus, um das Privatleben gegen Indiskretion zu schützen, Referat zum 42. Deutschen Juristentag, 1957 D 25 ff.

Leipziger Kommentar, Strafgesetzbuch, 11. Auflage, Hrsg. Burkhard Jähnke/Heinrich-Wilhelm Laufhütte/ Walter Odersky, 1. - 28. Lfg., Berlin/New York 1999

Löffler, Martin/Ricker, Reinhart, Handbuch des Presserechts, 3. Auflage München 1994.

Löwe-Rosenberg, Die Strafprozeßordnung und das Gerichtsverfassungsgesetz mit Nebengesetzen, Großkommentar, 25. Auflage, Hrsg. Peter Rieß, Berlin 1984 - 1993, bearbeitet von Wendisch, Gollwitzer, Gössel 1. - 7. Lfg. Berlin 1998.

Lüderssen, Klaus, Verbrechensprophylaxe durch Verbrechensprovokation?, Festschrift für Karl Peters zum 70. Geburtstag, Tübingen 1974, 349 ff.

Lüttger, Hans, Buchbesprechung, Festschrift für Dietrich Oehler zum 70. Geburtstag, JR 1987, 86 f.

Maiwald, Manfred, Das Absehen von Strafe nach § 16 StGB, ZStW 83 (1971), 663 ff.

Mann, F. A., Strafverfahren gegen einen völkerrechtswidrig Entführten, NJW 1986, 2167 f.

Maurach, Reinhart/Zipf, Heinz, Strafrecht Allgemeiner Teil Teilband 1, 8. Auflage, Heidelberg 1992.

Maurer, Hartmut, Allgemeines Verwaltungsrecht, 9. Auflage, München 1994.

Marxen, Klaus, Medienfreiheit und Unschuldsvermutung, GA 1980, 365 ff.

Marxen, Klaus, Strafrecht im Medienzeitalter, JZ 2000, 294 ff.

Mehle, Volkmar, Anmerkungen zum Alternativ-Entwurf aus anwaltlicher Sicht, NStZ 1982, 309 ff.

Meyer-Goßner, Lutz, Verbesserung der Rechtsstellung des Beschuldigten durch weitere nicht-öffentliche Verfahrensgänge, ZRP 1982, 237 ff.

Neumann-Duesberg, Horst, Bildberichterstattung über absolute und relative Personen der Zeitgeschichte, JZ 1960, 114 ff.

Niederschriften über die Sitzungen der Großen Strafrechtskommission, Band 10: Besonderer Teil, 104. - 114. Sitzung, Bonn 1959.

Oellrich, Contempt of Court, DRiZ 1958, 74 ff.

Ostendorf, Heribert, Die öffentliche Identifizierung von Beschuldigten durch die Strafverfolgungsbehörden als Straftat, GA 1980, 445 ff.

Palandt, Bürgerliches Gesetzbuch, bearbeitet von Bassenge, Diederichsen, Edenhofer, Heinrichs, Heldrich, Putzo, Sprau, Thomas, 59. Auflage, München 2000.

Peters, Karl, Anmerkung (zu BGH JR 1978, 246), JR 1978, 247 f.

Pfeiffer, Gerd, Das strafrechtliche Beschleunigungsgebot, Festschrift für Baumann, Bielefeld 1992, 329 ff.

Piroth, Bodo/Schlink, Bernhard, Grundrechte Staatsrecht II, 15. Auflage, Heidelberg 1999.

Prüfer, Hans, Das fragwürdige Geständnis, StV 1998, 232 ff.

Radbruch, Gustav, Die Natur der Sache als juristische Denkform, Darmstadt 1960.

Reiß, Wolfram, Störung der Strafrechtspflege durch Berichterstattung in den Massenmedien, Bonn 1995.

Rieß, Peter, Verfahrenshindernisse von Verfassungs wegen?, JR 1985, 45 ff.

Rogall, Klaus, Die Verletzung von Privatgeheimnissen (§ 203 StGB), NStZ 1983, 1 ff.

Rogall, Klaus, Anmerkung (zu AG Hamburg NStZ 1984, 265), NStZ 1984, 267 f.

Römer, Wilhelm, Das Schuldinterlokut, GA 1969, 333 ff.

Roxin, Claus, Strafverfahrensrecht, 25. Auflage, München 1998.

Roxin, Claus, Fragen der Hauptverhandlungsreform im Strafprozeß, Festschrift für Schmidt-Leichner, München 1977, 145 ff.

Roxin, Claus, Das Schuldprinzip im Wandel, Festschrift für Arthur Kaufmann zum 70. Geburtstag, Heidelberg 1993, 519 ff.

Roxin, Claus, Strafrecht, Allgemeiner Teil Band I, 3. Auflage, München 1997.

Roxin, Claus, Zur Problematik des Schuldstrafrechts, ZStW 96 (1984), 641 ff.

Roxin, Claus, Strafrechtliche und strafprozessuale Probleme der Vorverurteilung, NStZ 1991, 153 ff.

Roxin, Imme, Die Rechtsfolgen schwerwiegender Rechtsstaatsverstöße in der Strafrechtspflege, 3. Auflage, München, 2000.

Roxin, Imme, Anmerkung (zu BGH StV 2001, 89 ff.), StraFo 2001, 51 ff.

Rubens-Laarmann, Ulrich, Die Gerichtsberichterstattung im englischen Recht unter vergleichender Betrachtung des deutschen Rechts, Münster 1969.

Ryffel, Hans, Rechtssoziologie, Neuwied/Berlin 1974.

Sachs, Michael, Grundgesetz Kommentar, 2. Auflage, München 1999.

Sarstedt, Werner/Hamm, Rainer, Die Revision in Strafsachen, 6. Auflage, Berlin/New York 1998.

Sax, Walter, Grundsätze der Strafrechtspflege, in: Bettermann/Neumann/Nipperdey, Die Grundrechte, 3. Band 2. Halbband, Berlin 1959, S. 909 ff.

Schäfer, Gerhard, Zur Individualisierung der Strafzumessung, Festschrift für Tröndle, Berlin 1989, 395 ff.

Schäfer, Gerhard, Praxis der Strafzumessung, 2. Auflage, München 1995.

Schaefer, Christoph, Vorverurteilung am Fall des P. Graf, NJW 1996, 496 f.

Schaefer, Hans-Christian, Die Neufassung der Richtlinien für das Straf- und Bußgeldverfahren, NJW 1977, 21 ff.

Scheele, Michael, Zur Reform des Gegendarstellungsrechts, NJW 1992, 957 ff.

Scheffler, Uwe, Rechtsstaatswidrigkeit und Einstellung von Strafverfahren, JZ 1992, 131 ff.

Scheffler, Uwe, Anmerkung (zu BGH wistra 1990, 319), wistra 1990, 319 ff.

Scheffler, Uwe, Die überlange Dauer von Strafverfahren, Berlin 1991.

Scherer, Joachim, Justiz und Massenmedien, Kontrollierende oder kontrollierte Medienöffentlichkeit?, ZaöRV 39 (1979), 38 ff.

Scherer, Joachim, Gerichtsöffentlichkeit als Medienöffentlichkeit, Königstein 1979.

Scherer, Joachim, Verfassungswidrigkeit des Contempt bei Publication, JuS 1979, 470 ff.

Schlothauer, Reinhold/Weider, Hans-Joachim, Untersuchungshaft, 2. Auflage, Heidelberg 1995.

Schilken, Eberhard, Gerichtsverfassungsgesetz, 2. Auflage, Köln 1994.

Schmidt, Eberhard, Probleme der richterlichen Verantwortung, DRiZ 1963, 376 ff.

Schmidt, Eberhard, Einführung in die Geschichte der deutschen Strafrechtspflege, 3. Auflage, Göttingen 1965.

Schmidt, Eberhard, Justiz und Publizistik, Tübingen 1968.

Schmidt, German/Seitz, Walter, Aktuelle Probleme des Gegendarstellungsrechts, NJW 1991, 1009 ff.

Schmidt-Aßmann, Eberhard, Besonderes Verwaltungsrecht bearbeitet von Badura, Breuer, von Danwitz, Friauf, Krebs, Kunig, Ruland, Schmidt-Aßmann, 11. Auflage, Berlin/New York 1999.

Schöch, Heinz, Das Gesetz zur Bekämpfung von Sexualdelikten und anderen gefährlichen Straftaten vom 26.1.1998, NJW 1998, 1257 ff.

Schomburg, Wolfgang, Das strafrechtliche Verbot vorzeitiger Veröffentlichung von Anklageschriften und anderen amtlichen Schriftstücken, ZRP 1982, 142 ff.

Schönke, Adolf/Schröder; Horst, Strafgesetzbuch, 25. Auflage, München 1997.

Schoreit, Armin, Absolutes Strafverfahrenshindernis und absolutes U-Haftverbot bei begrenzter Lebenserwartung des Angeklagten, NJW 1993, 881 ff.

Schroeder, Friedrich-Christian, Der Geltungsbereich der Menschenrechte in den Stadien des Strafverfahrens, GA-FS 140 Jahre Goltdammer's Archiv für Strafrecht, Würdigung zum 70. Geburtstag von Paul-Günter Pötz, Heidelberg 1993, 205 ff.

Schroth, Ulrich, Strafrechtliche und strafprozessuale Konsequenzen aus der Überlänge von Strafverfahren, NJW 1990, 29 ff.

Schubarth, Martin, Faustrecht statt Auslieferungsrecht, StV 1987, 173 ff.

Schumann, Heribert, Verfahrenshindernis bei Einsatz von V-Leuten als agent provocateurs, JZ 1986, 66.

Schüler-Springorum, Horst, Ein Strafverfahren mit nichtöffentlicher Hauptverhandlung? Zum Alternativ-Entwurf „Novelle zur Strafprozeßordnung", NStZ 1982, 305 ff.

Schulz, Uwe, Die analoge Anwendung des § 168 c Abs. 2 StPO auf die Vernehmung des Mitbeschuldigten, StraFo 1997, 294 ff.

Schulze-Fielitz, Helmuth, Der informale Verfassungsstaat: Aktuelle Beobachtungen des Verfassungslebens in der Bundesrepublik Deutschland im Lichte der Verfassungstheorie, Berlin 1984.

Schünemann, Bernd, Der polizeiliche Lockspitzel - Kontroverse ohne Ende?, Kritische Anmerkung zum Vorlagebeschluß des 2. Strafsenats vom 4.6.1985, StV 1985, 424 ff.

Schünemann, Bernd, Grundfragen des modernen Strafrechtssystems, hrsg. von Bernd Schünemann mit Beiträgen von Hans Achenbach, Berlin 1984.

Schünemann, Bernd, Zur Reform der Hauptverhandlung im Strafprozeß, GA 1978, 161 ff.

Schwenk, Edmund, Das Recht des Beschuldigten auf alsbaldige Hauptverhandlung, ZStW 79 (1967), 721 ff.

Seelmann, Kurt, Zur materiell-rechtlichen Problematik des V-Mannes, ZStW 95 (1983), 797 ff.

Simgen, Norbert, Gedanken zum Verhältnis Justiz - Presse, Festschrift für Wassermann, Neuwied/Darmstadt 1985, 531 ff.

Sinner, Stefan/Kreuzer, Arthur, Anmerkung (zu StV 2000, 57), StV 2000, 114 ff.

Staechelin, Gregor, Das 6. Strafrechtsreformgesetz - Vom Streben nach Harmonie, großen Reformen und höheren Strafen, StV 1998, 98 ff.

Stürner, Rolf, Empfiehlt es sich die Rechte und Pflichten der Medien präziser zu regeln und dabei den Rechtsschutz des einzelnen zu verbessern?, Gutachten zum 58. Deutschen Juristentag, 1990, H1 ff.

Stürner, Rolf, Schutz des Gerichtsverfahrens vor öffentlicher Einflußnahme, JZ 1978, 161 ff.

Systematischer Kommentar zum Strafgesetzbuch, Rudolphi/Horn/ Samson/Günther/ Hoyer, Band 1 Allgemeiner Teil (7. Auflage, 28. Lfg. November 1997), Band 2 Besonderer Teil (6. Auflage, 45. Lfg. Juli 1998).

Taschke, Jürgen, Verfahrenshindernis bei Anstiftung durch einen Lockspitzel, StV 1984, 178 ff.

Taschke, Jürgen, Anmerkung (zu BGH, StV 1999, 631 und BayObLG, StV 1999, 631 f.), StV 1999, 632 ff.

Tröndle, Herbert/Fischer, Thomas, Strafgesetzbuch und Nebengesetze, 49. Auflage, München 1999.

Ulsamer, Gerhard, Einige Bemerkungen über Medien und Strafprozeß, Festschrift für Jauch, München 1990, 221 ff.

Ulsenheimer, Klaus, Zur Problematik der überlangen Verfahrensdauer und richterlichen Aufklärungspflicht im Strafprozeß sowie zur Frage der Steuerhinterziehung durch Steuerumgehung; Anmerkung (zu BGH wistra 1982, 108), wistra 1983, 12 ff.

Vogelgesang, Eva, Verfahrenshindernis der überlangen Verfahrensdauer, NJW 1994, 1845 f.

Vogler, Theo, Straf- und Strafverfahrensrechtliche Fragen in der Spruchpraxis der europäischen Kommission und des europäischen Gerichtshofs für Menschenrechte, ZStW 89 (1977), 761 ff.

Volk, Klaus, Verfahrensfehler und Verfahrenshindernisse, zugl. Besprechung AG Mannheim (StV 1985, 34), StV 1986, 34 ff.

Volk, Klaus, Empfiehlt es sich, die Vorschriften über die Öffentlichkeit des Strafverfahrens neu zu gestalten, insbesondere zur Verbesserung der Rechtsstellung des Beschuldigten weitere nicht-öffentliche Verfahrensgänge zu entwickeln?, Referat zum 54. Deutschen Juristentag, Nürnberg 1982.

von Becker, Peter, Straftäter und Tatverdächtige in den Massenmedien: Die Frage der Rechtsmäßigkeit identifizierender Kriminalberichte. Eine Untersuchung zur beispielhaften Konkretisierung von Medienverantwortung im demokratisch-sozialen Rechtsstaat, Baden-Baden 1979.

von Hippel, Robert, Der deutsche Strafprozeß, Marburg 1941.

von Münch, Ingo/Kunig, Philip, Grundgesetz Kommentar Band 1 (Präambel bis Art. 20), 4. Auflage, München 1992.

Wagner, Joachim, Strafprozeßführung über Medien, Baden-Baden 1987.

Waldner, Wolfram, Anmerkung (zu AG Nürnberg MDR 1983, 424), MDR 1983, 424 f.

Wassermann, Rudolf, Notwendigkeit und Grenzen der Justizkritik, DRiZ 1966, 9 ff.

Wehmeier, Klaus, Wechselbeziehungen zwischen Medienberichterstattung und öffentlicher Meinung, DRiZ 1982, 4 ff.

Weigend, Thomas, Anmerkung (zu BGH JR 1991, 266), JR 1991, 257 f.

Weiler, Edgar, Medien als Ursache von Straftaten und Kompromissen im Strafverfahren, AnwBl. 1998, 2 ff.

Weiler, Edgar, Irreparable Verletzung des Rechts des Beschuldigten auf ein faires rechtsstaatliches Strafverfahren als Verfahrenshindernis, GA 1994, 561 ff.

Weiler, Edgar, Medienwirkung auf das Strafverfahren, ZRP 1995, 130 ff.

Welzel, Hans, Das deutsche Strafrecht, 11. Auflage, Berlin 1969.

Zipf, Heinz, Empfiehlt es sich, die Vorschriften über die Öffentlichkeit des Strafverfahrens neu zu gestalten, insbesondere zur Verbesserung der Rechtsstellung des Beschuldigten weitere nicht-öffentliche Verfahrensgänge zu entwickeln? Gutachten zum 54. Deutschen Juristentag, Nürnberg 1982.

Zipf, Heinz, Der Anspruch des Angeklagten auf Ausschluß der Öffentlichkeit zum Schutz des Privatbereichs - BGHSt 23, 82, JuS 1973, 350 ff.

Zipf, Heinz, Anmerkung (zu OLG Karlsruhe JR 1975, 161), JR 1975, 162 f.

Abkürzungsverzeichnis

a. A. .... anderer Ansicht
AE .... Alternativentwurf eines Strafgesetzbuches, 1966 ff.
AfP .... Archiv für Presserecht
AG .... Amtsgericht
AnwBl .... Anwaltsblatt
Az .... Aktenzeichen
BDSG .... Bundesdatenschutzgesetz vom 20.12.1990 (BGBl. I 2954; III 204-3)
BGB .... Bürgerliches Gesetzbuch vom 18.08.1896 (RGBl. 195; BGBl. III 400-2)
BGH .... Bundesgerichtshof
BGHR .... BGH-Rechtsprechung - Strafsachen, hrsg. von Richtern des Bundesgerichtshofes
BGHSt .... Entscheidungen des Bundesgerichtshofes in Strafsachen (zitiert nach Band und Seite)
BGHZ .... Entscheidungen des Bundesgerichtshofs in Zivilsachen (zitiert nach Band und Seite)
BRAK .... Bundesrechtsanwaltskammer
BRRG .... Beamtenrechtsrahmengesetz vom 27.2.1985 (BGBl. I 462; III 2030-1)
BT/Ds .... Bundestagsdrucksache
BVerfG .... Bundesverfassungsgericht
BVerfGE .... Entscheidungen des Bundesverfassungsgerichts (zitiert nach Band und Seite)
DRiZ .... Deutsche Richterzeitung
DVBl. .... Deutsches Verwaltungsblatt
EGGVG .... Einführungsgesetz zum Gerichtsverfassungsgesetz vom 27.1.1877 (RGBl. 77; BGBl. III 300 bis 1)
EGMR .... Europäischer Gerichtshof für Menschenrechte
EMRK .... Europäische Menschenrechtskonvention vom 4.11.1950, (BGBl. 1952 II, 685)

EuGRZ	Europäische Grundrechte Zeitschrift
f.	folgende
ff.	fortfolgende
GA	Goltdammer's Archiv für Strafrecht
GG	Grundgesetz für die Bundesrepublik Deutschland vom 23.5.1949 (BGBl. I; III 100 bis 1)
GVG	Gerichtsverfassungsgesetz vom 9.5.1995 (BGBl. I 1077; III 300 bis 2)
h. M.	herrschende Meinung
JR	Juristische Rundschau
JuS	Juristische Schulung
JZ	Juristenzeitung
KUG	Kunsturhebergesetz vom 9.1.1907 (RGBl. 7, BGBl. III 4 Nr. 444-3)
LG	Landgericht
LPG	Landespressegesetz vom 14.1.1964 (GBl. S. 11)
MDR	Monatsschrift für Deutsches Recht
NJW	Neue Juristische Wochenschrift
NStZ	Neue Zeitschrift für Strafrecht
OLG	Oberlandesgericht
RegE	Regierungsentwurf des jeweiligen Änderungsgesetzes
RG	Reichsgericht
RGSt	Entscheidungen des Reichsgerichts in Strafsachen
RiStBV	Richtlinien für das Strafverfahren und das Bußgeldverfahren in der ab 1.2.1997 bundes-einheitlich geltenden Fassung
Rn	Randnummer
StGB	Strafgesetzbuch
StPO	Strafprozeßordung vom 7.4.1987 (BGBl. I 1074, 1319; III 312 bis 2)
StraFo	Strafverteidiger Forum
StV	Strafverteidiger
VRS	Verkehrsrechtssammlung, Entscheidungen aus allen Gebieten des Verkehrsrechts
wistra	Zeitschrift für Wirtschaft-, Steuer- und Strafrecht

WM	Wertpapiermitteilungen
ZPO	Zivilprozeßordnung vom 30.1.1877 (BGBl. 455, III 310-4)
ZRP	Zeitschrift für Rechtspolitik
ZStW	Zeitschrift für die gesamte Strafrechtswissenschaft

I. Einführende Bemerkungen zur Problematik

1. Ein Ausgangsfall[1]

Ein in einer süddeutschen Kleinstadt lebender, angesehener, strafrechtlich noch nicht in Erscheinung getretener Eigentümer eines traditionsreichen Autohauses geriet Anfang 1984 in Verdacht an den von ihm veräußerten Gebrauchtwagen die Kilometerzähler zurückgedreht und so seine Käufer betrogen zu haben. Die Ermittlungsbehörden gingen von über einhundert Fällen und einem Schaden von mehreren einhunderttausend Mark aus. Aufgrund eines richterlichen Durchsuchungsbefehls wurden sowohl die Geschäftsräume des Autohauses als auch das Wohnhaus des Automobilkaufmanns unter großem Polizeieinsatz durchsucht. Gegen den Kaufmann erging Haftbefehl. Vor der Vorführung vor dem Haftrichter wurde ihm deutlich gemacht, daß er ohne Geständnis keine Chance habe, frei zu kommen. Der Kaufmann legte daraufhin, wenn auch unter Einschränkungen, das gewünschte Geständnis ab. Der Haftbefehl wurde unter den Auflagen Sicherheitsleistung von einer Million Mark, Hinterlegung des Reisepasses und tägliche Meldung bei einem Polizeirevier außer Vollzug gesetzt.[2] Unterdessen hatte bereits eine umfangreiche und detaillierte Berichterstattung in Rundfunk und Presse eingesetzt. Die Bild-Zeitung und der Stern, sowie einige Lokalzeitungen berichteten eingehend über den Schuldvorwurf, die Durchsuchungen und den Erlaß des Haftbefehls sowie den Einzelheiten der Außervollzugsetzung. Kommentierungen und Bewertungen dieses Falles rundeten die Berichterstattung ab. Dies hatte zur Folge, daß der Hersteller der Fahrzeuge den Beschuldigten aufforderte seine Geschäftsführung sofort niederzulegen und nicht mehr in den Geschäftsräumen anwesend zu sein. Der Beschuldigte kam dieser Aufforderung unter dem Druck der Gefahr für die Arbeitsplätze der Angestellten des Autohauses nach. Kurz darauf übernahm ein neuer Vertragshändler das Autohaus. In der Zwischenzeit war das Ermittlungsverfahren mit sämtlichen Einzelheiten zum zentralen Gespräch in der

---

[1] Die Sachverhaltsschilderung dieses Ausgangsfalles ist dem Beitrag von Ulsamer, Festschrift für Jauch, S. 224 ff. entnommen.

[2] Dieser praktische Fall zeigt im übrigen, daß in der Rechtspraxis die gesetzlich normierten Haftgründe weitgehend durch die sogenannten "apokryphen" Haftgründe abgelöst wurden. Hierbei handelt es sich um die für die Anordnung der Untersuchungshaft tatsächlich ausschlaggebenden Gründe, die ungenannt bleiben und sich hinter vorgeschobenen gesetzlichen Haftgründen verbergen, siehe Schlothauer/Weider, Untersuchungshaft, Rn. 268. Einer der häufigsten apokryphen Haftgründe ist hierbei die Förderung der Geständnisbereitschaft, Schlothauer/Weider, Untersuchungshaft, Rn. 249 ff.

Kleinstadt geworden. Hierdurch entstand für den Beschuldigten und seine Familie eine unerträgliche Situation. Aufgrund ständiger Diskriminierung mußte die Tochter die Schule in der Stadt verlassen und in ein Internat im Ausland wechseln. Der Beschuldigte zog aus der Stadt, in der er aufgewachsen und als bekannter Geschäftsmann lange erfolgreich war, aufgrund der für ihn nicht mehr zu ertragenden Situation weg, nachdem er zuvor sein Haus verkauft hatte. Nachdem die Polizei etwa noch sechshundert Kunden in der Stadt vernommen hatte, wurde am 1.4.1985 Anklage vor dem Landgericht erhoben. Die Hauptverhandlung endete am 20.11.1987 mit einem Urteil, das den Angeklagten wegen versuchten Betruges zu einer Freiheitsstrafe von zehn Monaten, die zur Bewährung ausgesetzt wurde, verurteilte. Im übrigen erfolgte Freispruch. Die Verurteilung wurde aufgrund der Revision des Angeklagten durch den BGH am 9.6.1988[3] wegen materiell-rechtlicher Fehler aufgehoben und zur erneuten Verhandlung zurückverwiesen. Rechtskräftig wurde lediglich eine Verurteilung wegen versuchten Betrugs, die allerdings auf einem bei der Durchsuchung gemachten Zufallsfund beruhte und mit dem vorliegenden Komplex nichts zu tun hatte. Im übrigen kam es zur Einstellung des Verfahrens. Von dem strafrechtlichen Schuldvorwurf, der 1984 Gegenstand der eingehenden Medienberichterstattung war, blieb de facto nichts übrig. Was jedoch blieb, war die durch die Medienberichterstattung erfolgte Zerschlagung des Vermögens des Beschuldigten, der Verlust seines Unternehmens und damit seiner beruflichen und sozialen Existenz sowie der Verlust seiner Heimat und seiner familiären Strukturen. Diese Folgen hatte der Angeklagte bereits hinnehmen müssen, bevor überhaupt eine Anklageschrift vorlag.

2. Die Wechselwirkung zwischen Medienberichterstattung und Ablauf von Strafverfahren unter Berücksichtigung der kollidierenden Rechtsgüter

Strafverfahren finden in Deutschland inmitten der gesellschaftlichen Abläufe statt, und werden von einem großen öffentlichen Interesse begleitet. Aus diesem Grund berichten Zeitungen, Zeitschriften, Rundfunk und Fernsehen eingehend und ausführlich über Strafprozesse, an denen die Öffentlichkeit aus der Sicht der Berichterstattung interessiert ist. Jene Berichterstattungen über Strafverfahren, insbesondere deren Art und Weise, haben in der Vergangenheit zu kontroversen Diskussionen geführt, ob und wenn ja in welcher Form auf öffentliche Vorverurteilungen und deren Auswirkungen auf das Strafverfahren zu reagieren ist. Ansatzpunkt ist hierbei immer wieder die

---

3 BGH, wistra 1988, 348.

Frage, ob eine tendenziöse dem Ergebnis vorgreifende Berichterstattung ein faires Verfahren überhaupt verhindert, da die öffentliche Meinung sich eine abschließende Position über den Beschuldigten schon gebildet hat, bevor staatsanwaltschaftliche oder richterliche Entscheidungen getroffen sind. Können die Entscheidungsträger überhaupt noch unbeeinflußt und unabhängig urteilen? Sind Zeugen noch in der Lage zwischen dem was sie selbst erlebt haben und dem was sie den Medien entnommen haben, zu differenzieren oder reagieren sie eingeschüchtert oder gar in der Weise, daß sie mehr bekunden als sie erlebt haben, um einer öffentlichen Erwartungshaltung gerecht zu werden? Wird der Beschuldigte durch die Berichterstattung psychisch oder auch physisch so belastet, daß seine Verteidigungsfähigkeit tangiert wird? Kann man einem Beschuldigten die persönlichen, familiären und wirtschaftlichen Konsequenzen überhaupt zumuten?

Insofern ist es verwunderlich, daß über die Wechselwirkung zwischen dem Ablauf von Strafverfahren und Medienberichterstattung systematische Untersuchungen und Analysen nicht vorliegen.[4] Eine Darstellung der Wirkungsweise von Medienberichterstattung ist jedoch nur bei genauer Betrachtung der Entstehungsprozesse möglich.

a. Einfluß der Medien auf die Prozeßbeteiligten

Im Mittelpunkt der Medienberichterstattung steht die Bedeutung und Wirkung der Verteidigungslinie des Angeklagten. Die auf die Verteidigungstätigkeit des Verteidigers fokussierte, immer ausführlicher werdende Berichterstattung nehmen Verteidiger zum Anlaß, die Frage nach der Wechselwirkung zwischen ihren Aktivitäten und den Konsequenzen für ihren Mandanten zu verifizieren.[5] Aber auch auf Seiten der Strafverfolgungsbehörden und der Strafgerichte wurden Überlegungen angestellt, auf die Medienberichterstattung durch die Weitergabe von Informationen und Meinungsbildungen über Strafprozesse einzuwirken. Die Bedeutung der Medienberichterstattung für den konkreten Ablauf von Strafverfahren ist bis heute empirisch wenig untersucht und im allgemeinen unterschätzt worden. Als wegweisend ist in diesem

---

4 So die Kritik von Gatzweiler, StraFo 1995, 64. Die einzige Untersuchung diesbezüglich ist von Wehmeier veröffentlicht worden, vgl. DRiZ 1982, 4 ff. Diese kann allerdings nicht mehr als aktuell angesehen werden, da die Strukturen auf dem Mediensektor sich seit dieser Veröffentlichung massiv verändert haben.

5 Ausführungen zu dem Verhältnis des Strafverteidigers zur Presse und die Einbeziehung der Presse in die Verteidigungslinie nehmen in der Strafverteidigerliteratur einen immer größeren Raum ein, vgl. hierzu Dahs, Handbuch des Strafverteidigers, Rn. 200 ff. Bereits 1985 wies Hassemer daraufhin, daß Strafverteidiger wissen müssen, daß juristisch-professioneller Beistand auch Pressearbeit umfassen kann und entsprechendes Know-how verlangt; siehe NJW 1985, 1921, 1929.

Zusammenhang aber die Untersuchung von J. Wagner zur Strafprozeßführung über Medien zu nennen.[6] Wagner bemängelt, daß es gesicherte empirische Erkenntnisse über die tatsächlichen Wirkungen von Medien auf Strafprozesse, weder in den USA, noch in England, noch in Schweden, gebe. Einigkeit bestehe lediglich darin, daß Berufsrichter aufgrund ihrer Ausbildung und forensischen Erfahrung immuner gegenüber dem Einfluß der Massenmedien seien als Laienrichter.[7]
Wagner ist sicherlich zuzugeben, daß der strafprozessual erfahrene Berufsrichter bessere Möglichkeiten hat, sich vor der Beeinflussung durch Medienberichterstattung abzuschirmen. Fraglich ist jedoch, ob diese Möglichkeiten immer genutzt werden. Fälle, in denen das Verhalten der Berufsrichter durch intensive Berichterstattung erkennbar beeinflußt und geprägt wurde, sind nicht unbekannt.[8] Schutzvorschriften gegenüber einer unzulässigen Einflußnahme von Medienberichterstattung bei Strafprozessen, wie sie der anglo-amerikanische Strafprozeß kennt, sind im deutschen Strafprozeßrecht weitgehend unbekannt.[9] Demgegenüber wird das Risiko unsachgemäßer Beeinflussung von Richtern und Staatsanwälten durch Medientätigkeit oftmals unterschätzt. Vielmehr dominiert das mit der Realität aber vielfach nicht übereinstimmende Idealbild des Richters, der unangreifbar nur der Gerechtigkeit dient und so, wie es § 261 StPO auch vorsieht, seine Überzeugungsbildung allein aus dem Inbegriff der Hauptverhandlung und seinem subjektiv-rechtlichen Gerechtigkeitssinn gewinnt.[10] Gegen dieses Idealbild wendet Herdegen ein, daß es im Strafprozeß stets nur auf die eigene Überzeugung des Richters ankomme, deren Eintreten oder Ausbleiben sich nicht mit Gewißheit reglementieren lasse. Es handele sich um extrem subjektivistische Positionen im Sinne einer "Lehre vom Totaleindruck".[11] Die Gerichtsberichterstattung in Deutschland findet jedoch auf der Grundlage sehr emotionaler, subjektivistischer Gesamteindrücke statt, die ihre Wirkung auch bei Berufsrichtern nicht verfehlen. Differenzierte, auf rationaler Argumentation basierende Reportagen gehören eher der Seltenheit an.[12]

---

6 J. Wagner, Strafprozeßführung über Medien, 1987.
7 Wagner, Strafprozeßführung, S. 13.
8 So der Hinweis von Gatzweiler, StraFo 1995, 64.
9 Siehe hierzu grundlegend Bornkamm, Pressefreiheit und Fairneß des Strafverfahrens.
10 So Gatzweiler, StraFo 1995, 64.
11 Herdegen, Die Überprüfung der tatsächlichen Feststellung durch das Revisionsgericht, Schriftenreihe der Arbeitsgemeinschaft Strafrecht, Heft 10, S. 17.
12 So die Feststellung von Gatzweiler, StraFo 1995, 64.

b. Auswirkungen der Medienberichterstattung für den Beschuldigten

Von der Medienberichterstattung ist vor allen Dingen derjenige betroffen, gegen den die Staatsanwaltschaft einen strafrechtlichen Vorwurf erhebt. Der Angeklagte, der sich in einem Strafverfahren mit dem Vorwurf delinquenten Verhaltens auseinandersetzen muß, wird nicht nur mit den strafrechtlichen Sanktionen, die er im Falle einer Verurteilung zu erwarten hat, konfrontiert. Wie dem Ausgangsfall zu entnehmen ist, bedeutet das Strafverfahren oftmals einen tiefen Einschnitt in die gesamte Lebensführung. Der Angeklagte steht vor einem langen Verfahren, dessen Verlauf und Ausgestaltung für ihn nicht absehbar ist und häufig von ihm eine völlige Neuordnung seines Lebens verlangt. Die psychische Belastung steigt mit der Dauer des Verfahrens. Mit einher geht die Gefahr der Vernichtung der wirtschaftlichen, sozialen oder familiären Existenz oder die Hinderung des Aufbaus einer solchen.[13] Dies gilt in besonderem Maße, wenn das nähere Umfeld Kenntnis von der Existenz des Strafverfahrens erlangt. Probleme dieser Art werden häufig durch eine Prozeßberichterstattung in den Medien erst geschaffen, zumindest aber in erheblicher Weise verschärft. Sie sind für den Betreffenden teilweise schädigender als die strafrechtliche Sanktion selbst.[14] Der Angeklagte wird aus der Anonymität herausgeholt und in das Blickfeld des öffentlichen Interesses gestellt. Dies geschieht nicht nur durch Namensnennungen und Bildveröffentlichungen, sondern auch durch Angaben, die ohne weiteres einen Rückschluß auf die Identität ermöglichen.[15] Häufig sind es Presseerklärungen der Polizei und der Staatsanwaltschaft und Pressekonferenzen bereits im Ermittlungsverfahren, beispielsweise anläßlich einer spektakulären Durchsuchungs- oder Festnahmeaktion, die in verheerender Weise eine Vorverurteilung begründen und die betreffende Person oftmals irreparabel stigmatisieren und über einen langen Zeitraum massiver ungerechtfertigter Kritik aussetzen. Namen der Beschuldigten werden veröffentlicht, ebenso die Fotos ihrer Häuser, Betriebe und Geschäftslokale von denen auch die Adressen genannt werden. Portraitaufnahmen gerade festgenommener, verzweifelter Personen auf den Fluren der Polizeipräsidien runden die Berichterstattung ab.[16] Die Bloßstellung vor der Allgemeinheit als Beschuldigter in einem Ermittlungsverfahren führt zu einer Mißachtung seiner Person für ein ver-

---

13 Vgl. Schäfer, Festschrift für Tröndle, S. 395, 403; Dalbkermeyer, Schutz des Beschuldigten, S. 12.
14 So Schäfer, Festschrift für Tröndle, S. 403.
15 Vgl. v. Becker, Straftäter und Tatverdächtige, S. 147 ff.
16 Eine recht anschauliche Beschreibung dieser von der Presse verursachten Exzesse kann man bei Gatzweiler, StraFo 1995, 64, 66 finden.

mutetes strafbares Verhalten. Bereits die Existenz des Ermittlungsverfahrens hat eine Stigmatisierung zur Folge. Diese Prangerwirkung bewirkt den Eindruck, daß die Schuld des Betreffenden eigentlich schon fest steht.[17] Dies gilt insbesondere für Verfahren die Kapitaldelikte, umfangreiche und spektakuläre Wirtschaftsstraftaten oder den Vorwurf des sexuellen Mißbrauchs von Kindern zum Gegenstand haben.[18] Fälle dieser Art werden durch die Printmedien mit reißerischer Überschrift, durch das Fernsehen in stundenlangen Berichten oder Talkshows aufgearbeitet. Erschwerend kommt hinzu, daß die Qualität der journalistischen Aufbereitung höchst unterschiedlich ist. Mangelnde Differenzierung zwischen Tatnachweis und den verschiedenen Verdachtsstufen sowie einseitige Würdigung des meist nur scheinbar bekannten Tatsachenmaterials führen zur Vorverurteilung von Menschen, die nach der Unschuldsvermutung des Art. 6 Abs. 2 EMRK als unschuldig anzusehen sind. Diese sehen sich einer hemmungslosen Medienberichterstattung ausgesetzt, gegenüber der sie meist hilflos ausgeliefert sind und deren Schädigung sie zunächst hinnehmen müssen.[19] Die Zivilrechtsordnung stellt bei Vorverurteilungen dem Beschuldigten zwar ein Instrumentarium zur Bewahrung seiner Rechte zur Verfügung.[20] Ob dies jedoch einen effektiven Rechtsschutz des Betroffenen gewährleisten kann, ist auch unter Berücksichtigung der Pressefreiheit gem. Art. 5 GG fraglich. Bei den Strafverfolgungsbehörden spielt das allgemeine Persönlichkeitsrecht trotz zunehmender Sensibilisierung für datenschutzrechtliche Fragen eher eine untergeordnete Rolle.[21]

c. Die Kollision der Grundrechte

Die schwierige Diskussion hat ihren Grund darin, daß es letztlich um die Auflösung des Spannungsverhältnisses zwischen einem möglichst effektiven Schutz der Strafrechtspflege und dem Persönlichkeitsrecht des Beschuldigten auf der einen Seite und dem Informationsinteresse der Allgemeinheit und der Kontrollfunktion der Presse auf der anderen Seite geht. Hieraus ergibt sich, daß die vorliegende Problematik in erster

---

17 Vgl. BVerfGE 35, 202 ff., 226.

18 Hier sind in jüngster Zeit insbesondere die Fälle der siebenjährigen Natalie Astner, die im September 1996 in Bayern und der zehnjährigen Kim Kerkow, die im Januar 1997 in Niedersachsen ermordet wurden, zu nennen. Die Prozesse gegen die Täter arteten teilweise zu einem unerträglichen Medienspektakel aus, was der Sache wenig dienlich war. Der Eindruck derartiger Strafverfahren führte dann auch zu entsprechenden gesetzgeberischen Aktivitäten, wie dem Gesetz zur Bekämpfung von Sexualdelikten und anderen gefährlichen Straftaten vom 26.1.1998, hierzu siehe Schöch, NJW 1998, 1257.

19 So Ulsamer, Festschrift für Jauch, S. 221, 223.

20 Siehe dazu Roxin, NStZ 1991, 153, 157.

21 So Dalbkermeyer, Schutz des Beschuldigten, S. 11.

Linie ein Problem verschiedener kollidierender Grundrechtspositionen ist.[22] Die Pressefreiheit gem. Art. 5 GG enthält umfassende Einzelgewährleistungen. Sie enthält die Freiheit, die Tendenz eines Presseorgans zu bestimmen[23], die freie Verbreitung von Nachrichten und Meinungen.[24] Sie verbürgt alle wesensmäßig mit der Pressefreiheit zusammenhängenden Tätigkeiten einschließlich der pressetechnischen Hilfstätigkeiten. Sie schützt den gesamten Bereich publizistischer Vorbereitungstätigkeit, insbesondere die Beschaffung von Information und letztlich auch die Informationsquelle.[25] Hierzu gehört auch der Schutz des Vertrauensverhältnisses zwischen Presse und privaten Informanten einschließlich der Wahrung des Redaktionsgeheimnisses durch bestimmte Zeugnisverweigerungsrechte.[26] Mit einher geht auch die gesellschaftliche Funktion der Presse. Information, Kritik und Kontrolle sind die klassischen Aufgaben der Medien. Sie begleiten die Tätigkeit der Strafjustiz kritisch und üben somit ein Wächteramt aus, damit einem Machtmißbrauch durch die Staatsorgane entgegengewirkt und ein Vorgehen in Einklang mit der rechtsstaatlichen Gesetzesordnung gewährleistet wird. Die Medien sollen die Mißstände in Staat und Gesellschaft sichtbar machen und einer Negierung entgegenwirken. In einem freien Gemeinwesen sind sie das erforderliche Korrektiv der Macht.[27]

Ebenso wie Strafverfolgungsorgane der Kontrolle bedürfen, darf diese Kontrolle der Medien allerdings nicht willkürlich nach freiem Belieben ohne Berücksichtigung der Sach- und Rechtslage und der Rechtsordnung ausgeübt werden. Auf der Seite des Beschuldigten ist hierbei zunächst die Unschuldsvermutung des Art. 6 Abs. 2 EMRK tangiert, nach der vermutet wird, daß jeder wegen einer strafbaren Handlung Beschuldigte bis zum gesetzlichen Nachweis seiner Schuld durch rechtskräftige Verurteilung unschuldig ist. Die Berichterstattung bedeutet aber gleichzeitig einen Eingriff in das aus Art. 1 und Art. 2 Abs. 1 abgeleitete allgemeine Persönlichkeitsrecht.[28] Dieses ist im Hinblick auf zahlreiche Ausgestaltungselemente betroffen. Zu erwähnen wären hier das Recht am eigenen Bildnis[29] und am eigenen Namen[30], der Ehrenschutz[31], das

---

22 Dies wird insbesondere von Weiler, ZRP 1995, 130, 134 aufgearbeitet.
23 BVerfGE 52, 296 f.
24 BVerfGE 50, 240.
25 BVerfGE 50, 240.
26 BVerfGE 20, 176.
27 So zusammenfassend die Funktion der Presse im Hinblick auf die Berichterstattung über Strafverfahren bei Ulsamer, Festschrift für Jauch, S. 221, 222 f.
28 BVerfGE 54, 148 (153 f); 54, 208 (217 f).
29 BVerfGE 35, 219.
30 Vgl. BVerfGE 34, 269, 281; 35, 202, 219.
31 BVerfGE 15, 286; 20, 32; 30, 199.

Recht auf informationelle Selbstbestimmung[32] und der Anspruch auf ein faires rechtsstaatliches Verfahren.[33] Seit dem Lebach-Urteil des BVerfG[34] umfaßt das allgemeine Persönlichkeitsrecht auch das Recht des Straftäters auf Resozialisierung. Der Resozialisierungsgedanke, der nicht nur eine staatliche, sondern auch eine gesellschaftliche Aufgabe ist, wird durch Medienberichterstattung gefährdet. Insoweit kann unsachliche Berichterstattung die "Abwehrhaltung" der Gesellschaft gegenüber Straftätern noch verstärken.[35] Aus diesem Urteil, welches sich mit dem Persönlichkeitsrecht eines bereits rechtskräftig verurteilten Straftäter befaßte, ist im Schrifttum das Recht auf Sozialisation bzw. das Recht auf Schutz vor Entsozialisierung hergeleitet worden.[36] Der Gedanke der Resozialisierung wird als ein Teilaspekt eines übergeordneten Prinzips verstanden, welches als ein Recht auf Sozialisation zu bezeichnen ist.[37] Dieser allgemeine Sozialisationsanspruch erwächst in der Person eines jeden, der in seiner persönlichen und sozialen Entfaltung behindert wird oder behindert zu werden droht.[38] Hieraus resultiert für den Beschuldigten ein Recht auf Schutz vor Entsozialisierung, das unter Berücksichtigung des Resozialisierungsgedankens für das gesamte Strafverfahren Geltung hat.[39]

Das allgemeine Persönlichkeitsrecht vermittelt daher für den Beschuldigten sowohl eine materielle als auch eine prozessuale Rechtsposition. Der Anspruch auf ein rechtsstaatliches Verfahren ist hierbei die formellrechtliche Seite des allgemeinen Persönlichkeitsrechts und kann somit auch mit verfahrensrechtlicher Wirkung beeinträchtigt sein.[40] In der Rechtspraxis kann sich dies vielfältig auswirken, so beispielsweise in der Ausübung eines Äußerungsdrucks auf den Beschuldigten, der aufgrund der Presseberichte ein falsches Geständnis ablegt oder in der Beeinflussung von Zeugen, die der Suggestivwirkung der Wort- und Bildberichterstattung über die Strafsache erliegen.

Insgesamt entwickelt sich die Medienberichterstattung über den Strafprozeß hinaus für den betreffenden Beschuldigten zu einem "modernen Pranger".[41] Die Kollision

---

32 Vgl. BVerfGE 65, 41 ff.
33 Grundlegend hierzu BverfG, NJW 1984, 967; StV 1993, 352 ff.
34 BVerfGE 35, 202 ff., 235 ff.
35 BVerfGE 35, 202 ff., 237.
36 von Becker, Straftäter und Tatverdächtige, S. 92 ff.; Franke, Bildberichterstattung, S. 120 ff., Dalbkermeyer, Schutz des Beschuldigten, S. 18 ff.
37 von Becker, Straftäter und Tatverdächtige, S. 92 ff.; Dalbkermeyer, Schutz des Beschuldigten, S. 20.
38 Dalbkermeyer, Schutz des Beschuldigten, S. 20.
39 von Becker, Straftäter und Tatverdächtige, S. 99 f; Ostendorf GA 1980, S. 445 ff.
40 So Weiler, ZRP 1995, 130, 135.
41 So Bornkamm, NStZ 1983, 102, 103.

verschiedener Grundrechtspositionen erschwert hier einen Lösungsweg, zumal die rasante Entwicklung auf dem Medienmarkt und damit auch das Problem der vorverurteilenden Wirkung zwar gesehen, aber weitgehend unterschätzt wurde.[42] Die weiteren Betrachtungen werden jedoch ergeben, daß die konkrete Einflußnahme durch Medienberichterstattung auf den Ablauf von Strafprozessen tägliche Realität geworden ist.

3. Auswirkungen der Medienberichterstattung in der konkreten Rechtspraxis

a. Erste Diskussionsansätze

Das Thema der vorverurteilenden Medienberichterstattung hat nicht erst in jüngster Zeit, etwa durch die immer umfangreicher und aggressiver werdende Medientätigkeit, Bedeutung erlangt. Vorverurteilung als Problem des Strafprozesses ist bereits seit Anfang der 80er Jahre Gegenstand zahlreicher Veröffentlichungen, die jedoch meistens über eine Problemfixierung und eine Bestandsanalyse rechtlicher Handlungsmöglichkeiten nicht hinausgingen.[43] So wurde das Thema in zahlreichen Podiumsdiskussionen, Symposien im Zusammenhang mit der Unschuldsvermutung aufgearbeitet. Einhelliger Meinung ist man hierbei, daß die vorverurteilende Medienberichterstattung das rechtsstaatliche Verfahren konterkariert und mit dem Zusammenwirken aller Beteiligter in Justiz und im Pressewesen eine Problemlösung erfolgen müsse.[44] Als Ursache des Problems wird hierbei die ausgedehnte Auskunftspraxis der Justiz und die undifferenzierte Darstellung von Strafverfahren in den Medien angesehen.[45] Schaefer beklagt jedoch zu Recht, daß man bei dieser Diskussion mit dem regelmäßig wiederkehrenden "Betroffenheitsritual" nicht weiterkommt und damit dem Thema nicht gerecht wird.[46] Die Diskussion bewirkte aber immerhin, daß auf Initiative des Bundestages sich die Bundesregierung mit dem Thema beschäftigte und einen umfangreichen Bericht hierzu erstellte.[47] Konkreter Anlaß waren die Einleitung zahlreicher staatsanwaltschaftlicher Ermittlungsverfahren gegen Politiker im Zusammenhang mit

---

42 Zu diesem Ergebnis kommen insbesondere Hassemer, NJW 1985, 1921 ff und Ries, JR 1985, 45 ff.

43 Vgl. Hassemer, NJW 1985, 1921 ff; Ulsamer, Festschrift für Jauch, S. 221 ff; Kohl, JZ 1985, 668; Hillenkamp, NJW 1989, 2841, 2844; Weiler, GA 1994, 561, 571 f; ders., ZRP 1995, 130 ff.; ders., AnwBl. 1998, 2, 6.

44 Vgl. Schaefer, NJW 1996, 496 f.

45 Siehe Ulsamer, Festschrift für Jauch, S. 223, 224; Schaefer, NJW 1996, 496 f.

46 So Schaefer, NJW 1996, 496 f.

47 Vgl. BT-DR 10/1416.

der Parteispendenaffäre und den damit einhergehenden Vorverurteilungen.
Sicherlich hat auch die eigene Interessenlage bestimmter Politiker dazu geführt, den Gesetzgeber gerade zu diesem Zeitpunkt mit der Prüfung, ob der Grundgedanke des angelsächsischen Prozeßrechts, das öffentliche Vorverurteilungen ein schwebendes Verfahren nicht erschweren dürfen, in das deutsche Strafprozeßrecht übernommen werden kann, zu beauftragen.[48] Das Ergebnis dieser Prüfung war jedoch, daß die deutsche Rechtsordnung ausreichende Instrumentarien vorsehe, sich gegen die Auswirkungen öffentlicher Vorverurteilungen auf das Strafverfahren zu wehren. Das Gerichtsverfassungsgesetz und die Strafprozeßordnung beinhalteten in differenzierter Form eine Gesamtheit von Regelungen, Institutionen und Einflußmöglichkeiten, die die Auswirkungen öffentlicher Vorverurteilungen auf das Urteil wirksam reduzierten und den von ihr intendierten verfahrensrechtlichen Schutz gewährleisteten. Die Bundesregierung kam zu der Schlußfolgerung, daß man eine gesetzliche Regelung mit dem Ziel der Schaffung eines Verfahrenshindernisses oder eines andersartigen Verfolgungsverbotes bei Vorliegen einer massiven öffentlichen Vorverurteilung nicht in Betracht ziehen könne.[49] Mit dieser Feststellung befand sich die Bundesregierung im Einklang mit weiten Teilen des Schrifttums, die eine Übernahme des Contempt of Court für das deutsche Recht ebenso ablehnten und auf die Möglichkeiten der Ausschöpfung der zur Verfügung stehenden Gesetzesnormen hinwiesen.[50]
Die Verschärfung der Problematik durch Ausweitung der Medienberichterstattung in quantitativer und qualitativer Hinsicht führte jedoch zu umfangreichen empirischen Publikationen, die anhand konkreter Fälle aus der Gerichtspraxis die direkte Auswirkung der vorverurteilenden Medienberichterstattung auf den verfahrensmäßigen Ablauf des Strafprozesses darlegen.[51] Es handelte sich hier oftmals um Strafsachen mit hohem Bekanntheitsgrad und einem besonderen Medieninteresse.

b. Strafverfahren gegen den Immobilienkaufmann Dr. Jürgen Schneider[52]

Besonders deutlich läßt sich die Einflußnahme der Medien an dem Strafverfahren des Königsteiner Immobilienkaufmanns Dr. Jürgen Schneider verdeutlichen, der zur Fi-

---

48 Teilweise wurde schon von Selbstamnestierung der betroffenen Kreise gesprochen, vgl. Dalbkermeyer, Schutz des Beschuldigten, S. 162.

49 Vgl. insgesamt das Untersuchungsergebnis in BT-DR 10/1416.

50 Vgl. Fn. 42.

51 Hier sind insbesondere die Monographien von Wagner, Strafprozeßführung, und von Hamm, Große Strafprozesse und die Macht der Medien, zu nennen.

52 Die folgende Sachverhaltsdarstellung der Strafsache gegen den Königsteiner Immobilienkaufmann Jürgen Schneider ist der Monographie von Hamm, Große Strafprozesse, S. 24 ff entnommen.

nanzierung seiner Investitionsvorhaben gegenüber den Banken mit falschen Angaben Kreditzusagen in einem betriebswirtschaftlich nicht vertretbaren Ausmaß erlangte. Als der Staatsanwaltschaft das Verschwinden des Beschuldigten bekannt und inzwischen von Seiten der Gläubigerbanken Strafanzeige gestellt wurde, erlebten die Verfolgungsbehörden einen in dieser Form noch nie dagewesenen Medienandrang. In den folgenden Wochen bestand ihre Tätigkeit fast ausschließlich in der Bearbeitung von Presseanfragen. Ging es den Anrufern anfangs noch um die Information über den aktuellen Stand des Ermittlungsverfahrens, kamen im Laufe der Zeit immer unverhüllter Forderungen der Journalisten im Hinblick auf das Vorgehen der Ermittlungsbehörden. Kritisiert wurde mit entsprechenden Schlagzeilen vor allen Dingen, daß zwei Wochen nach dem Verschwinden des Beschuldigten noch kein Haftbefehl vorlag. Nach der sogenannten "Peanuts"-Pressekonferenz[53] des damaligen Vorstandsvorsitzenden der Deutschen Bank, Kopper erhöhte sich der Druck der Medien auf die Staatsanwaltschaft so sehr, daß sie nunmehr den Haftbefehl beantragte.

Der Frankfurter Strafverteidiger Rainer Hamm ist der Meinung, daß dieser Haftbefehl gegen die eigene Überzeugung und gegen jegliche kriminalistische Vernunft beantragt wurde, ausschließlich mit dem Ziel sich dem Druck der Medien zu entziehen.[54] Aus der Sicht der Staatsanwaltschaft war es ein Fehler, allein wegen des bis dahin bekannten Vorwurfs, der Beschuldigte habe eine falsche Quadratmeterzahl der vermieteten Gewerbeflächen in einem von ihm geplanten Objekt bei der Beantragung der Kredite angegeben, einen internationalen Haftbefehl zu beantragen. Eine Auslieferung Schneiders nach einer Festnahme im Ausland konnte nur unter Berücksichtigung des im Rechtshilfeverfahren geltenden Grundsatzes der Spezialität erfolgen. Hiernach wird über die Auslieferung anhand eines konkreten im Haftbefehl zu formulierenden Vorwurfs entschieden. Weiterhin besagt der Grundsatz der Spezialität, daß eine Auslieferung zur Strafverfolgung nur auf der Grundlage des im Haftbefehl formulierten Vorwurfs erfolgen kann. Dies hatte die Konsequenz, daß der Beschuldigte bei einer sofortigen Festnahme und Auslieferung nur wegen der falschen Quadratmeterangabe hätte angeklagt werden können. Da die Staatsanwaltschaft im Zusammenhang mit weiteren Bauobjekten noch Ermittlungen wegen betrügerischen Bankrotts und Kreditbetrugs tätigte, hoffte sie entgegen ihrer offiziellen, durch den Haftbefehl zum Aus-

---

53 Der damalige Vorstandsvorsitzende der Deutschen Bank, einer der Gläubigerbanken des Beschuldigten, bezeichnete die durch den betrügerischen Bankrott des Beschuldigten verursachten Forderungsausfälle als "Peanuts", was zu erheblicher öffentlicher Empörung geführt hatte.

54 So Hamm, Große Strafprozesse, S. 27.

druck kommenden Haltung, daß der Beschuldigte sich im Ausland möglichst lange verborgen hält, um Zeit für weitere Ermittlungen zur Erweiterung des Haftbefehls zu gewinnen.[55] Dieser konkrete Fall zeigt, daß unter dem öffentlichen Erwartungsdruck der Medien bestimmte Ermittlungshandlungen der Justiz ausgelöst werden, die bei normalem Verfahrensgang nicht hätten erfolgen dürfen.

c. Der Holzschutzmittelprozeß[56]

Ein konkreter Einfluß der Medienberichterstattung auf den Ablauf einer strafrechtlichen Hauptverhandlung ist im Rahmen des Holzschutzmittelprozesses[57] festgestellt worden. Ausgangspunkt des Verfahrens war der von Bewohnern von Häusern, deren Innenwände mit Holzschutzmittel behandelt wurden, erhobene Vorwurf, ihre unterschiedlichsten Erkrankungen seien auf die, aus den Wänden ausgasenden Holzschutzmittel zurückzuführen. Begleitet wurde das Verfahren durch groß aufgemachte Pressekampagnen und Fernsehberichte über schlimme, angeblich eindeutig im Zusammenhang mit Holzschutzmitteln stehende Erkrankungen. Vorangetrieben wurde die Berichterstattung durch die Interessengemeinschaft der Holzschutzmittelgeschädigten (IHG) und dem Bund für Umwelt- und Naturschutz, dem auch der sachbearbeitende Staatsanwalt angehörte.

Die nach Abschluß der Ermittlungen erhobene Anklage wurde jedoch nicht zugelassen. Das LG Frankfurt lehnte die Eröffnung des Hauptverfahrens ab, weil der Nachweis des Kausalzusammenhanges zwischen der Wirkung von Holzschutzmitteln und den Erkrankungen nicht geführt werden könne.[58] Die Beschwerde der Staatsanwaltschaft gegen den Beschluß des Landgerichts hatte aber Erfolg. Das OLG Frankfurt eröffnete das Verfahren vor der Kammer des Landgerichts, die zuvor die Eröffnung abgelehnt hatte.[59] Bis zum Beginn der Hauptverhandlung instrumentalisierte die IHG die Medien massiv für ihre Zwecke und steigerte damit den Druck auf das Gericht. Dieser öffentliche Erwartungsdruck führte letztlich dazu, daß der bisherige Vorsitzende der Strafkammer, der an dem Nichteröffnungsbeschluß mitgewirkt hatte gegen seinen Willen in die Ziviljustiz versetzt und durch einen Vorsitzenden ersetzt

---

55 So die Argumentation von Hamm, Große Strafprozesse, S. 28, 29.

56 Der Sachverhalt für diese Fallschilderung ist ebenfalls der Monographie von Hamm, Große Strafprozesse, S. 102 ff entnommen.

57 BGHSt 41, 206.

58 LG Frankfurt, NStZ 1990, 592.

59 Das OLG Frankfurt bezog sich hier auf die Entscheidung des BGH im sogenannten Lederspraytall (BGHSt 37, 106) nach der bei Fällen der Produkthaftung der Kausalitätsnachweis geringeren Anforderungen unterliegen solle.

wurde, von dem bekannt war, daß er der Position des Staatsanwalts zugeneigter war.[60] Nach halbjähriger Hauptverhandlung regte das Gericht dann eine Einstellung nach § 153 a StPO gegen Zahlung einer Geldbuße von zehn bis zwölf Millionen an die Geschädigten an. Die Staatsanwaltschaft erklärte sich lediglich bei einer Zahlung einer Summe von einhundertzwanzig Millionen zur Einstellung bereit und begründete dies mit dem Druck der Medien und der Öffentlichkeit, denen dieses Ergebnis plausibel gemacht werden müsse. Letztlich scheiterte die Verhandlung über eine Einstellung nach § 153 a StPO daran, daß der Inhalt dieser Verhandlungen einem Fernsehjournalisten zur Kenntnis gelangte, der anschließend die Initiative des Gerichts im Hinblick auf eine Einstellung im Rahmen eines äußerst polemischen Fernsehbeitrags massiv angriff.[61] Das Verfahren wurde zunächst fortgesetzt, bis es dann nach zwölfjähriger Dauer gem. § 153 a StPO eingestellt wurde.[62]

d. Auswirkungen der Medienberichterstattung auf polizeiliche Ermittlungen am Beispiel des Solinger Brandanschlages

Massive Pressekampagnen haben auch schon dazu geführt, daß polizeiliche Untersuchungshandlungen im Rahmen eines im Anfangsstadium stehenden Ermittlungsverfahrens irregeleitet, in eine falsche Richtung geführt wurden.[63] Das Verfahren gegen vier Jugendliche, denen ein Brandanschlag auf ein Solinger Ausländerwohnheim vorgeworfen wurde, zog sich deshalb fast eineinhalb Jahre hin. Hierzu wurde in einem Kommentar in der Frankfurter Rundschau am 24.1.1996 kritisch die Rolle der Medien während der Erstermittlung behandelt:

> "Spätestens seit dem Prozeß um den Brandanschlag von Solingen ist im Detail bekannt geworden, welche verheerenden Folgen ein durch die Medien erzeugter öffentlicher Druck auf diejenigen haben kann, die hinter verschlossenen Türen der Wahrheit auf der Spur sein sollten. Nach dem Solinger Brandanschlag, bei dem fünf Menschen ums Leben kamen, wurde so gut wie alles falsch gemacht: Um nur ja schnelle Erfolgsmeldungen unter das Volk bringen zu können, setzen Vernehmungsbeamte die, der Tat verdächtigten festgenommenen Jugendlichen unzulässig unter Druck, bedrohten sie, führten mit ihnen im Protokoll nicht festgehaltene sogenannte Vorgespräche. Bei ihren späteren Rechtfertigungsversuchen vor Gericht wiesen die Beamten immer wieder auf die aufgeheizte Stimmung in Bevölkerung und Medien hin. Wäre in Ruhe und mit Sorgfalt vorgegangen worden, hätte sich der Prozeß gegen die vier Jugendlichen nicht eineinhalb Jahre hinziehen müssen."

---

60 So die Betrachtungsweise von Hamm, Große Strafprozesse, S. 105.
61 Siehe dazu Hamm, Große Strafprozesse, S. 106.
62 LG Frankfurt, NJW 1997, 1994.
63 Siehe dazu Hamm, Große Strafprozesse, S. 95 ff.

Diese Fälle veranlassen letztlich Schäfer zu der Feststellung, daß die damalige Feststellung der Bundesregierung, daß das Schutzsystem gegen öffentliche Vorverurteilung ausreiche, so nicht haltbar sei. Im geltenden Recht stehe kein ausreichendes rechtliches Instrumentarium zur Verfügung, mit denen man die in den zahlreichen bekannten und unbekannten Fällen erfolgte Vorverurteilung durch Medien hätte verhindern können.[64]

e. Gang der Untersuchung

In den folgenden Ausführungen wird die These Schäfers, daß die geltende Rechtsordnung tatsächlich keinen Schutz vor Vorverurteilung biete, untersucht. Es erfolgt hier eine umfassende Analyse nicht nur der Möglichkeiten des Strafprozeßrechts, sondern auch der Leistungsfähigkeit der zivil- und presserechtlichen Rechtsbehelfe und der Schutzvorschriften des öffentlichen Rechts, wobei auch die praktischen Erfahrungswerte berücksichtigt werden. Zuvor wird jedoch zu klären sein, wann überhaupt von einer vorverurteilenden Medienberichterstattung gesprochen werden kann und welche Berichte ein Beschuldigter im Hinblick auf das Recht der Presse zur informierenden Prozeßberichterstattung hinzunehmen hat. Hierbei hat ein Definitionsversuch des Begriffs der öffentlichen Vorverurteilung zu erfolgen. Schließlich folgen dann Betrachtungen dahingehend, wie man mit einer "strafrechtsimmanenten Lösung" dem immer dringender werdenden Problem der Vorverurteilung durch Medien gerecht werden kann. Ausgehend von ähnlich gelagerten Fallgruppen käme hier ein abgestuftes Regelungssystem von prozeßualer Reaktion und materiell-rechtlicher Berücksichtigung in Frage, dessen Anwendungsvoraussetzungen und rechtliche Konsequenzen im einzelnen darzustellen sind.

---

[64] Siehe Schäfer, NJW 1996, 496, 497.

II. Der Begriff der öffentlichen Vorverurteilung

Bei der Untersuchung der Frage, ob und in welchem Umfang öffentliche Vorverurteilung Auswirkungen auf den Strafprozeß hat und welche strafrechtlichen Konsequenzen hieraus zu ziehen sind, steht man zunächst vor dem Problem, wann man überhaupt von einer öffentlichen Vorverurteilung ausgehen kann. Vorauszugehen hat somit ein Prozeß der Begriffsfindung. Definitionsversuche gab es hierbei vielfältige.[65] Die dabei offen zu Tage getretenen Schwierigkeiten resultieren insbesondere daraus, daß zahlreiche, selbst in der Struktur inkohärente Elemente in einem Spannungsfeld zueinander stehen. Tangiert sind Beschuldigtenrechte, insbesondere das Recht auf Menschenwürde im Sinne des Artikel 1 GG, das einem Angeklagten die Stellung als Prozeßsubjekt garantiert, Verfahrensgrundsätze, Rechte anderer Prozeßbeteiligten sowie die Pressefreiheit gem. Art. 5 GG. Diese verschiedenen Konfliktbereiche vermitteln jeweils für sich unterschiedliche Ansatzpunkte im Hinblick auf eine Begriffsfindung.

1. Die Arbeitsdefinition des Bundesjustizministers

a. Begriffsinhalt

Die wohl verbreitetste Definition des Begriffs der öffentlichen Vorverurteilung ist die Arbeitsdefinition des Bundesministers der Justiz aus dem Jahre 1984. Danach ist eine öffentliche Vorverurteilung dann gegeben, wenn „Umstände, insbesondere Verhaltensweisen vorliegen, die geeignet sein können zu beeinträchtigen, daß richterliche oder staatsanwaltschaftliche Entscheidungen unbefangen, objektiv und nur aufgrund der jeweils vorgeschriebenen Entscheidungsgrundlage ergehen."[66]
Probleme ergeben sich bei dieser Definition, weil sie mit sehr unbestimmten, teilweise auch diffusen Begriffen arbeitet. Eine Eingrenzung von "Umständen" läßt sich schwerlich erreichen. Hierunter wären nicht nur konkrete Handlungsabläufe, das Agieren der das beeinträchtigende Klima schaffenden Handlungssubjekte im Umfeld eines Verfahrens zu verstehen, sondern auch eine durch eine bestimmte Werteordnung vermittelte öffentliche Meinung. Eine Ausuferung der Arbeitsdefinition ist damit indiziert.

---

65 Roxin bemängelt, daß bis heute noch keine brauchbare Definition des Begriffs Vorverurteilung entwickelt wurde, vgl. NStZ 1991, 153.

66 Az. 4001/21-65 686/84 vom 31.7.1984.

Die "Geeignetheit einer Beeinträchtigung" richterlicher und staatsanwaltschaftlicher Entscheidungsprozesse bemüht sich zwar um eine Objektivierung. Gerade diese dürfte im Einzelfall jedoch scheitern, da es hier auch um die individuelle Disposition der jeweiligen Entscheidungsträger geht, die maßgeblich vom eigenen juristischen und auch menschlichen Erfahrungsschatz geprägt ist. Entscheidend ist vielmehr, ob die Entscheidungsfindung im konkreten Einzelfall tatsächlich beeinträchtigt wurde. Ist davon auszugehen, so sind die Stellung des Beschuldigten und der Prozeß tangiert, so daß es wenig hilfreich ist, darauf zu verweisen, daß nach objektiven Maßstäben von einer Beeinträchtigung eigentlich nicht auszugehen war.[67] Zudem wird das substantielle Merkmal der hier in Rede stehenden Vorverurteilung, nämlich die Öffentlichkeit, schlicht übergangen.[68] Lassen sich derartige handwerklichen Mängel noch relativieren, unbestimmte Begriffe sich noch ausfüllen, um so schwerer sind jedoch Schwächen im rechtstheoretischen oder im methodologischen Bereich zu überwinden.

b. Rechtstheoretische Kritikpunkte

Die Arbeitsdefinition geht von dem Modell einer unbefangenen, objektiven "vorgeschriebenen Entscheidungsgrundlage" aus. Entsprechend der Traditionen der Begriffsjurisprudenz wird hierunter ein mehr oder weniger schematisch ablaufender Entscheidungsfindungsprozeß verstanden. Dieser wird in einen antiseptischen Raum verlegt, um so schädigende Einflüsse aus dem nichtjuristischen Alltagsleben zu eliminieren. Danach würde gerade auch im Hinblick auf die Vagheit der Elemente schon jede Meinungsäußerung im privaten Umfeld oder in jedem Zeitungsartikel die Gefahr der Beeinträchtigung der Entscheidungsgrundlage mit sich bringen.[69]

Zudem ist nach den Ansätzen der modernen Rechtstheorie eine Entscheidungsgrundlage weder vorgegeben, noch vorgeschrieben, sondern sie muß vielmehr erst erarbeitet werden. Während die Gesetzgebung eine Angleichung von Rechtsidee und künftigen möglichen Lebenssachverhalten ist, bedeutet die Rechtsfindung die Angleichung von Gesetzesnorm und wirklichem Lebenssachverhalt. Eine derartige Angleichung von Sollen und Sein verlangt einen Mittler zwischen diesen beiden Positionen. Der

67 In diesem Sinne auch schon die Kritik von Hassemer, NJW 1985, 1921, 1922 sowie von Dalbkermeyer, Schutz des Beschuldigten, S. 164.

68 Hier läge es allerdings nahe, sich am Öffentlichkeitsbegriff der dieses Merkmal aufweisenden Straftatbestände des StGB, wie beispielsweise der §§ 111, 131 StGB zu bedienen. Danach liegt eine Öffentlichkeit dann vor, wenn der Sachverhalt unbestimmt vielen, also nicht durch persönliche Beziehungen verbundenen Personen wahrgenommen wird; Tröndle/Fischer, § 111 Rn. 5.

69 So Hassemer, NJW 1985, 1921, 1922.

Mittler des Gesetzgebungs- wie des Rechtsfindungsverfahrens ist der Sinn, in dem die Identität von Rechtsidee, Gesetzesnorm und Lebenssachverhalt gegeben sein muß, um die Angleichung zu realisieren. Dieser Sinn ist die Natur der Sache, die Erscheinung eines Allgemeinen im Besonderen und einer Verknüpfung von Sachverhalt und Wert.[70] Wertfreie Sachverhalte und vom Sein losgelöste Werte sind jedoch reine Gedankengebilde und keine Realitäten. Die strafrechtlichen Tatbestände stellen hingegen typisierte unwerthafte Lebenssachverhalte dar.[71] Die Natur der Sache nimmt insoweit Bezug auf den Typus, der die Mittelhöhe zwischen dem Allgemeinen und dem Besonderen bildet.[72] Die Entscheidung des Richters hat nur dem Sinn der gesetzlichen Norm und dem Sinn der Lebenssachverhalte, der "Natur der Sache", gerecht zu werden, in dem er die Lebenssachverhalte in ihrer von der Gesetzesnorm gemeinten Typizität erfassen muß. Der Erfolg der Rechtsfindung hängt von der richtigen Erfassung der Typen ab.[73] Der Prozeß der Rechtsverwirklichung ist dabei ein ständiges Öffnen und Schließen von Gesetzesbegriffen. Der Gesetzgeber versucht die typischen Lebenssachverhalte durch Begriffe zu präzisieren. Die Rechtsprechung muß diese sich als zu begrenzt erweisenden Begriffe wieder auflösen, um den Lebensmöglichkeiten gerecht zu werden.[74] Durch diese Vorgehensweise stellt das Gericht sich im Prozeß der Rechtsfindung die vorgeschriebene Entscheidungsgrundlage her. Dies hat in einem ständigen Strukturwandel laufend neu zu erfolgen, so daß jenes statische Element der Arbeitsdefinition unbrauchbar ist.[75]

c. Methodologische Kritikpunkte

Desweiteren verkennt eine Auslegung der Begriffe von Objektivität und Unbefangenheit im Sinne einer Unberührtheit von jeglichen äußeren Umständen und subjektiven Wertvorstellungen, die Tatsache, daß Richter, wie alle Menschen, Gesetze und Sachverhalte nur aufgrund eines Vorverständnisses überhaupt verstehen können.[76] Urteilsfindung stellt einen Verstehensprozeß dar, an dessen Anfang eine, wenn auch vage Sinnerwartung steht, die sich im weiteren Verlauf immer klarer herauskristallisiert. Dies wird aufgrund eines Vorverständnisses erreicht. Ohne jegliches Vorverständnis

---

70 So Arthur Kaufmann, Analogie und Natur der Sache, S. 35.
71 Arthur Kaufmann, Analogie und Natur der Sache, S. 37.
72 vgl. Arthur Kaufmann, Analogie und Natur der Sache, S. 37; Radbruch, Die Natur der Sache, S. 30 ff.
73 Arthur Kaufmann, Analogie und Natur der Sache, S. 38, 39.
74 Arthur Kaufmann, Analogie und Natur der Sache, S. 40, 41.
75 Siehe Hassemer, NJW 1985, 1921, 1922.
76 So Hassemer, NJW 1985, 1921, 1922.

wäre der Interpret nicht in der Lage, für sich eine derartige Sinnerwartung zu bilden.[77] Das Vorverständnis selbst ist naturgemäß nicht als starres Gebilde von vorneherein vorhanden. Es ist das Endresultat eines langwierigen Lernprozesses, in dem, während der Ausbildung und später erworbene Kenntnisse, zahlreiche berufliche und außerberufliche Erfahrungen, insbesondere solche über soziale Tatsachen und Zusammenhänge Eingang gefunden haben.[78] Ein derartiges Vorverständnis ist Voraussetzung für ein adäquates Verstehen. Etwas anderes ergibt sich auch nicht daraus, daß das Vorverständnis verschiedentlich auch als Vor-Urteil interpretiert wurde.[79] Nach dem alltäglichen Sprachverständnis drängt sich hier der Verdacht eines falschen auf sachfremden irrationalen Einflüssen gewonnenes Fehlurteil auf. Vorurteil im Zusammenhang mit Vorverständnis bedeutet aber keinesfalls ein falsches Urteil, es besitzt vielmehr eine maßgebliche Bedeutung für die hermeneutische Bedingung jedes Verstehens.[80] Das erforderliche Vorverständnis des Richters selbst ist ein umfassendes. Es beinhaltet nicht nur das Recht im engeren Sinne, die Rechtssprache von in einem Überlieferungszusammenhang stehenden Texten und Gerichtsentscheidungen, sondern auch soziale Zusammenhänge, Interessenlagen, Strukturen der Lebensverhältnisse auf die die Rechtsnormen Bezug nehmen. Sie stellen nicht nur eine Regelung dar, die rechtliche Geltung beansprucht, sondern sie normieren soziale Beziehungen, Abläufe und Verhaltensweisen. Der Umstand, der Regelung durch das Recht stellt lediglich einen von vielen Aspekten dar. Der Richter, der nicht alle Aspekte in seine Betrachtung integriert, wird den Sinngehalt der rechtlichen Regelung nicht verstehen können. Zu den zu berücksichtigten Aspekten zählen neben denen der unmittelbar Beteiligten, allgemeine, sozialpolitische und gesamtwirtschaftliche Aspekte.[81] Sehr weit geht in diesem Zusammenhang Esser, der die Ansicht vertritt, daß das Vorverständnis dem Richter nicht nur eine bestimmte Sinnerwartung bezüglich seines Normverständnisses und der Entscheidungsfindung ermöglicht, sondern, daß der Richter mit seinem durch berufliche Erfahrung gewachsenen Vorver-

---

77 Larenz, Methodenlehre der Rechtswissenschaft, S. 185.

78 Larenz, Methodenlehre der Rechtswissenschaft, S. 185; Esser, Vorverständnis und Methodenwahl, S. 10.

79 So Gadamer, Wahrheit und Methode, S. 255.

80 Gadamer, Wahrheit und Methode, S. 250 ff, 255, 261 ff. Ein solches Verständnis von Vorverständnis und Vorurteil entspringt jedoch ausschließlich der Hermeneutik. Werden diese Begriffe in einem anderen Sinne gebraucht, dann meint man eben nicht ein noch vorläufiges Verständnis der Sache, das lediglich der Orientierung dient und einen Verstehensprozeß in Gang setzt, sondern das Denken in Vorurteilen und mit Befangenheit, das aus der jeweiligen Sozialisation des Betreffenden herrührt und sich in der Entscheidung niederschlägt, siehe dazu Ryffel, Rechtssoziologie, S. 350 ff.

81 So Larenz, Methodenlehre der Rechtswissenschaft, S. 187.

ständnis sich anhand eines Durchgriffs auf "Evidenzmöglichkeiten" in der vordogmatischen Bewertung eine "Richtigkeitsüberzeugung" erarbeitet. Letzere hat lediglich die Funktion einer nachträglichen Plausibilitätskontrolle bei der die Verträglichkeit der bereits gefundenen Entscheidung mit dem positiven Rechtssystem überprüft werden soll.[82] Wird diese Analyse richterlicher Tätigkeit auch zu einer sehr starken Ausweitung des Vorverständnisses, so wird jedoch klar, daß die Herstellung einer vorgeschriebenen Entscheidungsgrundlage und der maßgebliche Einfluß des Vorverständnisses integrale Bestandteile des richterlichen Entscheidungsfindungsprozesses sind. Der Richter wird durch Medientätigkeit mit Informationen konfrontiert, die ihren Einfluß auf Entscheidungen oftmals nicht verfehlen.[83] Da die Arbeitsdefinition des Bundesjustizministers diese methodischen und rechtstheoretischen Grundlagen negiert, kann sie keine brauchbare Definition für den Begriff der öffentlichen Vorverurteilung liefern.

2. Opferorientierte Auslegung des Begriffs der öffentlichen Vorverurteilung anhand des Schutzzwecks

Einen völlig anderen Ansatz bei der Definition der öffentlichen Vorverurteilung verfolgt Hassemer.[84] Nach ihm gelingt eine Begriffsfindung nur dann, wenn man die möglichen Opfer einer Vorverurteilung in den Mittelpunkt der Betrachtungen stellt und insoweit den Schutzzweck mit einbezieht. Ausgangspunkt der Entwicklung einer Definition ist hierbei zunächst die Fokussierung in Betracht kommender Rechtsgüter, wobei die Orientierung anhand § 353 d Nr. 3 StGB erfolgt.

a. Schutzzweck des § 353 d Nr. 3 StGB

Da alle drei Tatvarianten im Rahmen des § 353 d StGB eigenständige Tatbestände darstellen, ist jedem Tatbestand ein unterschiedlicher Schutzzweck zuzuordnen.[85] Die allgemein gehaltene Aussage, daß § 353 d Nr. 3 StGB dem Schutz der Rechtspflege diene,[86] hilft somit in der Sache nicht weiter. Überwiegend wird davon ausgegangen, daß der Zweck der Bestimmung in dem Schutz des von den jeweiligen Verfahren

---

[82] Esser, Vorverständnis und Methodenwahl, S. 16 ff.
[83] Siehe Hassemer, NJW 1985, 1921, 1922.
[84] Siehe hierzu Hassemer, NJW 1985, 1921 ff.
[85] So zutreffend Lenckner, in: Schönke/Schröder, § 353 d Rn. 1.
[86] So aber der RegE 228, sowie Lackner/Kühl, Rn. 1.

Betroffenen vor vorzeitiger öffentlicher Bloßstellung liegt.[87] Zweifel an dieser Betrachtungsweise ergeben sich jedoch daraus, daß das Publikationsverbot nicht nur für belastende Schriftstücke, sondern auch für entlastende Informationen gilt, wie beispielsweise bei dem Vernehmungsprotokoll eines Entlastungszeugen.[88] Zudem gehört bei § 353 d Nr. 3 StGB auch der Beschuldigte zum tauglichen Täterkreis[89], was nicht zu erklären wäre, wenn die Vorschrift auch Rechtsgüter des Betroffenen schützen sollte.[90] Für einen Schutz des Betroffenen spricht auch nicht zwangsläufig die Beschränkung des Tatbestandes auf Schriftstücke von Straf- und verwandten Verfahren, da dies auch dem Schutz anderer Verfahrensbeteiligter gegen Voreingenommenheit dienen kann.[91]

Teilweise wird die Schutzrichtung des § 353 d Nr. 3 StGB auch in der Sicherung der Unbefangenheit, der an dem gesamten Verfahren Beteiligten, namentlich der Laienrichter und Zeugen gesehen.[92] Hier hätte der Tatbestand aber weiter gefaßt werden müssen. Pönalisiert wird nur die öffentliche Mitteilung, nicht jedoch das nichtöffentliche Versenden der Anklageschrift an Zeugen. Es wird hierbei verkannt, daß auch das bloße Gewähren von Einblick in die in Nr. 3 genannten Schriftstücke die Unbefangenheit beeinträchtigen kann.[93] Im übrigen hätte der Tatbestand auch die sinngemäße oder sinnentstellende Mitteilung in den Tatbestand einbeziehen müssen.[94]

Hassemer selbst vertritt einen sozial-wissenschaftlich geprägten Rechtsgutsbegriff. Danach hat § 353 d StGB die Aufgabe, dem in der Öffentlichkeit verheerenden Eindruck entgegenzuwirken, daß der Staatsanwalt einen engagierten Journalisten neben sich sitzen habe, der seine Verfügungen "unvermittelt ins Blatt tippe". Anders sei nicht erklärbar, weshalb nur die wörtliche Veröffentlichung verboten werde. Diese Form des Schutzes der Strafjustiz in der Öffentlichkeit sei der einzige Zweck der mit dem Wortlaut in Einklang gebracht werden könne.[95]

---

87 BT-Drucks. 7/1261, S. 23; BVerfGE 71, 206; OLG Köln JR 1980, 473, OLG Hamburg, NStZ 1990, 283; LG Lüneburg, NJW 1978, 117; AG Weinheim, NJW 1994, 1544 f.; Träger in: LK, § 353 Rn. 39; Tröndle/ Fischer § 353 Rn. 1; Bottke, JR 1980, 475; Waldner, MDR 1983, 424.

88 So Lenckner in: Schönke/Schröder, § 353 Rn. 40.

89 So auch LG Lüneburg, NJW 1978, 117. Aus diesem Grunde ist auch dessen Einwilligung in die Veröffentlichung unbeachtlich, vgl. AG Nürnberg, MDR 1983, 424.

90 Lenckner, in: Schönke/Schröder, § 353 Rn. 40.

91 Lenckner, in: Schönke/Schröder, § 353 Rn. 40.

92 Löffler, Presserecht II, § 5 Rdnr. 14; Lenckner, in: Schönke/Schröder § 353 Rn. 40; Samson, in: SKStGB, § 353 d Rn. 16; Kübler, JZ 1984, 547.

93 Dies betont Lenckner, in: Schönke/Schröder § 353 d Rn. 40, der darauf hinweist, daß sich das Gesetz lediglich auf ein besonders gefährliche Form der Einflußnahme beschränken wollte.

94 In diesem Sinne Kübler, JZ 1984, 547.

95 So Hassemer, NJW 1985, 1921, 1923.

Diese Betrachtungen zeigen, wie groß die Bandbreite möglicher Verletzungen durch Vorverurteilungen sein kann und wie viele verschiedenartige Aspekte in eine Gesamtbetrachtung einzubeziehen sind. Hassemer folgert aus den unterschiedlichen sich gegenseitig ergänzenden Schutzrichtungen, daß in den Begriff der Vorverurteilung alle Schutzzwecke Eingang finden und sämtliche potentiellen Opfer von Vorverurteilungen berücksichtigt werden müssen. Hassemer erweitert dabei den Schutz über Prozeßbeteiligte hinaus auch auf allgemeine Verfahrensgrundsätze und Verfahrensgarantien.

b. Kreis der Opfer und Arrangements

Schutzobjekt im Zusammenhang mit öffentlicher Vorverurteilung ist zunächst der Beschuldigte, mit der Sicherung seiner Verteidigungsfähigkeit und Handlungskompetenz.[96] Er kann in seinem Recht auf Privatheit, Anonymität und Schutz seiner Intimsphäre tangiert sein. Zudem gilt für ihn auch das allgemeine Maßprinzip der Unschuldsvermutung.[97]

Weiterhin könne die Vorverurteilung auch die Interessensphäre von anderen Verfahrensbeteiligten verletzen. Der Schutz von Verfahrensbeteiligten diene gleichzeitig auch der Sicherung deren Handlungskompetenz und dem Schutz des Verfahrens als solchem. Da das Strafverfahren ein lebendiges Geschehen sei, stelle die Verängstigung, Voreingenommenheit, Einschüchterung von Verfahrensbeteiligten nicht nur ein individuelles Problem, sondern auch ein Problem des Verfahrens dar.[98] Hieraus wird gefolgert, daß es nicht nur um die auf den Beschuldigten bezogene Vorverurteilung, sondern auch um den auf Richter oder Zeugen einwirkenden Vorfreispruch geht.[99]

Als weiteres Schutzobjekt bezieht Hassemer die allgemeine Öffentlichkeit ein. Diese habe ein in der Verfassung festgeschriebenes Recht auf täuschungsfreie Berichterstattung.[100] Auch begründe das Strafziel der positiven Generalprävention die Erwartung gegenüber den Medien, auf eine verzerrende Berichterstattung zu verzichten.

---

96 Giehring, Rechte des Beschuldigten, Handlungskompetenz und kompensatorische Strafverfolgung, in: Hassemer/Lüderssen, Sozialwissenschaften im Studium des Rechts III StrafR, S. 181 ff. Wie sehr Presseinterventionen die Verteidigungsposition eines Beschuldigten schwächen können, kann man den Beispielen bei von Becker, Straftäter und Tatverdächtige in den Massenmedien, S. 228 ff entnehmen.

97 Hassemer, NJW 1985, 1921, 1923.

98 So insgesamt Hassemer, NJW 1985, 1921, 1923; ders. Einführung in die Grundlagen des Strafrechts, § 16 II, III.

99 Simgen, Festschrift für Wassermann, S. 530 ff., 542 f.

100 Hassemer, NJW 1985, 1921, 1923, 1924.

Hierbei gehe es um eine allgemeine, von der Strafrechtspflege begünstigte gesellschaftliche neue Stabilisierung, die im wesentlichen nur durch die Medien erreicht werden könne, da diese die wichtigen Übermittler zwischen Bevölkerung und Justiz seien.[101]

Schützenswert sei weiterhin die Rechtspflege als Institution, die durch öffentliche Vorverurteilung verletzt sein könne. Die Würde des Gerichts sei nicht nur durch Angriffe wie Verbalinjurien tangiert, sondern insbesondere auch dadurch, daß der Richter durch die Medien „symbolisch von seinem Stuhl verdrängt und sein Urteil vorweggenommen werde".[102]

Öffentliche Vorverurteilung verletze letztlich auch die Medien selber, in dem ihr Bild in der Öffentlichkeit durch unseriöse Berichterstattung der Sensationspresse Schaden nehme.[103]

c. Begriffsfindung anhand des Verfahrensschutzes

Die Schwierigkeit eines derartigen Opferbegriffes bei der öffentlichen Vorverurteilung besteht nun darin, aufgrund der großen Bandbreite möglicher Verletzter und Zugehörigkeit der rechtlich bewerteten Interessen zu den unterschiedlichen Rechtsbereichen, zu einer Begriffsfindung zu gelangen. Hier würde nun eine umfassende Gesamtabwägung der verschiedenen Interessen naheliegen, etwa die Berücksichtigung des Beschuldigteninteresses auf der einen Seite und das von Zeugen und Geschädigten andererseits.[104] Einer derartigen Abwägungsdogmatik erteilt Hassemer aus Praktikabilitätsgründen aber ebenso eine Absage, wie der Favorisierung des einen Interesses zugunsten des anderen. Vielmehr sei es nun erforderlich, sich eine Ebene der Interessenbewertung zu erarbeiten, die den durch die Medien verletzten Interessen vorausgeht. Auf dieser Ebene müsse man Beurteilungskriterien formulieren, die das Recht der verletzbaren Interessen auf Schutz gewährleisten können.[105] Diese Ebene schafft Hassemer, indem er die einzelnen Beteiligteninteressen auf das Ver-

---

101 Hassemer, NJW 1985, 1921, 1924.

102 Hassemer, NJW 1985, 1921, 1924, der darauf hinweist, daß das Gewaltmonopol des Staates auch ein Verarbeitungsmonopol zum Inhalt habe, welches nur überleben könne mit der Macht staatlichen Rechts die Verarbeitung von Konflikten an sich zu ziehen und interessierte Dritte fernzuhalten.

103 Hassemer, NJW 1985, 1921, 1924.

104 So verfahren Kerscher, Berichtserstattung und Persönlichkeitsschutz., S. 332 ff., S. 357 ff. und von Becker, Straftäter und Tatverdächtige in den Massenmedien, S. 186 ff.

105 Hassemer, NJW 1985, 1921, 1925.

fahrensinteresse transformiert. Die oben aufgezeigte Phänomenologie der unterschiedlichen Interessen werden dabei nicht nur als Interessen von einzelnen Personen, sondern auch als allgemeine Interessen verstanden. Die Grundsätze der Unschuldsvermutung streiten nicht nur für den konkreten Beschuldigten, sondern auch für die Allgemeinheit. Durch die Medien unter Druck gesetzte Zeugen werden nicht nur in ihrem Persönlichkeitsrecht angegriffen, Angriffsobjekt sei gleichzeitig das Verfassungsprinzip des fairen Strafverfahrens. Wenn somit von Vorverurteilung die Rede sei, gehe es nicht um den Schutz von Beteiligtenrechten, sondern um den Schutz des Verfahrens selbst.[106] Verfahrensschutz bedeute hier den Schutz einzelner Verfahrensinteressen. Hierbei handele es sich um die Elemente, die ein justizförmiges strafrechtliches Erkenntnisverfahren garantieren und die Art und Weise des Zustandekommens von Entscheidungen rechtlich sichern, nicht jedoch um Merkmale von Entscheidungen selber.[107] Hieraus folgt für Hassemer, daß Objektivität und Unabhängigkeit nicht die Schutzobjekte bei der Abwehr von Vorverurteilungen sind. Aus faktischen Gründen könne deren Herstellung und Sicherung nicht gewährleistet werden. Vielmehr gehe es um den Schutz potentieller Opfer und der „Arrangements", die Verfahrensordnungen vorsehen, damit eine sachgerechte und gute Judikatur durch unbefangenes Verstehen und Handeln erfolgen kann. Solche Arrangements dienen dem Schutz der in einem Verfahren handelnden Personen in ihrer prozessualen Funktion. Kann nun ein solcher Schutz realisiert werden, so kann damit gleichzeitig auch gutes Judizieren in Unabhängigkeit und Objektivität so weit gesichert werden, wie dies in einem rechtlichen Verfahren überhaupt möglich ist. Derartige Arrangements sind die Elemente des rechtsstaatlichen Strafprozesses, wie die Unabhängigkeit und Gesetzlichkeit des Richters, die Förmlichkeit der Beweisaufnahme, den Anspruch auf rechtliches Gehör oder den Grundsatz der Öffentlichkeit.[108] Werden nunmehr diese Arrangements verletzt, ist der Kern von Rechtsverletzung durch Vorverurteilungen erreicht.

Demnach liegt bei Hassemer eine öffentliche Vorverurteilung dann vor, wenn in der Weise in das rechtliche Verfahren interveniert wird, daß deren Förmlichkeit und Regelbindung gefährdet und verhindert wird, daß die Verfahrensbeteiligten diese prozessuale Rolle so umsetzen können, wie das Verfahrensordnungen vorsehen. Die Vorverurteilung berührt die Sache der Justiz auf eigene, nicht-justizförmige, nicht formalisierte Weise. Werden Arrangements manipuliert oder von außen gelenkt, ist

---

106 So die Argumentationskette von Hassemer, NJW 1985, 1921, 1925.
107 Hassemer, NJW 1985, 1921, 1926.
108 Hassemer, NJW 1985, 1921, 1926.

der von den Verfahrensordnungen garantierte Schutz der Beteiligten nicht mehr gegeben.[109] Die Vorwegnahme eines Verfahrensergebnisses, das Vorschreiben einer bestimmten Prozeßführung, die Mitteilung von Interna nach außen, die Organisation der Behandlung nach Verdächtigen oder auch die Konterkarierung der Sache der Justiz durch Verdunklung des Verfahrensgegenstandes oder Manipulation von Zeugen gefährden die Justiz als Institution, da sie deren Monopol bedrohen, und sind dann als Vorverurteilungen anzusehen, wenn sie auf die prozessuale Funktion der Verfahrensbeteiligten zugreifen, weil dann das Verfahren selbst beeinträchtigt wird.[110]

3. Der beschuldigtenorientierte Begriff der Vorverurteilung (Eigener Ansatz)

a. Kritik an den bisherigen Definitionsversuchen

Der von Hassemer vertretene Begriff der öffentlichen Vorverurteilung ist der Arbeitsdefinition des Bundesjustizministers in rechtstheoretischer und methodologischer Hinsicht deutlich überlegen. Fraglich ist jedoch, ob sein Ausgangspunkt, die vielen widerstreitenden Interessen unter dem Aspekt des Verfahrensschutzes zu vereinen, der zwingende Ansatz bei der Begriffsfindung ist. Die Kollision zwischen dem Grundrecht des Beschuldigten und dem Grundrecht der Pressefreiheit liegt auf der Hand. Genauer zu verifizieren ist jedoch, ob die Belange anderer Verfahrensbeteiligten, der Öffentlichkeit oder der Rechtspflege überhaupt Eingang in den Definitionsbildungsprozeß haben sollten. Der Begriff der Vorverurteilung legt dies nicht nahe. Schon der Wortlaut bringt zum Ausdruck, daß es um Vor-Verurteilung geht. Ein Urteil kann aber nur gegen den Angeklagten gesprochen werden, nur er kann verurteilt werden, nur gegen ihn richtet sich der staatliche Strafanspruch. Aus diesem Grunde hat auch nur der Angeklagte ein Interesse daran, daß vor Abschluß des Prozesses sich kein Vor-Urteil über sein Verhalten bildet, das den Weg zu einer objektiven Wertung des Geschehens verhindert. Hingegen soll über den Richter oder den Zeugen kein Urteil gefällt werden. Es geht nicht um die Beurteilung seines Verhaltens. Diese Beteiligten können daher schon begrifflich nicht Opfer einer Vorverurteilung sein. Hieraus folgt, daß der Begriff der Vorverurteilung sich an den davon unmittelbar betroffenen Grundrechtsträgern wie den Angeklagten und den Medienorganen zu orientieren hat.

---

[109] Hassemer, NJW 1985, 1921, 1926.
[110] Hassemer, NJW 1985, 1921, 1926.

Andere Verfahrensbeteiligte, die Öffentlichkeit oder die Institution der Rechtspflege sind hierbei auszuklammern. Zuzugeben ist sicherlich, daß auch sie von Medienkampagnen berührt sein können. Der Vorwurf einer Vorverurteilung kann sich jedoch nicht an sie richten, sondern höchstens die Kundgabe von Sympathie oder Antipathie oder den Ausdruck einer Erwartungshaltung, etwa wenn von einem Richter ein bestimmtes Urteil erwartet wird. Wenn insoweit sowohl die Arbeitsdefinition des Bundesjustizministers, als auch die Begriffsfindung Hassemers auf die Betroffenheit abstellt, werden die Grenzen zwischen (unzulässiger) Beeinflussung und Vorverurteilung verwischt. Gegen ersteres stellt die Rechtsordnung umfassende Schutzregelungen zur Verfügung. Der Zeuge kann sich auf den Schutz der Tatbestände des Strafgesetzbuches, insbesondere die Beleidigungstatbestände oder die Nötigung berufen, sollte es zu einer unsachgemäßen Medienkampagne gegen ihn kommen. Das Gericht ist durch die Verfahrensordnungen bei der Ausübung der richterlichen Tätigkeit hinreichend geschützt. Auch hier besteht der strafrechtliche Schutz vor Verächtlichmachung. Zudem kann von dem einzelnen Richter verlangt werden, daß er sich außer von seinem Vorverständnis nicht von sachfremden Einflüssen von außen leiten läßt. Es besteht daher keine Notwendigkeit, diese Komplexe in die Begriffsfindung der öffentlichen Vorverurteilung zu integrieren. Die Betrachtungen sind somit ausschließlich auf den Beschuldigten und die Medienorgane zu reduzieren.

b. Grundrechtsorientierte Begriffsfindung

Ausgangspunkt für eine Begriffsfindung ist hierbei die Frage, warum öffentliche Vorverurteilung überhaupt als rechtlich negative Konsequenz zu werten ist und hierauf, in welcher Form auch immer, im Verfahren rechtlich reagiert werden muß. An dieser Stelle kommt man zurück auf die Eingangs erwähnte Kollision einander widerstreitender Grundrechte der verschiedenen Beteiligten. Art. 5 Abs. 1 Satz 2 und 3 GG garantiert die Pressefreiheit. Hierzu gehört die freie Verbreitung von Nachrichten und Meinungen.[111] Die Pressefreiheit schützt ferner den gesamten Bereich publizistischer Vorbereitungstätigkeit, insbesondere die Beschaffung von Informationen und letztlich auch die Informationsquelle.[112] Art. 5 GG beinhaltet dabei die sich gegenseitig ergänzende Meinungs-, Informations- und Medienfreiheit.[113] Art. 5 Abs. 1 Satz 2 GG

---

[111] BVerfGE 50, 240.
[112] BVerfGE 50, 240.
[113] BVerfGE 27, 108 f.

garantiert auch die Freiheit der Berichterstattung über Strafverfahren.[114] Hierbei bildet das Interesse der Allgemeinheit an der Berichterstattung über die Justiztätigkeit den Gegenpol zu den staatlichen und privaten Geheimhaltungsinteressen im Strafverfahren. Die im totalitären System durchgeführten Geheimverfahren und Schauprozesse haben Erfahrungswerte vermittelt, die Eingang in die Strafprozeßordnung gefunden und zur Institutionalisierung der eingeschränkten personalen Öffentlichkeit in der Hauptverhandlung geführt haben. Die Medien haben in der Vergangenheit verschiedentlich ihren Beitrag zur Auflösung totalitärer Systeme geleistet, was nicht durch die Auswüchse und Gefahren der Sensationspresse relativiert werden sollte. Insofern ist die Berichterstattung über laufende Strafverfahren eine Kontrolle der dritten Gewalt. Die sachgerechte Information über das Strafverfahren dient somit auch dem Schutz des Angeklagten.[115] Vor diesem Hintergrund kann im Sinne einer Negativfeststellung festgehalten werden, daß die reine Sachinformation über ein laufendes Strafverfahren, auch wenn sie noch so belastend ist, nicht Gegenstand des Begriffs der öffentlichen Vorverurteilung sein kann. Hieraus sind weder materiell-rechtliche noch verfahrensrechtliche Konsequenzen für das Verfahren selbst zu ziehen. Der Angeklagte hat dies hinzunehmen. Bei dem Begriff der öffentlichen Vorverurteilung und bei der Überlegung, ob das Wirken von Medien auf den Prozeß eine Rechtsfolge auslösen kann, geht es somit nur um eine Pressetätigkeit, die den Beschuldigten hinsichtlich seines Namens und seines Bildes aus der Anonymität herausholt und in einen negativen oder abwertenden Kontext stellt.[116]

Bei dem Angeklagten hingegen wird durch die belastende Medienberichterstattung das allgemeine Persönlichkeitsrecht aus Art. 1, 2 Abs. 1 GG und vor allem die Unschuldsvermutung des Art. 6 Abs. 2 EMRK beeinträchtigt.[117] Dennoch wird überwiegend diese Rechtsposition dem Abwägungsvorgang entzogen mit dem Argument, daß diese die Medien als Privatrechtssubjekt nicht binde.[118] Das BVerfG und die herrschende Meinung lehnen eine unmittelbare Drittwirkung der Grundrechte im Verhältnis zwischen Privaten ab.[119] Ähnlich wird bei der Unschuldsvermutung argumen-

---

114 Vgl. BVerfGE 35, 202; BT-Dr 10/4608, S. 9 f mit weiteren Nachweisen.

115 So die Argumentationskette bei Weiler, ZRP 1995, 130, 135.

116 So Weiler ZRP, 1995, 130, 135. Dalbkermeyer weist allerdings darauf hin, daß allein die öffentliche Identifikation mit einer Straftat auch durch einen objektiven und wahrheitsgetreuen Kriminalbericht für den Betroffenen zu einer erheblichen Sozialisationsstörung führen kann, siehe Schutz des Beschuldigten, S. 16.

117 Siehe Marxen, GA 1980, 365; Grave NJW, 1981, 209; Weiler, ZRP 1995, 130, 135.

118 OLG Frankfurt, NJW 1980, 597; Kleinknecht/Meyer-Goßner, Art. 6 EMRK Rn. 13; Roxin, NStZ 1991, 153, 156.

119 BVerfGE 7, 198; 30, 199; Dreier, Grundgesetz, Vorb. Rn. 59.

tiert. Diese entfalte gegenüber den Medien keine unmittelbare Drittwirkung, sondern binde nur staatliche Organe. Eine Verpflichtung hieraus bestehe für die Medien nicht.[120]

c. Geltungsbereich der Unschuldsvermutung des Art. 6 Abs. 2 EMRK

Überzeugen dürfte die vorbezeichnete Position allerdings insofern nicht, als sie die Veränderung in der Medienlandschaft und die damit verbundene Ausweitung der Machtposition im allgemeinen Meinungsbildungsprozeß verkennt. Spätestens seit der Lebach-Entscheidung des BVerfG[121] kann die Lehre von der mittelbaren Drittwirkung der Grundrechte als herrschende Meinung bezeichnet werden. Grundrechte verkörpern daher Fundamentalprinzipien nicht nur der Verfassung, sondern der gesamten Rechtsordnung, denen durch die Forderung des BVerfG nach einer grundrechtskonformen Auslegung des einfachen Gesetzesrechts Rechnung getragen wird.[122] Die Grundrechte entfalten eine Ausstrahlungswirkung für das gesamte Miteinander der Subjekte in der Gesellschaft und vermitteln einen Grundkonsens.
In dieser Weise hat das BVerfG im Lebach-Fall zum Verhältnis der Medien zur Strafgerichtsbarkeit Stellung bezogen, in dem das Ziel staatlicher Strafe und das Interesse der Gesellschaft an der Verwirklichung dieses Ziels zur Bestimmung der Medienfreiheit herangezogen wurde.[123] Unmittelbar behandelt die Entscheidung zwar nur die Frage des Zugriffs der Medien auf Strafrechtsfälle nach rechtskräftiger Verurteilung. Es ist jedoch einhellige Meinung, daß aus ihr der Grundsatz hergeleitet werden muß, daß die Prinzipien der Strafgerichtsbarkeit insgesamt auch für die Medien Geltung haben, sofern diese innerhalb deren Sphäre wirken und agieren.[124] Das Prinzip der Unschuldsvermutung gem. Art. 6 Abs. 2 EMRK besagt, daß jeder wegen einer strafbaren Handlung Beschuldigte[125] bis zum gesetzlichen Nachweis seiner Schuld durch rechtskräftige Verurteilung unschuldig ist. Die Unschuldsvermutung hat dabei ihre Grundlage nicht nur in der Europäischen Menschenrechtskonvention, sondern auch im Grundgesetz und in den Grundrechten selbst. Da sie den Verdächtigen vor

---

120 OLG Frankfurt, NJW 1980, 597; Kleinknecht/Meyer-Goßner, Art. 6 EMRK Rn. 13.
121 BVerfGE 35, 202.
122 Vgl. BVerfGE 7, 198, 208; 51, 304, 323; 60, 348, 357 ff; 63, 45, 67 f.; 65, 196, 215; 68, 256, 267; 70, 297, 317; 85, 1, 16; Piroth/Schlink, Grundrechte, Rn. 87 ff.
123 BVerfGE 35, 202, 236 f.
124 Zu der Verallgemeinerungsfähigkeit der Lebach-Entscheidung siehe Hofman-Riem, JZ 1975, 469 ff.
125 Art. 6 Abs. 2 EMRK nennt zwar nur den Angeklagten, bezieht sich nach allgemeiner Ansicht aber auf das gesamte Strafverfahren, vgl. Kleinknecht/Meyer-Goßner, Art. 6 EMRK Rn. 1; Schroeder, GA-FS, S. 206 ff.

diskriminierender und willkürlicher Behandlung schützt, ist sie integraler Bestandteil der verfassungsrechtlichen Prinzipien, der Unantastbarkeit der Menschenwürde und des allgemeinen Persönlichkeitsrechtes gem. Art. 1 Abs. 1, 2 GG.[126] Weiterhin wird die Unschuldsvermutung auch aus dem Rechtsstaatsprinzip der Art. 20 Abs. 3, 28 Abs. 1 S. 1 GG hergeleitet.[127] Das Persönlichkeitsrecht des Straftäters steht dabei in unmittelbarem Zusammenhang mit dem im Strafverfahren geltenden Rechtsstaatsprinzip.[128] Aus dem Grundsatz der Verhältnismäßigkeit folgt, daß in das Persönlichkeitsrecht des Straftäters so wenig wie möglich eingegriffen werden darf. Dies muß auch für die Berichterstattung über das Strafverfahren gelten, da den Medien gegenüber dem Persönlichkeitsrecht des Straftäters keine stärkeren Eingriffsrechte zustehen dürfen, als den staatlichen Organen, die für die Strafverfolgung und Aburteilung zuständig sind. Das dem Persönlichkeitsrecht entgegenstehende Recht der Presseberichterstattung findet seine Grenzen daher nicht nur an diesem Recht selbst, sondern an dem auch für Staatsorgane geltenden Grundsatz des geringstmöglichen Eingriffs.[129] Dies gilt vor allem vor dem Hintergrund der starken Stellung und der Einflußmöglichkeiten der Medien in der Gesellschaft, die als "vierte Gewalt" ihre Handlungen nicht an geringeren rechtsstaatlichen Anforderungen orientieren können, als die anderen drei Gewalten.

Die Reduzierung des Wirkungsbereichs der Unschuldsvermutung auf die Beziehung Staat - Bürger verkennt deren Funktion, als übergreifendes für das gesellschaftliche Zusammenleben konstitutives Rechtsprinzip. In einer Gesellschaft kann eine friedliche Koexistenz von Individuen nur erreicht werden durch ein allgemeinverbindliches Verfahren, das vorgreifende Annahmen über die Schuld eines Verdächtigen vermeidet und die Reaktion auf Abweichung in geordnete Bahnen lenkt. Das Regelwerk des Strafverfahrens und seine Absicherung ist zu verstehen als eine gesellschaftliche Anstrengung, im Umgang mit Abweichlern sich Zurückhaltung aufzuerlegen und von einer Schuld erst nach eingehender nach bestimmten Regeln erfolgender Prüfung auszugehen.[130] Hieraus folgt, daß die Unschuldsvermutung zwei Funktionen hat. Sie bestimmt als oberstes "Verfahrensregulativ"[131] den Gang des Strafverfahrens und sichert zudem die Exklusivität der verfahrensmäßigen Schuldfeststellung. Ein aus-

---

126 BVerfGE 19, 342; 347; 22, 254, 265.
127 Sachs, Grundgesetz, Art. 103 Rn. 93 mit weiteren Nachweisen.
128 BVerfGE 27, 211, 219.
129 So zusammenfassend die Argumentation bei Lampe, NJW 1993, 217.
130 So Marxen, GA 1980, 365, 373.
131 So Sax in: Bettermann/Nipperdey/Scheuner, Die Grundrechte, Band III 2, S. 987.

schließlich strafrechtsinternes Verständnis von der Unschuldsvermutung hindert nicht die Vorwegnahme eines Schuldspruches durch gesellschaftliche Nebengerichte, welcher Form auch immer. Nur eine Abwehrfunktion gegenüber ungebundener gesellschaftlicher Schuldzuschreibung vermittelt dem Einzelnen einen hinreichenden Schutz und wirkt einer Partikularisierung der Gesellschaft entgegen.[132] Schon aus diesem Grund kann die Unschuldsvermutung nicht nur die staatliche Strafgerichtsbarkeit binden, sondern muß auch im Verhältnis zwischen Medien und Bürger Geltung haben.[133] Den Schutz des Einzelnen und die Befriedung der Gesellschaft kann die Unschuldsvermutung nur durch eine Außenwirkung erfüllen. Sie stellt eine Schranke im Sinne des Art. 5 Abs. 2 GG dar, die von den Medien zu beachten ist, soweit diese im Wirkungsbereich der Strafgerichtsbarkeit tätig sind.[134] Streng genommen geht es hierbei nicht um die sogenannte Drittwirkung, denn die Verhinderung außerjustizieller Schuldzuschreibungen ist eine der originären Aufgaben der Unschuldsvermutung.[135] Der Drittwirkungsgedanke geht auch insoweit am Kern des Problems vorbei, als dieser eine Ausdehnung grundrechtlicher Positionen auf privatrechtliche Rechtsbeziehungen ermöglichen soll. Genau hieran fehlt es aber zwischen den Medien und einem Angeklagten. Zwischen beiden besteht ein derart extremes Machtgefälle, daß eine Drittwirkung weitgehend ins Lehre geht. Hier müssen die Grundrechtsnormen mit der Unschuldsvermutung ihre ureigenste Schutzfunktion entwickeln.[136]

Zudem ist darauf hinzuweisen, daß schutzwürdige Interessen für die Hintenanstellung der Unschuldsvermutung überhaupt nicht vorhanden sind.[137] Die legitimen Interessen der Medien leiten sich aus dem Informationsbedürfnis der Allgemeinheit her, so daß sie mit Hilfe dieses Bedürfnisses auch inhaltlich ausgestalten und einzugrenzen sind. Das Informationsbedürfnis selbst verlangt jedoch, daß bei der Berichterstattung fundamentale rechtsstaatliche Grundsätze respektiert und Spekulationen und Verdachtsmomente nicht als feststehende Tatsachen hingestellt werden, mag insoweit auch eine Unwahrscheinlichkeit bestehen. Dieses Verständnis vom öffentlichen Interesse korrespondiert mit demjenigen des Beschuldigten, so daß der oft erwähnte Interessengegensatz de facto nicht besteht. Die Medien selbst haben zwar das Recht, die Form und Präsentation der Berichterstattung zu bestimmen; kommt es aber insoweit

---

132 So Marxen, GA 1980, 365, 373.

133 Vgl. Marxen, GA 1980, 365, 373; Lampe, NJW 1973, 217; Grave, NJW 1981, 209.

134 Marxen, GA 1980, 365, 373.

135 So Marxen, GA 1980, 365, 373.

136 So die Argumentationskette bei Marxen, GA 1980, 365, 374.

137 So Grave, NJW 1981, 210.

zu Defiziten bei der Genauigkeit der Information, so ist das allgemeine Persönlichkeitsrecht des Verdächtigen höher einzustufen, als etwaige Interessen der Medien.[138]

d. Dreistufige Prüfung des Begriffs der öffentlichen Vorverurteilung

Als Zwischenergebnis bleibt damit festzuhalten, daß eine Vorverurteilung immer dann vorliegt, wenn der Beschuldigte oder Angeklagte eines Strafverfahrens vor dessen rechtskräftigen Abschluß als feststehender Täter bezeichnet und ein noch so dringender Tatverdacht als Gewißheit ausgegeben wird. Die Vorverurteilung liegt in dem Verstoß gegen Art. 6 Abs. 2 EMRK. Ein solcher ist im übrigen auch dann anzunehmen, wenn eine Verurteilung vor Rechtskraft, ein Geständnis oder eine ausweglose Beweislage vorliegt und trotzdem von Seiten der Medien über den "Täter" einer Tat berichtet wird.[139]

Der zweite Schritt der Begriffsfindung führt zurück zum Ausgangspunkt, nämlich zu der Frage, ob Vorverurteilung zu rechtlichen Auswirkungen führen muß. Sofern man dies, wie spätere Ausführungen zeigen, bejaht, ist jedoch eine Einschränkung der Begrifflichkeit notwendig, um nicht jede Berichterstattung, die eine Tendenz erkennen läßt, etwa einer kleinen Pressenotiz, rechtliche Relevanz zukommen zu lassen. Diese Einschränkung kann teilweise durch das Merkmal der Öffentlichkeit selbst erreicht werden. Eine Vorverurteilung ist, in Anlehnung an die Begriffsdefinition dieses Merkmals in einigen Straftatbeständen, dann als öffentlich anzusehen, wenn die entsprechende Berichterstattung in einer Weise erfolgt, daß sie von einer unbestimmten Anzahl nicht miteinander persönlich verbundenen Person wahrgenommen wird.[140] Dies führt jedoch nur dann zu der notwendigen Einschränkung, wenn die Berichterstattung auch in inhaltlicher Weise spezifiziert wird. Beschwert ist der Angeklagte lediglich durch eine Negativberichterstattung. Dies kann ohne weiteres vorausgesetzt werden. Eine irgendwie geartete rechtliche Kompensation für den Angeklagten wird allerdings nur dann geboten sein, wenn auch seine Position im Verfahren Nachteile erleidet. Dies ist in jedem Fall dann anzunehmen, wenn die Verteidigung des Angeklagten beeinträchtigt wird. Auch hier kann nicht jede Beeinträchtigung ausreichen, sondern vielmehr nur eine solche, der nach den Wertungen des Gesetzgebers auch eine Bedeutung beizumessen ist. Hierbei bietet sich der Rückgriff auf die revisionsrechtliche Vorschrift des § 338 Nr. 8 StPO an. Danach liegt ein absoluter Revisions-

---

138 Siehe insgesamt zu dieser Argumentation Grave, NJW 1981, 211.
139 Vgl. Marxen, GA 1980, 374.
140 Tröndle/Fischer § 111 Rn. 5.

grund[141] dann vor, wenn die Verteidigung in einem für die Entscheidung wesentlichen Punkt durch Gerichtsbeschluß unzulässig beschränkt wurde. Der Gesetzgeber betrachtet dies als so schwerwiegend, daß er deshalb den Bestand des Urteils in Frage stellt. Hieraus ist herzuleiten, daß die Verteidigung durch die Vorverurteilung wesentlich beschränkt worden sein muß. Der Begriff der Öffentlichkeit ist somit in zweierlei Hinsicht auszurichten, um seine beschränkende Funktion ausüben zu können. Zum einen muß ein nicht eingrenzbarer Empfängerkreis vorhanden sein, zum anderen ist eine Berichterstattung im Sinne dieser Begriffsfindung nur eine solche, die in wesentlicher Weise in die Verteidigung des Angeklagten eingreift.

Dies ist anschließend in einem dritten Schritt zu prüfen. Hierbei kann der Blick auf die Dogmatik und Kasuistik des § 338 Nr. 8 StPO hilfreich sein.[142] Dieser Revisionsgrund verlangt die Verletzung einer den Schutz des Angeklagten dienenden besonderen Verfahrensvorschrift, die selbst als integraler Bestandteil des fairen Verfahrens anzusehen ist.[143] Hierzu gehören nach der ständigen Rechtsprechung Verstöße gegen die Gewährung der Akteneinsicht[144], fehlerhafter Behandlung von Aussetzungsanträgen nach § 265 StPO[145] oder die Verletzung des Fragerechts nach § 240 Abs. 1 StPO.[146] Der Maßstab des § 338 Nr. 8 StPO bietet sich vor allem vor dem Hintergrund an, daß der BGH neuerdings Urteilsaufhebungen dogmatisch mit diesem Revisionsgrund begründet, die auf einer Verletzung des fair-trial-Gedankens in Verbindung mit einem Verstoß gegen des Rechtsstaatsprinzip beruhen.[147] So wird eine unzulässige Beschränkung der Verteidigung im Sinne des § 338 Nr. 8 StPO dann bejaht, wenn einem Angeklagten der Anspruch auf den Verteidiger seines Vertrauens verwehrt wird, da hierin ein Verstoß gegen Art. 6 Abs. 3 c EMRK zu sehen ist. Der verfassungsmäßig verbürgte Anspruch auf ein rechtsstaatliches Verfahren als Ausfluß des Rechtsstaatsprinzips umfaßt das Recht des Beschuldigten, sich im Strafverfahren vom Rechtsanwalt seines Vertrauens verteidigen zu lassen.[148] Wertungsmäßig ist es angezeigt,

---

141 Ob es sich bei § 338 Nr. 8 StPO um einen absoluten Revisionsgrund handelt, ist freilich umstritten; dafür Hanack, in: LR § 338 Rn. 125; Dünnebier, StV 1981, 506; Gillmeister, NStZ 1997, 44; dagegen BGHSt 30, 131, 135; NStZ 1982, 158.

142 Siehe hierzu Kuckein, in: KK-StPO, § 338 Rn. 99 ff.; Sarstedt/Hamm, Die Revision in Strafsachen, Rn. 462 ff.

143 BGH St 21, 334, 360; 30, 131, 137; NStZ 1981, 361.

144 BGH StV 1995, 57.

145 BGH StV 1986, 516.

146 BGH StV 1990, 337.

147 Dazu siehe Sarstedt/Hamm, Die Revision in Strafsachen, Rn. 474 ff.

148 BGH, NJW 1992, 849.

Verstöße gegen Art. 6 Abs. 2 EMRK und gegen Art. 6 Abs. 3 c EMRK eine gleiche Bedeutung einzuräumen und eine Beschränkung der Verteidigung anzunehmen. Erreicht die Berichterstattung der Medien den nachteiligen Wirkungsgrad der dem der vorbezeichneten Verfahrensverstöße entspricht, so handelt es sich um eine Berichterstattung im Sinne des Begriffs der öffentlichen Vorverurteilung. Bewertungskritierien sind hierbei Ausmaß und Intensität in inhaltlicher und zeitlicher Hinsicht der Medienaktivitäten.

e. Zusammenfassung

Ein so verstandener Begriff der öffentlichen Vorverurteilung, der sich an den normativen Grundlagen orientiert, gewährleistet rechtsstaatliche Grundprinzipien und Unvoreingenommenheit, auf die der Beschuldigte Anspruch hat. Indem er sich auf diesen beschränkt, kann seine Ausuferung und damit eine Konturenlosigkeit verhindert werden. Die Vorverurteilung wird im ursprünglichen Sinne verstanden. Unklare Begrifflichkeiten, wie sie in der Arbeitsdefinition enthalten sind, werden vermieden. Die Vorverurteilung wird durch die Beschränkung auf den Beschuldigten von der unzulässigen Einflußnahme auf den Prozeß abgegrenzt. Durch das Merkmal der Öffentlichkeit wird dabei die notwendige Einschränkung des Wirkungsbereichs der Vorverurteilung erreicht, um zu verhindern, daß relativ geringfügige Eingriffe zu spürbaren rechtlichen Auswirkungen gelangen.

III. Rechtsschutz vor Vorverurteilung durch Medien

Das Problem der öffentlichen Vorverurteilung hat sich zwar erst in den letzten Jahren aufgrund der Veränderungen in der Medienlandschaft erheblich verschärft, neu ist es jedoch nicht. Die Diskussionen über die Notwendigkeit der Schaffung zusätzlicher gesetzlicher Grundlagen zum Schutz vor belastender Medienberichterstattung begann bereits in den 30er Jahren und zog sich bis in unsere Tage hin. Die folgenden Ausführungen sollen diese Diskussion skizzieren und untersuchen, warum es letztlich nicht zu zusätzlichen gesetzgeberischen Konsequenzen gekommen ist. Daran an schließt sich die Darstellung der bestehenden rechtlichen Möglichkeiten des Einzelnen sich gegen öffentliche Vorverurteilung zu wehren. Dies ist deshalb wichtig, weil von einer derartigen Analyse abhängt, ob man im Hinblick auf diese bestehenden rechtlichen Möglichkeiten und deren Effektivität im Strafprozeß selbst überhaupt zu einer notwendigen Reaktion auf die Vorverurteilung kommen muß.

1. Ältere Reformvorschläge zur Bekämpfung der Vorverurteilung

a. Vorschriften gegen Verhöhnung, Verächtlichmachung und Einschüchterung des Gerichts

Im Jahre 1934 wurde der erste Vorschlag zur Einführung einer neuen Vorschrift in das Strafgesetzbuch gemacht. Er bestand aus einem Präjudizierungstatbestand, der die "öffentliche Erörterung der Schuldfrage in unlauterer Weise während eines schwebenden Verfahrens" umfaßte und einen Mißachtungstatbestand, der die "Beschimpfung oder bösartige Verächtlichmachung der deutschen Rechtspflege, des Gerichts oder eines Richters" zur Voraussetzung hatte.[149] Mit Blick auf das englische Recht ging es somit um die Schaffung eines besonderen Ehrenschutzes für die Justiz.[150] Dementsprechend stellte ein Entwurf aus dem Jahre 1936 in § 346 StGB die Verhöhnung und Verächtlichmachung des Gerichts und in § 347 StGB die Einschüchterung von Verfahrensbeteiligten unter Strafe.[151] Auch das Ende der nationalsozialistischen Diktatur konnte die Reformdiskussionen in dieser Hinsicht nicht zum Erliegen bringen, da während der Besatzungszeit in der britischen Zone die Erfahrungen mit dem eng-

149 Vgl. Niederschriftenband 10 (1959), S. 513.
150 Vgl. Mezger in: Gürtner, Das kommende Strafrecht, S. 331 ff. mit einer entsprechenden Bezugnahme auf das englische Recht.
151 Siehe dazu den Bericht der BReg. BT-DR 10/4608, S. 13.

lischen Recht intensiviert wurden.[152] So wurde im Rahmen weiterer Reformbestrebungen 1950 ein Regierungsentwurf vorgelegt, in dem in § 137 b Nr. 1 StGB allerdings nur noch die Einschüchterung als Straftatbestand statuiert wurde.[153]
Dieser Vorschlag ist jedoch nicht in die Tat umgesetzt worden und wurde seitdem auch nicht mehr aufgegriffen. Der Schutz vor Verhöhnung, Verächtlichmachung und Einschüchterung kann bereits durch die Tatbestände der Beleidigung und Nötigung gewährleistet werden. Ein wesentlicher Einwand gegen Strafnormen dieser Form besteht darin, daß sie der Vorverurteilung nicht direkt entgegenwirken, sondern sie nur marginal tangieren. Die Einschüchterung, Verhöhnung oder Verächtlichmachung bedeuten als solche noch keine Präjudizierung des Prozeßergebnisses. Derartige Phänomene sind lediglich Begleiterscheinungen einer vorverurteilenden Medienberichterstattung, deren Bestrafung die Vorverurteilung selbst nicht zu verhindern vermag.[154]

b. Störung der Strafrechtspflege

aa. Strafrechtsänderungsgesetz 1950

Im Strafrechtsänderungsgesetz von 1950 wurde jedoch in § 137 b Abs. 1 Nr. 2, 3 StGB versucht, der Vorverurteilung direkt entgegenzutreten und eine Störung der Strafrechtspflege zu pönalisieren. Tathandlung war die "öffentliche gröblich entstellende Berichterstattung über den Gang eines Strafverfahrens" und die "vor der Entscheidung des ersten Rechtszuges erfolgende Erörterung in der Weise, die geeignet ist, die Unbefangenheit der Richter, Zeugen oder Sachverständigen ernsthaft zu gefährden.[155] An diesem Entwurf wurden die vagen und unbestimmten Formulierungen kritisiert, die eine berechenbare Anwendung kaum möglich gemacht hätten. Insbesondere die Merkmale "gröblich entstellend" und "geeignet die Unbefangenheit zu gefährden", sind nur schwer konkretisierbar.[156]

---

152 Vgl. Rubens-Laarmann, Gerichtsberichterstattung, S. 59.
153 Regierungsvorlage zum 1. Strafrechtsänderungsgesetz (1950), § 137 b, abgedr. in Niederschriftenband 10 (1959), S. 514; vgl. dazu Dehler, DRiZ 1950, 233 ff.; Rubens-Laarmann, Gerichtsberichterstattung, S. 61.
154 So Roxin, NStZ 1991, 153, 154.
155 Abgedr. in Bericht der BRiG., BT-DR 10/4608, S. 14.
156 Vgl. dazu Roxin, NStZ 1991, 153, 154.

bb. Regierungsentwurf E 1962

Der Regierungsentwurf E 1962 sah deshalb mit § 452 einen neuen Straftatbestand der Störung der Rechtspflege vor. Dieser bestand aus zwei Tatbestandsalternativen, nämlich ein Präjudizierungstatbestand, der die "Erörterung des Ausgangs des Verfahrens oder den Wert eines Beweismittels in einer Weise, die den amtlichen Entscheidungen im Verfahren vorgreift" umfaßt und einen Tatbestand der Veröffentlichung journalistischer Ermittlungen, die die "Mitteilung von Ergebnissen nicht-amtlicher Ermittlungen" verbieten, um so zu verhindern, daß die Unbefangenheit oder die Wahrheitsfindung beeinträchtigt werden.[157]

Dieser Gesetzesvorschlag knüpft an ähnliche Regelungen im Ausland, insbesondere an die Vorschriften gegen den "contempt of court" im anglo-amerikanischen Recht[158] oder an § 23 des österreichischen Mediengesetzes aus dem Jahre 1981 an[159]. Nach letzterer Vorschrift wird derjenige bestraft, der "den vermutlichen Ausgang des Strafverfahrens oder den Wert eines Beweismittels in einer Weise erörtert, die geeignet ist, den Ausgang des Strafverfahrens zu beeinflussen".[160]

Dieser Gesetzesentwurf hätte durchaus einen wirksamen Beitrag zum Schutz eines laufenden Strafverfahrens leisten können. Die Darstellung des Angeklagten als Schuldigen vor rechtskräftiger Verurteilung wäre danach verboten. In den Massenmedien dürfte eine Diskussion über die Glaubwürdigkeit von Zeugen nicht stattfinden. Die Darstellung des Tatgeschehens bestünde lediglich aus dem Sachverhalt, der durch die Pressestellen der Ermittlungsbehörden mitgeteilt wurde, die selbst dem Verbot nicht unterlägen. Die Veröffentlichung von Interviews mit Zeugen wäre ebenfalls nicht erlaubt, da der Beweiswert der Aussagen relativiert werden müßte.[161] Festzuhalten ist, daß der Entwurf des § 452 E 1962 in der Tat durch seine Konsequenz in der Lage gewesen wäre, einen Angeklagten in seinem Persönlichkeitsrecht vor einseitiger Berichterstattung zu schützen.[162]

---

157 Zu diesem Gesetzesentwurf siehe die amtliche Begründung zu E 1962, BT DR IV/650, S. 635 ff.; ferner Niederschriftenband 10 (1959), S. 379 ff.; Reiß, Störung der Strafrechtspflege, S. 33 ff.

158 Vgl. dazu Stürner, JZ 1978, 161 ff.

159 Die frühere Fassung dieser Vorschrift hatte in hohem Maße Einfluß auf den Entwurf des § 452 Nr. 1 e, der sich an der österreichischen Regelung orientierte.

160 Vgl. Begr. des E 1962, BT-DR IV/650, S. 638.

161 Zu dem Wirkungsbereich und den Möglichkeiten der Berichterstattung bei Geltung des § 452 E 1962 siehe Reiß, Störung der Strafrechtspflege, S. 63 ff.

162 So die Begründung BT-DR IV/650, S. 636. Es ist allerdings darauf hinzuweisen, daß das zu schützende Rechtsgut bei § 452 E 1962 allein in dem Funktionieren der Strafrechtspflege gesehen wird.

Auch in zeitlicher Hinsicht wäre der Schutz umfassend. Nach dem Wortlaut des § 452 E 1962 ist zwar nicht eindeutig, wann das Kommentierungsverbot beginnt, jedoch kann hier die amtliche Begründung für Klarheit sorgen, indem sie betont, daß bereits das staatsanwaltschaftliche Ermittlungsverfahren dem intendierten Schutz untersteht.[163] Da die Staatsanwaltschaft Herrin des Verfahrens ist und die Polizei gemäß § 163 StPO den ersten Zugriff hat, steht fest, daß das Verfahren mit dem Bekanntwerden im Sinne des § 152 StPO den Schutz der Norm genießen würde.[164] Die Medien würden hiermit ausschließlich auf der Grundlage der Informationen der Ermittlungsbehörden arbeiten. Eigene Rechercheergebnisse der Presse würden als nichtamtliche Ermittlungen in den Bereich des § 452 Nr. 2 E 1962 fallen.[165]

cc. Kritik am Regierungsentwurf E 1962

Die Vorschrift war jedoch bereits bei der Diskussion in der großen Strafrechtskommission höchst umstritten, weshalb sie letztlich auch nicht in die Gesetzeswirklichkeit umgesetzt wurde.[166] Gegen diesen Entwurf wurden vor allem verfassungsrechtliche Argumente[167] und mangelnde Vereinbarkeit mit den Grundsätzen der ständigen Rechtsprechung vorgebracht.[168]

Eine solche Vorschrift würde zum einen eine erhebliche Beschneidung der Pressefreiheit bedeuten und zum anderen die Funktion der Verfahrensöffentlichkeit als kritisches Kontrollorgan des Strafverfahrens außer Kraft setzen.[169] Das Grundrecht der Freiheit der Medienberichterstattung gem. Art. 5 Abs. 1 S. 2 GG kann zwar durch ein einfaches Gesetz im Sinne des Art. 5 Abs. 2 eingeschränkt werden, jedoch hat sich

---

163 BT-DR IV/650, S. 638.

164 So Reiß, Störung der Strafrechtspflege, S. 49.

165 So Reiß, Störung der Strafrechtspflege, S. 63 ff.

166 Vgl. dazu die Diskussionsbeiträge von Gallas, Baldus, Kofka, Fritz, E. Schmidt, Bockelmann, Schäfer und Voll in: Niederschriftenband 10 (1959), S. 389 ff.

167 Reiß, Störung der Strafrechtspflege, S. 191 f.; Scherer, JuS 1979, 470, 475; Rubens-Laarmann, Gerichtberichterstattung, S. 63 f.; Jescheck, ZStW 71 (1959), 1, 6; Oellrich DRiZ 1958, 74, 75; Stürner JZ 1978, 161, 168; positiv zu dieser Vorschrift lediglich E. Schmidt, DRiZ 1963, 376, 383 f. Die Unvereinbarkeit der Vorschrift mit dem Grundrecht der Pressefreiheit drängte sich vor allen Dingen deshalb auf, weil sie immer in den Kontext der Medientätigkeit gestellt wurde. Reiß betont jedoch, daß die Vorschrift sich gegen jedermann und damit auch gegen Amtsträger richtet, siehe Störung der Strafrechtspflege, S. 53, 65.

168 So Roxin, NStZ 1991, 153, 155.

169 Bornkamm, Pressefreiheit und Fairneß des Strafverfahrens, S. 231 ff.; Roxin NStZ 1991, 153, 155; Krekeler, AnwBl. 1985, 426, 428. In diesem Sinne auch der Bericht der BREEG, BT-DR 10/4608, S. 16. Dalbkermeyer schlägt deshalb vor, den Adressatenkreis der Norm zu beschränken, indem sich dieser nur an staatliche Organe und Amtsträger richten soll, vgl. Schutz des Beschuldigten, S. 179. Dieser Vorschlag wurde aber nicht aufgegriffen.

dieses einfache Gesetz an der Bedeutung des Grundrechts zu orientieren.[170] Bei der Vorschrift handelt es sich allerdings um ein allgemeines Gesetz im Sinne von Art. 5 Abs. 2 GG, da sie sich nicht gegen die Meinungsäußerung als solche richtet, sondern dem Schutze eines schlechthin ohne Rücksicht auf eine bestimmte Meinung, zu schützenden Rechtsguts dient.[171] Die Einordnung als allgemeines Gesetz indiziert allerdings noch nicht dessen Verfassungsgemäßheit. Die Rechtsprechung des BVerfG verlangt seit dem Lüth-Urteil[172], daß das Recht auf Meinungsfreiheit nur dann zurückzutreten hat, wenn schutzwürdige Rechtsgüter von höherem Rang durch die Meinungsäußerung verletzt werden. Es hat hierbei im Einzelfall eine Güterabwägung in der Weise stattzufinden, daß das beschränkende Gesetz seinerseits im Lichte des Grundrechts ausgelegt und im Rahmen dieser Wechselwirkung erneut eingeschränkt wird.[173]

Eine solche Güterabwägung ist jedoch dann kaum durchzuführen, wenn die das Grundrecht beschränkende Norm ein Straftatbestand ist, weil der Grundsatz "nulla poene sine lege" eine Entscheidung aufgrund einer Abwägung im Einzelfalle im Hinblick auf verschiedene Schutzgüter gerade nicht zuläßt.[174] Die Frage der Strafbarkeit muß schon von Anfang an klar beantwortet werden und darf nicht je nach Fallgestaltung anders ausfallen.

Beim vorliegenden Entwurf würde das Abwägungsergebnis davon abhängen, welches Rechtsgut man durch die Norm als geschützt ansehen würde. Verfassungsrechtlich unbedenklich wäre es, den Schutz der richterlichen Unabhängigkeit und der Fairneß des Strafverfahrens auf Kosten des Informations- oder Sensationsinteresses der Allgemeinheit zu gewährleisten.[175] Anders dürfte die Bewertung jedoch dann ausfallen, wenn dem Schutz des Strafverfahrens die Kontrollfunktion der Presse gegenüber staatlichen Organen und die freie Information über die Probleme der Allgemeinheit gegenübergestellt wird. Eine solche Betrachtung liegt deshalb nahe, weil zur Freiheit der Medienberichterstattung und den Aufgaben der Öffentlichkeit, die weitgehend durch die Medien wahrgenommen werden, die Gewährleistung umfassender Kritik gehört. Eine solche Kritik kann jedoch nur dann überzeugend geübt werden, wenn der

---

170 BVerfGE 64, 108 ff.
171 BVerfGE 7, 198, 209; Hesse, Verfassungsrecht, S. 163 f.
172 BVerfGE 7, 198, 210.
173 BVerfGE 7, 198, 208 f.
174 Bornkamm, Pressefreiheit und Fairneß des Strafverfahren, S. 236; Krekeler sieht in der Bestimmung des § 452 E 1962 einen Verstoß gegen das Bestimmtheitsgebot, siehe AnwBl. 1985, 426, 428.
175 Siehe dazu die amtliche Begründung des E 1962, BT-DR IV/650, S. 636.

Wert von Beweismitteln in der Form erörtert wird, die der justitiellen Entscheidung vorgreift. So läßt sich beispielsweise die Nichtvernehmung eines Zeugen nur dann angreifen, wenn man die Bedeutung seiner Aussage für das Verfahren herausarbeitet. Die Schwäche des Beweisgebäudes einer Anklage ist ohne präjudizierende Wertungen nicht aufzuzeigen. Die Mitteilung eigener anderer Ermittlungsergebnisse ist in vielen Fällen das einzige Mittel, eine Kritik mit einem substantiellen Fundament zu untermauern.[176] Durch § 452 E 1962 würde eine substantiierte Kritik der Ermittlungstätigkeit weitgehend unmöglich gemacht werden.[177] Schleppende Ermittlungen gegen prominente Beschuldigte, verbotene Vernehmungsmethoden der Polizei oder der voreilige Einsatz von Zwangsmitteln wie Haftbefehle oder Durchsuchungsanordnungen sind immer wieder Themen, die gerade durch die Medien oftmals auch zu Recht aufgenommen und verarbeitet werden. Diese Kritik bringt zwangsläufig die Erörterung eigener Informationen und Tatsachenrecherchen mit sich, wenn sie einen fundierten Beitrag zur Berichterstattung über das Strafverfahren leisten will.[178] Werden die vorbezeichneten Aktivitäten, so wie es der Entwurf vorsieht, pönalisiert, hätte man die Kontrollfunktion der Medien in ihrem Kernbereich getroffen.[179] Der Nutzen für die Strafjustiz wäre insofern fraglich, als daß die Einführung zusätzlicher Beweismittel und Beweiswürdigung durch die Medien auch positive Effekte für das Strafverfahren mit sich bringen kann, in dem dadurch Fehlentwicklungen korrigiert werden können.[180] Durch den Entwurf würde man sich somit einer Betrachtung der konkreten Auswirkungen der Medientätigkeit im Einzelfall berauben und eine schematische Lösung anstreben. Die Ermittlungsbehörden wären in der Lage, den Informationszufluß gezielt zu lenken und somit die Medien in Abhängigkeit zu halten.[181]

Eine solche Verschonung der Strafverfolgungsbehörden von der öffentlichen Kritik wurde insbesondere von Bornkamm kritisiert, der die Problematik auch anhand konkreter Einzelfallgestaltung aufzeigte. So weist er auf die Auswirkungen hin, die der Entwurf während des Contergan-Prozesses gehabt hätte. So wären während des ohnehin Jahre andauernden Prozesses Veröffentlichungen in medizinischen Fachzeitschriften über den Zusammenhang von Medikamenteneinnahme und körperlichen Mißbildungen als nichtamtliche Ermittlungen strafbar gewesen, weil Gericht und Sach-

---

[176] Roxin, NStZ 1991, 153, 155.
[177] So Reiß, Störung der Strafrechtspflege, S. 70 f.
[178] So Bornkamm, Pressefreiheit und Fairneß des Strafverfahrens, S. 232.
[179] Roxin, NStZ 1991, 153, 155.
[180] Roxin, NStZ 1991, 153, 155.
[181] So Bornkamm, Pressefreiheit und Fairneß des Strafverfahrens, S. 233.

verständige bei der Beurteilung der Kausalitätsfragen hätten beeinträchtigt werden können.[182] Historische Forschung zu den nationalsozialistischen Gewalttaten wären als nichtamtliche Ermittlungen ebenfalls unzulässig, wenn ein Strafverfahren solche zum Gegenstand hat.[183] Mißbrauchsmöglichkeiten würden sich nach Bornkamm auch im Bereich der politischen Auseinandersetzung ergeben. So kann ein Politiker auf einen Angriff seines Gegners mit einer Strafanzeige reagieren. Dieser wäre nunmehr nicht mehr in der Lage, seinen Angriff durch Beweismittel zu belegen, weil er sich nach dem Entwurf der Strafvorschrift aufgrund der Erörterung des Wertes von Beweismitteln und nichtamtlichen Tatsachenmaterial strafbar machen würde.[184] Mit dieser Norm würde es somit gelingen, im Rahmen einer politischen Auseinandersetzung kritische Äußerungen des Gegners durch Strafanzeige auszuschalten.

Eine solch weitgehende Beschränkung der Pressefreiheit könnte man verfassungsrechtlich lediglich dann als zulässig betrachten, wenn diese Maßnahme erforderlich ist. Der Grundsatz der Verhältnismäßigkeit hat nicht nur das Schutzgut, sondern auch den Gesichtspunkt möglicher weniger einschneidender Alternativmöglichkeiten zu beachten. Würden diese zur Verfügung stehen, so wäre die Verfassungswidrigkeit des § 452 E 1962 nicht zweifelhaft.[185]

Neben diesen verfassungsrechtlichen Problemen bestehen jedoch auch Bedenken im Hinblick auf die in diesem Bereich gefestigte Rechtsprechung. Diese geht nämlich davon aus, daß Medienveröffentlichungen im Regelfall überhaupt keinen Einfluß auf den Urteilsfindungsprozeß haben, was wiederum Voraussetzung wäre, wenn man ihnen strafrechtliche Relevanz zubilligen wollte, weil nur in einem solchen Falle auch das zu schützende Rechtsgut betroffen wäre. Der BGH betont, daß von der Tatsache, daß ein Laienrichter vorverurteilende Berichte zur Kenntnis genommen hat noch nicht auf eine fehlende Unparteilichkeit geschlossen werden darf.[186] Der BGH bezieht dies auf alle von außen kommende Einwirkungen und unterstreicht, daß auch der Laienrichter seine Pflicht habe, äußere Einwirkungen nicht zur Entfaltung kommen zu lassen und seine Verpflichtung, seine Überzeugung gem. § 261 StPO nur aufgrund der Hauptverhandlung zu gewinnen, kennt und beachtet.[187] Ob diese Position noch heute in einer völlig veränderten Medienwelt Gültigkeit haben kann, ist zwar mehr als zweifelhaft,

---

182 Bornkamm, Pressefreiheit und Fairneß des Strafverfahrens, S. 231, 232.
183 Siehe Bornkamm, Pressefreiheit und Fairneß des Strafverfahrens, S. 232.
184 Bornkamm, Pressefreiheit und Fairneß des Strafverfahrens, S. 233.
185 So Reiß, Störung der Strafrechtspflege, S. 174, 191 f.; Scherer JuS 1979, 470 ff.
186 BGHSt 22, 289, 294.
187 BGHSt 22, 289, 294.

jedoch ist eine Rechtsprechungsänderung in diesem Bereich bisher nicht eingetreten und auch nicht zu erwarten. Vom Standpunkt des BGH wäre daher eine Strafvorschrift gegen unzulässige Medienbeeinflussung grundsätzlich nicht anwendbar, da eine Störung der Strafrechtspflege nicht zu erwarten ist, es sei denn die Medientätigkeit führe bei Richtern zu Reaktionen, die auf die Besorgnis der Befangenheit schließen lassen. Im übrigen hält der BGH die Regelungen des Presserechts für ausreichend.[188]
Ungeachtet dieser Argumente ist zudem noch darauf hinzuweisen, daß diese Reformdiskussion sich an den herkömmlichen Begriff der Vorverurteilung orientiert. Wie oben bereits dargelegt[189], kann dieser jedoch keine taugliche Begriffsfunktion vermitteln, da hier das Verfahren selbst in den Mittelpunkt der Betrachtung gestellt wird. Vorliegend wird jedoch von einem anderen, den Beschuldigten in den Mittelpunkt stellenden, Begriff der belastenden Medienberichterstattung ausgegangen.[190] Eine besondere Strafnorm, die ihn in den Mittelpunkt des Schutzbereiches stellt, wird nur schwer zu konstruieren sein. Hier muß es bei dem Schutz des Beschuldigten durch die vorhandenen Strafnormen bleiben.
Insgesamt bleibt somit festzuhalten, daß Strafvorschriften, die direkt den Schutz vor Vorverurteilung zum Gegenstand haben, kein geeignetes Mittel zur Problemlösung darstellen. Die Justiz kann nicht durch eine Isolation in einem antiseptischen Raum der Kritik und der Dynamik gesellschaftlicher Prozesse entzogen werden.[191] Desweiteren dürfte die Abgrenzung einer berechtigten Teilnahme am Meinungsbildungsprozeß von der schädlichen, ergebnisverfälschenden Prozeßbeeinflussung im Bereich eines Straftatbestandes nur schwer umzusetzen sein.[192] Zudem würde eine solche Norm sich in Widerspruch zu den Strukturen einer gefestigten Rechtsprechung setzen.
Die vorbezeichneten Einwände haben dabei nicht nur im Hinblick auf den konkret gemachten Entwurf Bedeutung. Jeder Straftatbestand der laufende Strafverfahren vor Präjudizierung schützen soll, wäre den gleichen Schwachpunkten ausgesetzt. Dessen Geltungsbereich könnte zwar insofern eingeschränkt werden, als daß man lediglich das gerichtliche Verfahren dem Schutz unterstellt und somit eine kontroverse Diskussion während des Ermittlungsverfahrens zuließe.[193] Hiermit würde jedoch die

---

188 BGHSt 22, 295.
189 siehe dazu Kapitel II. 3 a.
190 siehe dazu Kapitel II. 3 c, d.
191 Vgl. dazu Wassermann, DRiZ 1966, 9 ff.
192 Darauf weist Roxin, NStZ 1991, 153, 155 hin.
193 In diesem Sinne Gallas und Welzel, Niederschriftenband 10 (1959), S. 389, 390.

Schutzfunktion in hohem Maße relativiert, weil die wesentlichen Vorverurteilungen bereits durch Veröffentlichungen während des Ermittlungsverfahrens erfolgen. Es wird schwerlich möglich sein, eine Strafrechtsnorm zu schaffen, die zwar die legitime Kritik und Diskussion nicht einschränkt, den Schutz des Verfahrens vor Präjudizierung jedoch gewährleistet.[194] Hier kann auch nicht auf die bereits oben erwähnte österreichische Regelung verwiesen werden, da die dortige Praxis gezeigt hat, daß die Vorschrift nur eine geringe praktische Bedeutung hat und Verurteilungen nach dieser Norm recht selten sind.[195] Der Weg über eine Strafvorschrift Verfahren vor Präjudizierung zu schützen ist somit abzulehnen.

c. Alternativentwurf - Novelle zur StPO 1980

aa. Inhalt des Entwurfs

Erst längere Zeit nach der Diskussion über die Gesetzesänderungen im Rahmen des E 1962 kam es unter dem Eindruck einer immer intensiveren Medienberichterstattung zu einer neuen Reformdiskussion. Ansatzpunkt war hierbei aber nicht die Form der Berichterstattung selbst, sondern der im Strafverfahren geltende Grundsatz der Öffentlichkeit.[196]

Der Grundsatz der Öffentlichkeit zählt zur großen Errungenschaft der Prozeßrechtsreform in Deutschland, die zwischen 1800 und 1850 in allen deutschen Partikularrechten zu einer Neugestaltung, insbesondere des Strafprozeßrechts geführt hatte. Die Kontrolle der Tätigkeit der Justiz war schon Teil der Declaration des droits des hommes von 1789, die in Europa durch die Französische Revolution durchgesetzt wurde. Dies bewirkte auch eine entsprechende Änderung in den Strafprozeßordnungen der deutschen Länder.[197] Das Gerichtsverfassungsgesetz und die Strafprozeßordnung von 1877 gingen dann von dem Grundsatz der Öffentlichkeit der Hauptverhandlung aus, welcher nur in eng begrenzten Ausnahmefällen durchbrochen werden konnte. Der rechtsgeschichtliche Grundgedanke als "grundlegende Einrichtung des Rechtsstaates"[198] war die Gewährleistung einer Kontrolle der Gesetzmäßigkeit des

---

194 In diesem Sinne Bornkamm, Pressefreiheit und Fairneß des Strafverfahrens, S. 234.

195 Siehe dazu Reiß, Störung der Strafrechtspflege, S. 149.

196 Grundsätzlich zum Öffentlichkeitsprinzip Schoreit/Diemer, in: KK-StPO § 169 GVG Rn. 1 ff mit Hinweisen auf Rechtsprechung und Schrifttum.

197 Vgl. E. Schmidt, Einführung in die Geschichte der Deutschen Strafrechtspflege, S. 324 ff; von Hippel, Der deutsche Strafprozeß, S. 41 ff.

198 BGHSt 1, 335; 2, 57; 9, 281.

Strafverfahrens der Justiz durch die Öffentlichkeit.[199] Die Anwesenheit von Zuhörern sollte verhindern, daß das Gericht im Geheimen hinter verschlossenen Türen seine Tätigkeit entfaltet.[200] Im übrigen sollte auch dem Informationsbedürfnis der Allgemeinheit Rechnung getragen werden.[201]

Am 12.7.1980 legte ein Arbeitskreis deutscher und schweizerischer Strafrechtswissenschaftler einen alternativen Gesetzesentwurf eines nichtöffentlichen Verfahrensganges in Strafsachen vor.[202] Ausgangspunkt der Verfasser dieses Gesetzesentwurfes war dabei der Grundgedanke, daß mit der Resozialisierung des Täters zum frühestmöglichen Zeitpunkt, wenn möglich schon während des anhängigen Strafverfahrens, begonnen werden sollte.[203] Die Unvereinbarkeit zwischen im Hinblick auf die Schuldfrage konfliktbeladener Strafverhandlung und gleichzeitiger Resozialisierung des an sich leugnenden Straftäters wird dabei gesehen und bewußt in Kauf genommen. Wesentliche Gesichtspunkte waren zudem der Schutz der Intimsphäre des Angeklagten bei der Erörterung der Strafzumessungstatsachen, bessere Erkenntnismöglichkeiten für den Richter durch Relativierung des Rollenverhaltens der Beteiligten bei bestehender Öffentlichkeit, Übernahme der Verfahrensweisen aus dem Jugendgerichtsgesetz sowie Verfahrensbeschleunigung und Entlastung der Justiz.[204]

Der Alternativentwurf sieht neben den Einstellungsmöglichkeiten nach dem Opportunitätsprinzip gem. den §§ 153 ff StPO und dem Strafbefehlsverfahren ein nichtöffentliches Verfahren für den Bereich der kleinen und mittleren Kriminalität vor. Dieses sollte, ohne die Beeinträchtigung rechtsstaatlicher Verfahrensgarantien, dem Beschuldigten von Anfang an die Möglichkeit der kooperativen Sozialisation bieten.[205]

Im Gesetzesentwurf wird zunächst festgeschrieben, in welchen Verfahren und unter welchen Voraussetzungen der Strafprozeß in Gestalt einer nichtöffentlichen Hauptverhandlung durchgeführt werden kann (§ 407 AE). Zu den Zulassungsvoraussetzungen gehören insbesondere die zu erwartenden Rechtsfolgen und die kriminalpädago-

---

199 Kleinknecht/Meyer-Goßner, § 169 Rn. 1.

200 BGHSt 22, 297 ff, 301; 23, 176 ff., 178.

201 Kleinknecht/Meyer-Goßner, § 169 Rn. 1.

202 Herausgabe und Bearbeitung von Jürgen Baumann, Anne-Eva Brauneck, Rolf-Peter Calliess, Albin Eser, Armin Kaufmann, Ulrich Klug, Theodor Lenckner, Stefan Quensel, Klaus Rolinski, Claus Roxin, Horst Schüler - Springorum, Hans Schultz und Walter Stree, Tübingen 1980. Zu diesem Alternativentwurf siehe insgesamt Gutachten Zipf 54. Juristentag, C 74 ff, Referat Dahs K 14 ff; Schüler - Springorum, NStZ 1982, 305; Mehle NStZ 1982, 309; Hilger, NStZ 1982, 312; Engels/Frister, ZRP 1981, 111; Baumann, NJW 1982, 1558; Beulke, JR 1982, 309; Hillermeier, DRiZ 1982, 281; Meyer-Goßner, ZPR 1982, 237.

203 Vgl. Zipf, Gutachten, C 76; Vorbemerkung zum AE, S. 6 f; Baumann, NJW 1982, 1558, 1563 ff.

204 So Baumann, NJW 1982, 1558, 1559.

205 Vgl. Vorbemerkung zum AE, S. 6 f.

gische Bewertung des Einzelfalles (§§ 407 a, 407 b AE).[206] Die geltenden Vorschriften der StPO werden in den einzelnen Verfahrensabschnitten modifiziert oder ergänzt (§§ 407 c, 407 d, 407 e und 407 f AE).[207] Die nichtöffentliche Hauptverhandlung kommt nach dem Alternativentwurf dann in Betracht, wenn der Beschuldigte geständig ist und andererseits das Strafbefehlsverfahren rechtlich nicht in Betracht kommt oder kriminalpolitisch nicht angezeigt ist (§ 407 AE). Das Verfahren selbst ist nur vor dem Strafrichter am Amtsgericht möglich und gem. den §§ 407 a, 407 b AE können als Rechtsfolgen nur eine Freiheitsstrafe auf Bewährung bis zu einem Jahr, Geldstrafe, Fahrverbot, Verwarnung mit Strafvorbehalt und Entziehung der Fahrerlaubnis mit einer Sperre von bis zu drei Jahren verhängt werden. Neu hinzugekommen ist allerdings noch ein Schuldspruch mit Auflagen und Weisungen für den Fall, daß die vorbezeichneten Rechtsfolgen kriminalpolitisch nicht erforderlich sind.[208] Das nichtöffentliche Verfahren findet somit in den Fällen der schweren Kriminalität keine Anwendung. Zusammenfassend ist festzuhalten, daß das nichtöffentliche Verfahren im Einzelfall keinen kontradiktorischen, sondern einen kooperativen Charakter hat. Der Angeklagte, der zur Kooperation bereit ist und ein Geständnis ablegt, soll im Interesse einer frühzeitigen Resozialisierung nicht durch die stigmatisierende Wirkung einer Hauptverhandlung belastet werden. Die Prinzipien sozialstaatlicher Fürsorge und der rechtsstaatliche Grundsatz des Schutzes der Privatsphäre haben beim geständigen Beschuldigten Vorrang vor der Öffentlichkeit der Hauptverhandlung.[209]

bb. Kritik

Die Verfasser des Alternativ-Entwurfs legen den Schwerpunkt ihrer Argumentation auf den Schutz des Angeklagten, der primär auch das Objekt belastender Medienberichterstattung ist. Insofern ist hier der richtige Ansatzpunkt gewählt. Bei genauer Betrachtungsweise ändert der Alternativ-Entwurf jedoch nur wenig. Der Anwendungsbereich der nichtöffentlichen Hauptverhandlung ist äußerst begrenzt. Die Fälle der Kleinkriminalität sind im Regelfall gerade nicht das Objekt der Medienberichterstattung. Sie spielt dort vielmehr nur in Ausnahmefällen eine Rolle, etwa wenn ein Prominenter angeklagt ist. Fraglich ist schon, ob noch die Fälle der mittleren Kriminalität erfaßt

---

206 Vgl. hierzu die Übersicht über die Regelungen des Alternativ-Entwurfs bei Baumann NJW 1982, 1558, 1560.
207 Siehe dazu Baumann, NJW 1982, 1558, 1562.
208 Siehe zu den möglichen Rechtsfolgen Baumann, NJW 1982, 1558, 1561.
209 So die zusammenfassende Bewertung des Charakters der Vorschriften des Alternativ-Entwurfes bei Dahs, Referat, K 14.

werden, da die Praxis zeigt, daß sie meistens vor dem Schöffengericht angeklagt werden.[210] Hier hat auch die höhere Strafgewalt des Strafrichters durch das Rechtspflegeentlastungsgesetz[211] nicht viel verhindert. Der Schwerpunkt der Verfahren vor dem Strafrichter liegt im Verkehrsstrafrecht. Bei dieser Tätergruppe handelt es sich jedoch in erster Linie um Personen aus dem nichtkriminellen Milieu, bei denen es nicht um Resozialisierung geht, wie sie von den Verfassern des Alternativ-Entwurfes verstanden wird. Fallgruppen für das nichtöffentliche Verfahren wären somit in erster Linie Sachverhalte aus dem Bereich der Körperverletzungs- und der geringwertigen Vermögensdelikte. Diese Prozesse werden jedoch überwiegend kontradiktorisch geführt, so daß im Rahmen einer Beweisaufnahme die Aufklärung erfolgen muß. Die Fälle in denen der Angeklagte geständig ist, werden jedoch überwiegend nach den Vorschriften der §§ 153 ff StPO und im Strafbefehlsverfahren erledigt.[212] Insbesondere bei den vor dem Schöffengericht oder den Strafkammern verhandelten Sachen besteht aber das Bedürfnis nach frühzeitigem Beginn der Resozialisierung und damit das Interesse an einer nichtöffentlichen Hauptverhandlung. Je schwerwiegender der Vorwurf ist, der dem Angeklagten gemacht wird, um so größer wird das Medieninteresse an seiner Strafsache sein und um so wichtiger ist der Gesichtspunkt der Vorverurteilung der einer Resozialisierung entgegensteht. Gerade auch in Fällen schwerer Kriminalität ist das Verfahren des Alternativ-Entwurfs nicht anwendbar, obwohl auch in diesem Bereich bei einem geständigen Angeklagten in diesem Sinne verfahren werden könnte.

Aber auch die Formulierung des Alternativ-Entwurfs selbst birgt erhebliche Schwächen in sich. So muß der Beschuldigte im wesentlichen geständig sein.[213] Die Praxis zeigt, daß Verfahrensbeteiligte gerade in diesem Punkt oftmals völlig unterschiedliche Vorstellungen haben. Der Beschuldigte selbst läuft Gefahr, daß sein Geständnis nicht mehr als wesentlich angesehen wird und ist insbesondere auch davon abhängig, welche Begriffswertung der für ihn gerade zuständige Staatsanwalt oder Richter hat. Aus § 407 Abs. 1 AE ergibt sich zudem, daß der Beschuldigte sich im frühest möglichen Stadium des Verfahrens im Klaren über seine Verteidigungsstrategie sein muß. Wählt er den Weg um über ein Geständnis das nichtöffentliche Verfahren für sich zu

---

210 In diesem Sinne auch Dahs, Referat, K 15, K 16.

211 Vgl. das Gesetz zur Entlastung der Rechtspflege vom 11.1.1993, vgl. BT-Drucksache 12/3832 S. 43.

212 In diesem Sinne Dahs, Referat, K 16.

213 Dazu Alternativ-Entwurf S. 7, 21.

beanspruchen, so wird von ihm ein Geständnis zu einem Zeitpunkt verlangt, in dem er den Vorwurf aufgrund fehlender Sachverhaltskenntnis mangels Akteneinsicht noch nicht kennt oder der Sachverhalt überhaupt noch nicht in vollem Umfange ausermittelt wurde. Eine Entscheidung von so weitreichender Bedeutung auf der Grundlage einer derart unsicheren Sachkenntnis zu treffen, gilt jedoch allgemein als grober Kunstfehler im Rahmen einer sachgerechten Verteidigung.[214] Ergänzend muß noch darauf hingewiesen werden, daß im Hinblick auf ein Geständnis mit Sicherheit auch jegliche Ermittlungstätigkeit der Strafverfolgungsbehörden eingestellt werden würden, was zur Folge hätte, daß falsche Geständnisse ohne weiteres zur Entscheidungsgrundlage gemacht werden würden, da eine Überprüfung der Richtigkeit entfiele.[215]

Erhebliche Auslegungsschwierigkeiten dürften auch bei dem Merkmal "kriminalpädagogisch angezeigt" auftreten.[216] Der Begriff hat einen derart weiten Ermessens- und Wertungscharakter, daß er dem Bestimmtheitsgebot kaum Rechnung trägt, zumal aufgrund der Zuständigkeit eine Justiziabilität auch nicht durch eine höchst richterliche Rechtsprechung erreicht werden kann.[217]

Zudem verkennt der Entwurf, daß auch bei einem geständigen Angeklagten Verhandlungen oft kontradiktorisch sind, wenn es nämlich zu dem Divergenzen hinsichtlich der Strafzumessungstatsachen kommt. Oftmals wird doch eine Beweisaufnahme nötig, die durch das nichtöffentliche Verfahren gerade vermieden werden sollte. Der Richter selbst könnte nach dem Entwurf die Beweisaufnahme nach seinem Ermessen gestalten.[218] Der Aufklärungsgrundsatz gemäß § 244 Abs. 2 StPO hätte keine Geltung.[219]

Der Alternativ-Entwurf sieht weiterhin den jederzeit möglichen Übergang vom nichtöffentlichen in das öffentliche Verfahren vor.[220] So kann der Richter nach § 407 d Abs. 5 AE das Hauptverfahren auch vor dem Richter eröffnen, der für das öffentliche Verfahren zuständig ist. § 407 f Abs. 1 AE enthält eine Generalklausel nach der das

---

214 So insgesamt die Kritik von Dahs, Referat, K 17: Die Einlassung zur Sache ohne Akteneinsicht wird in sämtlichen Strafverteidiger Handbüchern als schwerer Fehler der Verteidigung angesehen, vgl. hier Dahs, Handbuch des Strafverteidigers, Rn. 266; Gillmeister, in: Brüssow/Krekeler/Mehle, § 4 Rn. 73; Schlothauer/ Weider, Untersuchungshaft, Rn. 176

215 Das falsche Geständnis hat in der Praxis eine höhere Bedeutung als allgemein angenommen; vgl. hierzu nur Prüfer, StV, 1998, 233 ff.

216 Der Entwurf selbst enthält weder die Definition noch eine Begründung dieses Begriffes, vgl. Alternativ-Entwurf S. 27 f., 23.

217 So die Kritik von Dahs, Referat, K 18.

218 Siehe Alternativ-Entwurf, S. 31 f.

219 Die Außerkraftsetzung des Aufklärungsgrundsatzes kritisiert in diesem Sinne auch Dahs, Referat, K 18.

220 Alternativ-Entwurf, S. 33 ff, 29.

nichtöffentliche Verfahren eingestellt und im öffentlichen Verfahren weiterverhandelt wird, wenn der Richter aufgrund der Hauptverhandlung die Voraussetzung des nichtöffentlichen Verfahrens nicht mehr als erfüllt ansieht. Eine Verweisung in das öffentliche Verfahren ist auch bei einem unentschuldigten Fehlen des Angeklagten in der Hauptverhandlung (§ 407 e Abs. 3, 407 f Abs. 2 Nr. 3 AE) und bei der Ausübung des gesetzlichen Schweigerechts (§ 407 e IV, 407 Abs. 2 Nr. 1 AE) vorgesehen. Diese Verweisungsmöglichkeiten stellen ein Druckmittel gegen den Angeklagten dar, ständig in der vom Gericht gewünschten Weise zu kooperieren. Während des gesamten Verfahrens besteht für ihn die Gefahr, den durch das Geständnis erlangten Vorteil der Nichtöffentlichkeit zu verlieren, wenn dem Gericht oder der Staatsanwaltschaft die vorhandene Kooperationsbereitschaft nicht ausreicht oder die kriminalpädagogischen Voraussetzungen nicht mehr als gegeben angesehen werden. Der Angeklagte dürfte so im Hinblick auf den Schuld- und Strafausspruch de facto verteidigungsunfähig sein. Der von ihm einmal gewählte Verteidigungsweg ist nicht mehr korrigierbar. Die rechtsstaatlichen Garantien des öffentlichen Strafverfahrens, insbesondere das förmliche Beweisverfahren, sind für den Angeklagten nur wenig hilfreich. Zwar ist es ihm nun möglich, durch Beweisanträge auf den Fortgang des Verfahrens Einfluß zu nehmen, er muß jedoch mit aus dem bisherigen nichtöffentlichen Verfahren resultierenden Nachteilen, wie etwa der Verlesung seines früheren nichtrichterlichen Geständnisses rechnen.[221]

Ergänzend ist noch darauf hinzuweisen, daß nach § 407 Abs. 2 AE die Staatsanwaltschaft im Vorfeld der Abschlußentscheidung eine "kleine Persönlichkeitserforschung" im Umfeld des Angeklagten durchführen soll, bei der mit Zustimmung des Beschuldigten das persönliche Umfeld zu strafrechtlich relevanten Fragen vernommen wird.[222] Damit werden genau die Negativfolgen des Strafverfahrens für den Angeklagten herbeigeführt, die dieser durch die Nichtöffentlichkeit des Verfahrens vermeiden wollte.[223]

Als Fazit bleibt festzuhalten, daß der Alternativ-Entwurf aufgrund der vorbezeichneten Schwächen ein ungeeignetes Mittel gegen die öffentliche Vorverurteilung ist. Neben

---

221 So die Kritik an der Schwächung der Verteidigungsfähigkeit des Angeklagten von Dahs, Referat, K 19, 20. Der Alternativ-Entwurf weist zwar ausdrücklich darauf hin, daß nach der Verweisung erneut Beweis erhoben werden muß, vgl. S. 21. Gemäß § 254 StPO ist jedoch die Verlesung eines früheren richterlichen Geständnisses als Beweismittel gestattet. Im Regelfall dürfte es nicht gelingen, im Rahmen einer Verteidigung dieses Beweismittel erneut durch andere Beweiserhebungen zu entkräften.

222 Alternativ-Entwurf, S. 27.

223 In diesem Sinne die Kritik von Dahs, Referat, K 20.

den dogmatischen Schwachpunkten werden die Realitäten der Gerichtspraxis weitgehend unberücksichtigt gelassen. Der Anwendungsbereich des nichtöffentlichen Verfahrens ist minimal. Ein zentraler Mangel des Entwurfes ist auch darin zu sehen, daß durch jene Konzeption die Privilegierung des schuldigen Täters erfolgt. Der bestreitende Unschuldige kann die Vorteile der Nichtöffentlichkeit nicht für sich in Anspruch nehmen und hat die Nachteile der Stigmatisierung durch die Öffentlichkeit hinzunehmen.[224]

d. Vorschläge des 54. Deutschen Juristentages

Der Alternativ-Entwurf 1980 zur StPO ist Diskussionsgegenstand des 54. Deutschen Juristentages gewesen. Im Rahmen der Kritik an dem Entwurf sind verschiedene Alternativmodelle entwickelt worden, den aus dem Öffentlichkeitsgrundsatz resultierenden Nachteilen für den Angeklagten durch Modifizierungen der normativen Grundlagen entgegenzuwirken.

aa. Die Thesen Dahs

Der Vorschlag von Dahs ist von allen Reformbestrebungen der weitestgehende. Die optimale Lösung des Problems der Vorverurteilung wäre für ihn die grundsätzliche Nichtöffentlichkeit des Strafprozesses, wobei jedoch der Angeklagte die Möglichkeit hat, mit einem Antrag die Öffentlichkeit wieder herzustellen.[225] Dahs selbst sieht allerdings auch die verfassungsrechtlichen Probleme einer solchen Reform. In völliger Umkehr des jetzigen Strafprozeßsystems wäre die Öffentlichkeit aus dem Verhandlungssaal ausgeschlossen. Das Informationsinteresse würde völlig hinter den Belangen des Angeklagten zurückstehen und die Freiheit der Information und Berichterstattung gem. Art. 5 Abs. 1 GG wäre damit erheblich beeinträchtigt.[226] Aus diesem Grunde relativiert Dahs sein System, indem Verhandlungen vor dem Strafrichter grundsätzlich öffentlich sind, wobei der Angeklagte den Ausschluß der Öffentlichkeit beantragen kann. Ansonsten sind Hauptverhandlungen nichtöffentlich, wobei der Angeklagte ebenfalls durch Antrag die Öffentlichkeit herstellen kann.[227] Die Ausklammerung strafrichterlicher Hauptverhandlungen begründet Dahs damit, daß hier das öffentliche Interesse in der Regel ohnehin gering ist, so daß die Schutzkomponente nicht in der Weise relevant wird, wie bei höherinstanzlichen Verfahren. Den Belangen

[224] So Dahs, Referat, K 21.
[225] So Dahs, Referat, K 22.
[226] Vgl. Dahs, Referat, K 23.
[227] So Dahs, Referat, K 23.

der Öffentlichkeit und der Informations- und Berichtsfreiheit will Dahs dadurch Rechnung tragen, daß er die Nichtöffentlichkeit als relative ausgestaltet. Zuhörer mit berechtigtem Interesse sollen in jedem Falle teilnehmen können. Hierzu zählen insbesondere auch die Medienvertreter. Bei nichtöffentlichen Verhandlungen ist die Berichterstattung aber erst nach der die Instanz abschließenden Entscheidung zulässig.[228] Hierdurch sieht Dahs den Schutz des Angeklagten vor Sensationsberichterstattung und Bloßstellung während des Prozesses gewährleistet.

Die Vorteile des Modells von Dahs sind klar ersichtlich. Die Frage der Öffentlichkeit ist einfach zu handhaben und gewährleistet einen umfassenden und weitgehenden Schutz des Angeklagten. Durch die Antragsbefugnis des Angeklagten wird jedoch ein zentraler Grundsatz des rechtsstaatlichen Verfahrens zu seiner Disposition gestellt. Dies ist insofern problematisch, als daß der Grundsatz der Öffentlichkeit nicht allein und nicht in erster Linie ein Individualrecht zum Schutz des Angeklagten ist. Nach allgemeiner Meinung dient die Öffentlichkeitsmaxime ganz überwiegend gerade dem Informationsinteresse der Allgemeinheit, wobei die Massenmedienöffentlichkeit im Vordergrund steht.[229] Die staatstheoretische Begründung der öffentlichen Kontrolle und Willkür hat ihre Bedeutung wesentlich eingebüßt und wird lediglich noch als ergänzender Zweck herangezogen.[230] Daraus folgt, daß die Schutzinteressen des Angeklagten generell und abstrakt nicht schon höher zu bewerten sind als das Informationsinteresse der Allgemeinheit. Vor diesem Hintergrund kann die alleinige Disposition des Angeklagten nicht begründet werden. Dieser wäre damit in der Lage hierdurch einen zentralen Verfahrensgrundsatz auch zu verteidigungstaktischen Zwecken, etwa dem Erzeugen von Stimmungen, zu gebrauchen.[231]

Unter Berücksichtigung des Zwecks des Öffentlichkeitsgrundsatzes dürfte das Modell auch im Hinblick auf Art. 5 Abs. 1 GG verfassungsrechtlich bedenklich sein. Diese Bedenken können auch nicht dadurch ausgeräumt werden, daß Medienvertreter während der nichtöffentlichen Verhandlung Zugang haben. Berichterstattung darf erst

---

228 Dahs, Referat, K 23, 24.

229 So Kleinknecht, Festschrift für Schmidt-Leichner, S. 112; Kübler, DRiZ 69, 379; Scherer ZaöRV 39, 81.

230 Vgl. Schilken, Gerichtsverfassungsgesetz, Rn. 155.

231 So insgesamt die Kritik von Volk, Referat, K 33 - 35, der selbst das Problem der Vorverurteilung aufgrund des Öffentlichkeitsgrundsatzes mit den vorhandenen gesetzlichen Regelungen lösen will. Dies sei bereits schon über die extensive Auslegung der Vorschriften des Gerichtverfassungsgesetzes zur Öffentlichkeit zu erreichen. Es reiche lediglich eine ergänzende Regelung dahingehend aus, daß Personen, deren Anwesenheit trotz Ausschluß der Öffentlichkeit ausnahmsweise erlaubt ist, auferlegt werde, für einen begrenzten Zeitraum keine Berichte über die Verhandlung oder über bestimmte Tatsachen zu veröffentlichen; zu den Thesen Volks siehe, Referat, K 47 - 49.

nach Verfahrensabschluß erfolgen. Für eine solche Einschränkung gibt es jedoch kein sachliches Argument. Das Öffentlichkeitsinteresse besteht auch während des Ablaufs eines Prozesses. Zudem wird mit einer derartigen Beschränkung journalistischer Tätigkeit auch der sachlich ausgewogene und nüchterne Bericht unmöglich. Gerade diese seriöse Form der Berichterstattung erfüllt aber schon begrifflich nicht die Vorverurteilung und kann den Angeklagten nicht beeinträchtigen.[232] Es läge daher objektiv ein Eingriff in Art. 5 Abs. 1 GG vor, ohne daß dies durch schutzwürdige Belange des Angeklagten legitimiert wäre. Die verfassungsrechtliche Problematik hat Dahs auch selbst gesehen, indem er darauf hinweist, daß bei seinem Reformvorschlag eine Neuverteilung der Gewichte bei der Abwägung der verschiedenen Rechtsgüter von Nöten sei.[233] Der Vorschlag von Dahs vermag somit auch keinen tauglichen Lösungsansatz zu vermitteln.

bb. Die Thesen Zipfs

Der Vorschlag von Zipf knüpft an eine seit langem geführte Diskussion über die grundlegende Reform der strafrechtlichen Hauptverhandlung an. Nach der jetzigen Form der Hauptverhandlung wird über die Tatbegehung und die für die Rechtsfolgenbestimmung relevanten Umstände in einer einheitlichen Hauptverhandlung Beweis erhoben. Demgegenüber wird häufig nach dem Vorbild des angelsächsischen Rechts eine Zweiteilung der Hauptverhandlung in gesonderten Erhebungen zur Schuldfrage und nach deren Bejahung durch ein Schuldinterlokut zur Straffrage gefordert.[234] Argumentativ wird diese Forderung damit unterstützt, daß die den Angeklagten oft bloßstellenden Persönlichkeitsermittlungen überflüssig, in ihren Folgen schädlich und geeignet seien den Richter in der Schuldfrage befangen zu machen, solange seine Schuld nicht erwiesen sei.[235] Zudem sei es für einen Resozialisierungsstrafvollzug und für sozialtherapeuthische Maßnahmen erforderlich in einem besonderen Verfahrens-

---

232 In diesem Sinne Weiler, ZRP 1995, 130, 135.

233 So Dahs, Referat, K 25.

234 Vgl. dazu Blau/Fischinger, ZStW 81 (1969), 31, 49; Römer, GA 1969, 333, Dahs, NJW 1970, 1705 ff; Heinitz, Festgabe für von Lübtow, S. 835 ff. Horn, ZStW 85 (1973), 7, Roxin, Festschrift für Schmidt-Leichner, S. 145; Schünemann, GA 1978, 161, Kleinknecht, Festschrift für Heinitz, S. 651 ff. Kleinknecht/ Meyer-Goßner, § 258 Rn. 17 fordern ein sogenanntes informelles Schuldinterlokut. Danach kann die Aufteilung der Schlußvorträge der Staatsanwaltschaft und des Verteidigers in der Weise erfolgen, daß nach der Beweisaufnahme zunächst nur zur Schuldfrage gesprochen und sodann zur Rechtsfolgenfrage verhandelt wird und schließlich Schlußvorträge zu diesem Verhandlungsteil gehalten werden. Zwar sei dies im Gesetz so nicht vorgesehen und auch nicht üblich, jedoch könne ein solches Verfahren nach geltendem Recht nicht als unzulässig angesehen werden.

235 Siehe Dahs NJW 1970, 1705.

abschnitt nach gründlicher Persönlichkeitserforschung die Rechtsfolgenentscheidungen zu treffen.[236]

Zipf weist daraufhin, daß die strafrechtliche Hauptverhandlung eine Doppelaufgabe habe. Sie müsse zu einer rechtsstaatlich einwandfreien Tatfeststellung ebenso geeignet sein, wie zu einer täterorientierten Bemessung der Rechtsfolgen. Das gegenwärtige Modell der einheitlichen Hauptverhandlung sei fast ausschließlich auf die erste Frage ausgerichtet und sei bis heute nicht unter dem grundlegenden Gesichtspunkt seiner Anpassung an die Entwicklung des Sanktionenrechts neu durchdacht und umgestaltet worden.[237] Für die Fälle der Alltagskriminalität sei die Hauptverhandlung heutigen Zuschnitts zu aufwendig und für den Angeklagten mit der Gefahr der Entsozialisierung verbunden.[238] Die Richter seien zudem mit der Doppelaufgabe Sachverhaltsfeststellung und Persönlichkeitserforschung oftmals überfordert. Die Sanktionenverhandlung benötige mehr Raum in der Hauptverhandlung und verlange andere Regularien.[239] Die Zweiteilung gibt nach Zipf die Möglichkeit, im Hinblick auf die Öffentlichkeit der Hauptverhandlung zu differenzieren. Der erste Verhandlungsteil, der sich mit der Schuldfeststellung befaßt, soll grundsätzlich öffentlich durchgeführt werden. Es sollten hier lediglich die allgemeinen Ausschlußgründe des GVG zur Anwendung kommen. In der Sanktionsverhandlung überwiegt nach Zipf dagegen der Persönlichkeitsschutz des Angeklagten, da es hier um eine intensive Persönlichkeitserforschung gehe. Diese müsse grundsätzlich in nichtöffentlicher Verhandlung geschehen, wobei jedoch ein völliger Ausschluß nicht geboten sei. Vielmehr müsse der Angeklagte durch Ausübung eines Antragsrechts die Möglichkeit haben, die Öffentlichkeit wieder herzustellen.[240] Auf diese Weise will Zipf über die Vorschriften der Öffentlichkeit des Strafverfahrens den Schutz des Angeklagten vor Vorverurteilung durch Medien gewährleisten.[241]

Überzeugen kann jedoch auch dieser Lösungsansatz nicht. Die Trennung zwischen Schuld- und Sanktionsverhandlung war von jeher umstritten und ist in jüngster Zeit

---

236 So die Argumentation von Roxin, Strafverfahrensrecht, § 42 II.

237 So Zipf, Gutachten, C 67.

238 Zipf, Gutachten, C 86.

239 Zipf, Gutachten, C 69.

240 So insgesamt die Konzeption von Zipf, Gutachten, C 83.

241 Zipf weist darauf hin, daß er unter Öffentlichkeit insbesondere die Verlagerung zur Medienöffentlichkeit versteht. Die Kenntnisse und Erfahrungen von der Umwelt des Einzelnen seien immer weniger durch ihn selbst erlebt, sondern in immer größeren Umfange durch die Medien vermittelt. Dies gelte auch für die Rechtspflege. Dementsprechend habe sich die Bedeutung des Öffentlichkeitsprinzips für die Strafrechtspflege von der unmittelbaren Gerichtssaalöffentlichkeit zur Medienöffentlichkeit verlagert; so Zipf, Gutachten, C 21 ff; in diesem Sinne auch Schäfer, in: LR-StPO, § 169 GVG Rn. 3.

auch aufgrund mangelnder rechtspolitischer Durchsetzbarkeit nicht aufgegriffen worden. Gegen ein solches Modell spricht zum einen die damit verbundene Verfahrensverzögerung, zum anderen aber die weitgehende Untrennbarkeit von Tat und Täter.[242] Zahlreiche Umstände spielen als doppelrelevante Tatsachen sowohl bei der Schuld- als auch bei der Straffrage eine entscheidende Rolle.[243] Hierunter fallen beispielsweise die Zugehörigkeit zu einer bestimmten Berufsgruppe, vgl. § 203 StGB. Persönliche aus den Intimbereichen des Täters stammende Umstände müssen oftmals bei der Schuldfrage erörtert werden, wie etwa bei zahlreichen Tatbeständen der Sexualdelikte. Schwierigkeiten bekommt der Ansatz von Zipf in jedem Falle bei der Frage der Schuldfähigkeit gemäß § 20 StGB, die im Rahmen der Schuldfeststellungen zu erörtern ist. Hier kommen in besonders großem Umfang Umstände aus dem persönlichen Lebensbereich der Betroffenen zur Sprache. Zipf will dem entgegenwirken, indem er die Frage der Schuldfähigkeit in die Sanktionsverhandlung integriert.[244] Dies zeigt aber bereits die Inkonsequenz des Modells. Zu befürchten ist auch, daß die in der Sanktionsverhandlung erörterten Umstände über die grundsätzlich öffentlich erfolgende Urteilsverkündung gemäß § 173 GVG doch wieder in die Öffentlichkeit gelangen, falls die Voraussetzungen des § 173 Abs. 2 GVG nicht bejaht werden können. Zipf verkennt auch, daß er gerade den Teil der Hauptverhandlung öffentlich gestalten will, der das besondere Interesse der Medienöffentlichkeit hervorruft. Für die Medienöffentlichkeit stellt sich gerade die Frage der Schuld als solcher als zentraler Punkt des Interesses dar und nicht die konkret ausgesprochene Rechtsfolge, die bei den besonders im Mittelpunkt des Interesses stehenden Mordverfahren im Falle des Schuldspruches sich ohnehin zwangsläufig aus dem Gesetz ergibt. Eigenarten der Tatausführung stehen hier im Mittelpunkt, gerade der Bericht hierüber belastet den Angeklagten.

Als grundsätzlich untauglich muß auch der Ansatz gesehen werden, der die Frage der Vorverurteilung auf die Hauptverhandlung und den dort geltenden Grundsatz der Öffentlichkeit verengt. Wie die einführenden Bemerkungen gezeigt haben,[245] setzt die Vorverurteilung mit der Einleitung des Ermittlungsverfahrens gegen eine bestimmte Person ein. Ein Anfangsverdacht wird als Gewißheit ausgegeben. Der Informationsaustausch zwischen Ermittlungsbehörden und Medienvertretern versetzt letztere ohne

242 Zur Kritik an dem geforderten Reformmodell siehe Heinitz, Festgabe für von Lübtow, 835, 837 ff.
243 Vgl. Tröndle/Fischer, § 46 Rn. 53 a.
244 Siehe Zipf, Gutachten, C 84.
245 Siehe dazu oben Kapitel I 1.

weiteres in die Lage, mit entsprechenden Kampagnen das Verfahren während jeden Abschnitts zu begleiten. Dies berücksichtigt Zipf bei seiner Konzeption nicht hinreichend, die damit insgesamt keinen tauglichen Schutz für den Angeklagten darstellt.

e. Abschließende Bewertung

Insgesamt bleibt festzuhalten, daß die vorbezeichneten Modelle zum Schutz vor Vorverurteilungen sich nicht als taugliche Lösungsansätze dargestellt haben. Die Schwächen sind eingehend behandelt worden. Die Vorschläge des 54. Deutschen Juristentages versuchen das Problem der Vorverurteilung durch die Relativierung eines anderen rechtstaatlichen Grundsatzes, nämlich dem Prinzip der Öffentlichkeit zu überwinden, anstatt diesen Grundsatz zu respektieren und lediglich auf dessen Auswirkungen rechtlich zu reagieren.
Die bisherigen Ausführungen zu den Reformvorschlägen und der Reformdiskussion haben jedoch gezeigt, daß aufgrund der nachhaltigen Negativwirkung der belastendenen Medienberichterstattung für den Strafprozeß und für den Angeklagten zumindest rechtlicher Diskussionsbedarf besteht, der aufgrund der Veränderung der Medienlandschaft in den letzten Jahren mit Sicherheit nicht weniger geworden ist. Ob hieraus auch ein rechtlicher Handlungsbedarf folgt, kann hingegen erst aufgrund einer Analyse der bestehenden rechtlichen Möglichkeiten sich gegen Vorverurteilungen zu schützen, beurteilt werden.

2. Regelungen der geltenden Rechtsordnung gegen Vorverurteilungen

a. Vorschriften aus dem Bereich des Strafrechts

aa. Strafbarkeit nach §§ 185 ff StGB

Grundsätzlich gelten, wie bei jeder Veröffentlichung, auch bei der Berichterstattung über schwebende Strafverfahren die Straftatbestände der §§ 185 ff StGB, wie Beleidigung, üble Nachrede und Verleumdung. Hier ist jedoch zu berücksichtigen, daß die Führung des Wahrheitsbeweises einer Bestrafung im Wege steht. Gem. § 190 StGB ist der Wahrheitsbeweis als erbracht anzusehen, wenn der Angeklagte rechtskräftig verurteilt wurde. Im übrigen spielt bei den Beleidigungstatbeständen im Zusammenhang mit Medienberichterstattung § 193 StGB, der Ausfluß des Art. 5 GG ist, eine herausragende Bedeutung. So ist derjenige nicht strafbar, der in Wahrnehmung berechtigter Interessen gehandelt hat, was bei Presseberichten grundsätzlich anzunehmen ist. Hier wird § 193 StGB weit ausgelegt. So rechtfertigt diese Bestimmung selbst eine falsche Berichterstattung, wenn der Journalist lediglich leichtfertigt gehandelt hat, ansonsten aber seiner berufsmäßigen Sorgfaltspflicht nachgekommen ist.[246] Vor diesem Hintergrund sind Verurteilungen von Journalisten kaum bekannt. Das Rechtsgut Ehre des Angeklagten läßt sich über die Straftatbestände der §§ 185 ff StGB daher kaum schützen, eine unerwünschte Präjudizierung wird hiermit nicht verhindert.[247]

bb. Strafbarkeit nach § 203 Abs. 2 StGB

Nach § 203 Abs. 2 S. 1 Nr. 1 StGB macht sich ein Amtsträger strafbar, wenn er ein ihm im Zuge seiner Amtsausübung anvertrautes oder sonst bekanntgewordenes Geheimnis unbefugt offenbart. § 203 Abs. 2 S. 2 StGB stellt Einzelangaben über persönliche oder sachliche Verhältnisse eines anderen, die für Aufgaben der öffentlichen Verwaltung erfaßt worden sind, einem Geheimnis iSd. § 203 Abs. 2 S. 1 StGB gleich. Gibt nunmehr ein Staatsanwalt oder ein Beamter des Polizeidienstes Angaben über die Person eines Beschuldigten, insbesondere seinen Namen oder auch Details über den zu untersuchenden Sachverhalt an Presseorgane weiter, so wird nach allgemeiner Meinung ein tatbestandsmäßiges Handeln im Sinne von § 203 Abs. 2 S. 2 StGB zu bejahen sein, wenn der Verdächtige nicht ausdrücklich seine Zustimmung erteilt hat.[248] Die Rechtswidrigkeit des Handelns ist im Hinblick auf fehlende Befugnisnormen indiziert und kann auch nicht mittels einer Interessenabwägung bei der das Persönlichkeitsrecht des Beschuldigten hinter dem Informationsinteresse der Allgemeinheit zurücktritt, ausgeschlossen werden.[249] Insgesamt läßt sich daher festhalten, daß Beamte der Polizei und der Staatsanwaltschaft sich gem. § 203 Abs. 2 S. 1 Nr. 1 StGB strafbar machen, wenn durch ihre Angaben der Name des Beschuldigten an die Öffentlichkeit gelangt und publiziert wird.[250]

---

[246] OLG Stuttgart, NJW 1972, 2320.

[247] So die Einschätzung von Krekeler, AnwBl. 1985, 426, 428 f.

[248] Grundlegend siehe hierzu Dalbkermeyer, Schutz des Beschuldigten, S. 55 ff., die eine schulmäßige Subsumtion unter den Tatbestand vornimmt.

[249] Hierzu ebenso grundlegend Dalbkermeyer, Schutz des Beschuldigten, S. 80 ff.

[250] Dalbkermeyer, Schutz des Beschuldigten, S. 89; a. A. offenbar OLG Hamm, NJW 2000, 1278 ff.

In der Rechtspraxis hat § 203 Abs. 2 StGB bisher eine nennenswerte Bedeutung nicht erlangt.[251] Teilweise wird der Grund darin gesehen, daß das Erfordernis eines Strafantrages gem. § 205 StGB für viele Betroffene eine Hemmschwelle bedeutet, die sie davon abhält, gegen Rechtsgutsverletzungen von seiten der Amtsträger vorzugehen.[252] Zu berücksichtigen wäre sicher auch die Befürchtung eines Beschuldigten, daß eine Strafanzeige sich negativ auf das Klima in seinem Strafverfahren auswirken würde.

Gründe für die mangelnde praktische Relevanz der Vorschrift sind jedoch noch in einem anderen Zusammenhang begründet. Adressat des § 203 Abs. 2 StGB sind zunächst einmal nur die Amtsträger der Justizbehörden und nicht die "Hauptakteure" der öffentlichen Vorverurteilung aus dem Medienbereich, so daß der Wirkungskreis der Norm schon von daher nur begrenzten Schutz bieten kann. Im tatsächlichen Bereich besteht das Problem, daß die von den Staatsanwaltschaften ohnehin nicht mit großem Nachdruck geführten Ermittlungen[253] sich durch das Zeugnisverweigerungsrecht der Presse gem. § 53 Abs. 1 Nr. 5 StPO schwierig gestalten. Da die Presse ihre Informanten in der Regel schützt, wird der Amtsträger, der für die unbefugte Weitergabe verantwortlich zeichnet, nur in den seltensten Fällen ermittelt werden können.[254] Bei der staatsanwaltschaftlichen Strafverfolgungsarbeit spielt § 203 Abs. 2 StGB daher nur eine untergeordnete Rolle.[255]

cc. Strafbarkeit nach § 353 b Abs. 1 Nr. 1 StGB

Nach § 353 b Abs. 1 Nr. 1 StGB macht sich ein Amtsträger strafbar, der ein ihm anvertrautes oder sonst bekannt gewordenes Geheimnis unbefugt offenbart und dadurch wichtige öffentliche Interessen gefährdet. Diese Norm unterscheidet sich von § 203 Abs. 2 StGB lediglich dadurch, daß die Geheimnisoffenbarung zu einer Gefährdung wichtiger öffentlicher Interessen führen muß.

Zunächst stellen sich somit die Probleme, die bereits im Zusammenhang mit dem Straftatbestand des § 203 Abs. 2 StGB erörtert wurden, insbesondere die Fragen der

---

251 Vgl. dazu Rogall, NStZ 1983, 1; beispielhaft kann hier auf die Entscheidung des OLG Hamm, NJW 2000, 1278 ff. verwiesen werden.

252 So Dalbkermeyer, Schutz des Beschuldigten, S. 54.

253 Dies klingt bei Dalbkermeyer, Schutz des Beschuldigten, S. 55 an, die feststellt, daß von staatlicher Seite mit einer Propaganda für § 203 Abs. 2 StGB mit Sicherheit nicht zu rechnen ist.

254 In § 53 Abs. 1 Nr. 5 StPO sieht Hamm auch einen der Haupthindernisse bei der Aufklärung von Verstößen gegen die beamtenrechtliche Schweigepflicht, vgl. Hamm, Große Strafprozesse, S. 33 f.

255 So die Feststellung von Dalbkermeyer, Schutz des Beschuldigten, S. 55; vgl. dazu auch OLG Hamm, NJW 2000, 1278 ff.

Sachverhaltsaufklärung.[256] Schwierigkeiten ergeben sich jedoch mit dem Merkmal der Gefährdung wichtiger öffentlicher Interessen, bei dem eine abstrakte Gefährdung nicht ausreicht, sondern eine konkrete Gefahr verlangt wird.[257] Von daher erscheint es zweifelhaft, ob eine identifizierende Medienarbeit der Strafverfolgungsbehörden eine Gefährdung wichtiger öffentlicher Interessen bedeuten kann. Der BGH hat allerdings den ordnungsgemäßen Ablauf eines strafrechtlichen Ermittlungsverfahrens als wichtiges öffentliches Interesse anerkannt.[258] Negative Konsequenzen hat die identifizierende Berichterstattung oder die Preisgabe des Namens unmittelbar jedoch nur für den Beschuldigten. Handelt es sich um ein Ermittlungsverfahren mit einem hohen Publizitätsinteresse, kann der Druck der öffentlichen Meinung zumindest mittelbar den regulären Ablauf beeinträchtigen. Nicht ausreichend ist jedoch die Besorgnis einer Beeinträchtigung. Tatbestandliche Voraussetzung des § 353 b StGB ist vielmehr die tatsächliche Schaffung einer konkreten Gefahr.[259] Erforderlich ist der Nachweis, daß der durch die Geheimnisoffenbarung verursachte Druck der Öffentlichkeit so stark ist, daß die Ermittlungsbehörden nicht mehr in der Lage sind, ihrer Tätigkeit ordnungsgemäß nachzukommen. Da der Nachweis für diese tatsächliche Gefährdung kaum bei einem Fall geführt werden kann, ist § 353 b StGB eine relevante Schutzfunktion nicht zuzubilligen.[260]

dd. Strafbarkeit nach § 353 d Nr. 3 StGB

§ 353 d StGB ist am 1.1.1975 in Kraft getreten. Die Vorschrift enthält drei eigenständige Straftatbestände[261], die früher auf verschiedene Gesetze verteilt waren. Die ersten beiden Tatbestände pönalisieren die Berichterstattung über eine nichtöffentliche Gerichtsverhandlung. § 353 d Nr. 1 StGB steht dabei in unmittelbarem Zusammenhang mit § 174 Abs. 2 GVG, der Prozeßberichte dann verbietet, wenn die Öffentlichkeit gem. § 172 Nr. 1 GVG aus Gründen der Staatssicherheit ausgeschlossen wurde. § 353 d Nr. 1 StGB legt somit die für den Verstoß gegen § 174 Abs. 2 GVG zu verhängende Sanktion fest.[262]

---

256 Siehe Kapitel III 2 a bb.
257 BGHSt 20, 348; OLG Düsseldorf, NStZ 1985, 169.
258 BGHSt 10, 276 f.
259 BGHSt 20, 348.
260 So die Begründungskette bei Dalbkermeyer, Schutz des Beschuldigten, S. 63 f., die auch ähnlich argumentiert, wenn man den ungestörten Ablauf einer Hauptverhandlung als wichtiges öffentliches Interesse anerkennt. Nach OLG Hamm, NJW 2000, 1278, 1280 berührt die Namensnennung nicht das öffentliche Interesse.
261 Lenckner, in: Schönke/Schröder § 353 d Rn. 1; Tröndle/Fischer, § 353 d Rn. 1.
262 Tröndle/Fischer, § 353 d Rn. 2.

§ 353 d Nr. 2 StGB knüpft hingegen an den Verstoß gegen das vom Gericht gem. § 174 Abs. 3 GVG auferlegte Schweigegebot bei aus anderen Gründen als der Staatssicherheit ausgeschlossener Öffentlichkeit an. Beide Straftatbestände sollen dabei das Rechtsgut schützen, das auch durch die in den Regelungen des GVG zum Ausschluß der Öffentlichkeit geschützt werden soll.[263]
Der Schutzzweck des § 353 d Nr. 3 StGB ist hingegen umstritten.[264] Die herrschende Meinung geht davon aus, daß die Unbefangenheit der am Verfahren Beteiligten, insbesondere der Laienrichter und Zeugen, das von der Norm geschützte Rechtsgut ist.[265] Strafbar ist nach dieser Bestimmung die Veröffentlichung der Anklageschrift oder anderer amtlicher Schriftstücke eines Strafverfahrens im Wortlaut, bevor diese in öffentlicher Verhandlung erörtert worden sind oder das Strafverfahren abgeschlossen ist.
§ 353 d Nr. 3 StGB ersetzt die Regelung des § 17 des Reichspressegesetzes von 1874. Bereits dieser Vorschrift wurde aber mangelnde praktische Relevanz zugesprochen[266], wobei der Anwendungsbereich weiter gefaßt war, als bei der jetzigen Strafvorschrift. § 353 d Nr. 3 StGB beschränkt nunmehr die Strafbarkeit auf eine Veröffentlichung im Wortlaut. Der Straftatbestand hat damit klare Konturen bekommen und erleichtert auch die vorher bestehende nahezu unlösbare Aufgabe der Abgrenzung zwischen strafloser Berichterstattung auf der Grundlage eines amtlichen Schriftstücks und seiner strafbaren Veröffentlichung.[267] Durch diese Eingrenzung auf die Wiedergabe im Wortlaut kann die Norm jedoch ihren gesetzgeberischen Zweck noch viel weniger erreichen, da der Anwendungsbereich dadurch so weit reduziert wird, daß die Erfüllung einer sinnvollen Funktion nicht mehr gewährleistet ist.[268] Die Umgehung der Vorschrift ist ohne weiteres dadurch möglich, daß der Inhalt der Anklageschrift in andere Worte gefaßt wird, wobei eine Reduzierung der Negativ-

---

263 Tröndle/Fischer, § 353 d Rn. 1.
264 Vgl. oben II 2 a.
265 Vgl. Reg. E 282; OLG Hamm NJW 1977, 967; OLG Köln JR 1980, 473; AG Nürnberg MDR 1983, 424; Samson, in: SK-StGB § 353 d Rn. 16; Krekeler, AnwBl. 1985, 426, 428.
266 Lenckner, in: Schönke/Schröder, § 353 d Rn. 41; Löffler Presserecht II, S. 102.
267 So Lenckner, in: Schönke/Schröder, § 353 d Rn. 41. Hinsichtlich der früheren Abgrenzungsschwierigkeiten verweist Lenckner auf die Rechtsprechung des Reichsgerichts zu dieser Frage, vgl. RGSt 22, 278; 26, 79; 28, 416.
268 In diesem Sinne Lenckner, in: Schönke/Schröder, § 353 d Rn. 41; Bornkamm, Pressefreiheit und Fairneß des Strafverfahrens, S. 221, Krekeler, AnwBl. 1985, 426, 428. Vorauflagen des Kommentars von Tröndle bzw. Dreher/Tröndle haben im Zusammenhang mit dieser Strafvorschrift sogar von einem "Schlag ins Wasser" gesprochen, vgl. § 353 d Rn. 6; diese drastische Formulierung findet sich in der jetzigen Kommentierung allerdings nicht mehr wieder, vgl. Tröndle/Fischer § 353 d Rn. 6, 6 a.

wirkung auf die Verfahrensbeteiligten damit nicht einhergeht.[269] Die Norm privilegiert dabei die entstellende Veröffentlichung.[270] Die sinngemäße oder sinnentstellende Veröffentlichung bringt sogar größere Gefahren mit sich, weil hier die Möglichkeiten der Manipulationen größer sind, als bei der Konfrontation mit den schlichten Fakten.[271] Die Umgehung des § 353 d Nr. 3 StGB ist vor allem deshalb ohne weiteres möglich, weil schon eine in unwesentlichen Einzelheiten abweichende, sonst aber wortgetreue Wiedergabe des Schriftstücks nicht mehr tatbestandsmäßig ist.[272] Dies gilt vor allem vor dem Hintergrund, daß die Veröffentlichung amtlicher Schriftstücke durch Presseorgane kaum praktiziert wird, sondern eher die wertende Berichterstattung im Mittelpunkt steht[273], während die Laienrichter den Anklagesatz in der Hauptverhandlung gemäß § 293 Abs. 3 StPO ohnehin zur Kenntnis bekommen.

Der vorbezeichnete Befund hat dann auch zur Folge, daß die praktische Relevanz des § 353 d Nr. 3 StGB gering ist und durch die Rechtsprechung gerade im Hinblick auf das Grundrecht der Pressefreiheit gemäß Art. 5 GG weiter relativiert wird.[274] Das OLG Hamm vertritt die Auffassung, daß das Verlesen des Anklagesatzes durch den Staatsanwalt während einer Pressekonferenz nicht den Tatbestand des § 353 d Nr. 3 StGB erfülle, da es sich hierbei nicht um einen wesentlichen Teil der Anklageschrift handele, wobei das Gericht entgegen dem Wortlaut mit dem Gesetzeszweck argumentiert.[275] Teilweise wurde die Vorschrift sogar für verfassungswidrig gehalten, da sie zur Erreichung der intendierten Ziele ungeeignet sei.[276] Das BVerfG hat die Vorschrift zwar als verfassungsgemäß angesehen, da sie einen zulässigen Kompromiß zwischen dem hohen Rang des Art. 5 GG und dem Schutz vor Vorverurteilungen biete.[277] Die Berührung des grundrechtsrelevanten Bereichs führte jedoch zu einer erheblichen Einschränkung des Wirkungsbereichs der Norm. Das LG Lüneburg weist im Hinblick auf die Wechselwirkung gemäß Art. 5 Abs. 2 GG darauf hin, daß das Grundrecht der Pressefreiheit die Anforderungen des § 353 d Nr. 3 StGB noch stärker zurückdrängt,

---

269 So Bornkamm, Pressefreiheit und Fairneß des Strafverfahrens, S. 221.
270 So Bornkamm, Pressefreiheit und Fairneß des Strafverfahrens, S. 221.
271 In diesem Sinne Kübler JZ 1984, 547; Schomburg, ZRP 1982, 142.
272 So Lenckner, in: Schönke/Schröder, § 353 d Rn. 41, 49; a.A. Tröndle/Fischer, Rn. 6; AG Hamburg, StV 1990, 410.
273 Vgl. Lenckner, in: Schönke/Schröder, § 353 d Rn. 49.
274 Diese verfassungsrechtlichen Gesichtspunkte waren auch der Anlaß dafür, daß der Gesetzgeber die Strafbarkeit auf die wörtliche Wiedergabe der Anklageschrift beschränkt hat, da die Gerichtsberichterstattung so wenig wie möglich eingeschränkt werden sollte; siehe dazu Rogall, NStZ 1984, 268.
275 So OLG Hamm, NJW 1977, 967.
276 AG Hamburg, NStZ 1984, 265, 266.
277 BVerfGE 71, 206 ff, 217, 219.

was für das Gericht zur Folge hatte, daß auch die Veröffentlichung wesentlicher Teile eine Anklageschrift straflos sein kann.[278] Damit ist der Tatbestand jeglicher Schutzfunktion entleert.[279] Von ihm wird ein Beschuldigter keine Hilfe vor Vorverurteilungen erwarten können.[280]

ee. Strafbarkeit nach § 43 BDSG

Die Information an Dritte über die Identität des Beschuldigten und seinen persönlichen Verhältnissen könnte gegen den Straftatbestand des § 43 BDSG verstoßen, der die unbefugte Übermittlung geschützter personenbezogener Daten pönalisiert.[281] Voraussetzung für die Anwendbarkeit der Strafvorschrift wäre jedoch, daß die die identifizierenden Angaben enthaltenden Ermittlungsakten dem Begriff der Datei erfüllen würden, da die Übermittlung von Daten nur verboten ist, soweit diese in einer Datei gespeichert sind. Gem. § 3 Abs. 2 BDSG sind Akten, die nicht in automatisierten Verfahren verwaltet und ausgewertet werden können, nicht als Datei iSd. Datenschutzgesetzes anzusehen und nehmen daher nicht am Schutz des Gesetzes teil. Die Ermittlungsakten der Staatsanwaltschaft werden ohne einen Übertragungsvorgang in eine Datenbank ohne automatisiertes Verfahren zugeordnet und ausgewertet und stellen daher keine Datei iSd. Bundesdatenschutzgesetzes dar.[282] Eine Strafbarkeit der Strafverfolgungsbehörden entfällt damit.

ff. § 81 b 1. Alt. StPO

Eine besondere Belastung für einen Beschuldigten liegt dann vor, wenn von ihm Lichtbilder aufgenommen und der Öffentlichkeit zugänglich gemacht werden. § 81 b 1.

---

278 LG Lüneburg NJW 1978, 117 mit dem Bezug auf die Wechselwirkungstheorie des Bundesverfassungsgerichts, vgl. BVerfGE 7, 198.

279 So Lenckner, in: Schönke/Schröder, § 353 d, Rn. 41; Marxen, GA 1980, 368; Bornkamm, Pressefreiheit und Fairneß des Strafverfahrens, S. 221. Bornkamm kritisiert die Vorschrift noch aus einem anderen Grund. Sie schränke die Möglichkeit der Veröffentlichung rechtlicher Entscheidungen ein, obwohl hierfür unter Berücksichtigung des Schutzzwecks kein Bedürfnis bestehe. Im Ermittlungsverfahren ergangene Beschlüsse dürften bei stringenter Anwendung der Vorschrift erst dann in Fachzeitschriften veröffentlicht werden, wenn sie zuvor in öffentlicher Verhandlung erörtert wurden oder das Verfahren abgeschlossen worden sei. Eine solche Nebenwirkung der Vorschrift sei vom Gesetzgeber weder gewollt, noch sei sie sinnvoll. Gerichtliche Entscheidungen im Ermittlungsverfahren besäßen nicht zwangsläufig präjudizierende Wirkung. Andererseits würden die Entscheidungen in einer verschlüsselten Form in den Fachzeitschriften veröffentlicht, so daß ein Einfluß auf Schöffen oder Zeugen wenig wahrscheinlich sei. Die Praxis selbst übergehe das Problem in der Weise, daß sie bei Veröffentlichungen gerichtlicher Entscheidungen den Straftatbestand nicht anwendet; vgl. zu diesem zusätzlichen Kritikpunkt Bornkamm, Pressefreiheit und Fairneß des Strafverfahrens, S. 222, S. 223.

280 So im Ergebnis auch Krekeler, AnwBl. 1985, 426, 428.

281 Für die Staatsanwaltschaften der Länder enthalten die Landesdatenschutzgesetze entsprechende Straftatbestände.

282 Lenckner, in: Schönke/Schröder, § 203 Rn. 46.

Alt. StPO sieht nun vor, daß Lichtbilder des Beschuldigten gegen seinen Willen nur dann aufgenommen werden dürfen, soweit es für die Zwecke der Durchführung des Strafverfahrens notwendig ist. Teilweise wird diese Bestimmung dahingehend ausgelegt, daß das Anfertigen einer Bildaufnahme und deren Veröffentlichung zu anderen als den dort genannten Zwecken ohne Einwilligung des Beschuldigten generell unzulässig ist. Man zieht den Umkehrschluß aus § 81 b 1. Alt. StPO in der Weise, daß identifizierende Bildberichterstattung, deren Intention allein in der Information der Öffentlichkeit besteht, generell unzulässig ist.[283]

Diese Auffassung verkennt jedoch die ratio legis der Norm und ihren Wirkungsbereich. § 81 b 1. Alt. StPO stellt eine prozessuale Zwangsmaßnahme und eine Ermächtigungsgrundlage für die Anfertigung von Lichtbildern im Rahmen eines strafrechtlichen Ermittlungsverfahrens dar.[284] Dies indiziert gleichzeitig auch den Wirkungsbereich der Bestimmung ausschließlich innerhalb des Strafverfahrens. Normiert werden sollen ausschließlich die Fälle, in denen die Lichtbildaufnahmen den Ablauf des Strafverfahrens beeinflussen. Die identifizierende Berichterstattung für die Allgemeinheit steht jedoch in keinem Zusammenhang mit dem Strafverfahren als solchem, weil die Informationstätigkeit keinen strafverfahrensrelevanten Zweck erfüllt. § 81 b 1. Alt. StPO "wirkt" im Innern des Strafverfahrens und regelt nicht die sich außerhalb abspielende Berichterstattung über die Straftat zum Zwecke der Information der Allgemeinheit.[285]

gg. Nr. 23 Abs. 1 RiStBV[286]

Nr. 23 Abs. 1 RiStBV regelt die Zusammenarbeit der Staatsanwaltschaften mit den Medienvertretern. Hierbei sind die besonderen Aufgaben der Presse und ihre Bedeutung für die öffentliche Meinungsbildung zu berücksichtigen. Nach Nr. 23 Abs. 1 S. 2 RiStBV darf die Unterrichtung der Medien weder den Untersuchungszweck gefährden, noch dem Ergebnis der Hauptverhandlung vorgreifen. Der Anspruch des Beschuldigten auf ein faires Verfahren darf nicht beeinträchtigt werden. Im Einzelfall hat eine Abwägung zwischen dem Persönlichkeitsrecht des Beschuldigten und dem Informationsanspruch der Allgemeinheit zu erfolgen. Eine unnötige Bloßstellung des Beschuldigten muß vermieden werden.[287] Diese, auf den Grundgedanken des Art. 6 Abs.

---

283 E. Schmidt, Justiz und Publizistik, S. 15 ff; Ostendorf, GA 1980, 445 ff., 453.

284 Siehe Senge, in: KK-StPO, § 81 b Rn. 1; Kleinknecht/Meyer-Goßner, § 81 b Rn. 1 ff.

285 So die Argumentationskette bei Dalbkermeyer, Schutz des Beschuldigten, S. 36.

286 Richtlinien für das Strafverfahren und das Bußgeldverfahren (RiStBV) vom 1.1.1977 in der ab 1.7.1998 bundeseinheitlich geltenden Fassung, abgedruckt in Kleinknecht/Meyer-Goßner, 1813 ff.

287 Nr. 4 a RiStBV hat bereits eine Allgemeinklausel, die einen Beschuldigten generell unter allen Gesichtspunkten im Bereich des Ermittlungsverfahrens vor einer Bloßstellung schützen soll.

2 EMRK zurückgehende Vorschrift hat in der Praxis insgesamt einen niedrigen Stellenwert, was durch die Staatsanwaltschaften selbst eingeräumt wird.[288] Der Hauptgrund liegt vor allem darin, daß die Richtlinien für das Straf- und Bußgeldverfahren nur bloße Verwaltungsanordnungen mit Soll-Charakter sind, die keine gesetzliche Bindungswirkung entfalten und daher ohne weiteres übertreten werden können.[289]
Dabei kommt dem Staatsanwalt auch die salvatorische Klausel in der Einführung zugute, die ihm bei der Bearbeitung der Fälle einen weiten Ermessensspielraum einräumt.[290] Danach stellen die Richtlinien nur eine Anleitung für den Regelfall dar. Der Staatsanwalt kann daher von den Richtlinien abweichen, wenn er dies unter Berücksichtigung der besonderen Umstände des Einzelfalles für erforderlich hält.[291]
§ 23 Abs. 1 RiStBV wird deshalb im allgemeinen Wirkungslosigkeit bescheinigt.[292] Dies zeigt sich vor allem darin, daß Fälle in denen Anklageschriften oder Vernehmungsprotokolle aus den Ermittlungsakten von Staatsanwälten an die Medien weitergegeben wurden, um diese in ihrem Sinne zu instrumentalisieren, durchaus an der Tagesordnung sind.[293] Weiterhin wird die mangelnde Bedeutung der Richtlinien auch mit ihrer fehlenden Praktikabilität bei der täglichen Arbeit begründet.[294] Es ist auch nicht davon auszugehen, daß sich der Wirkungsgrad der Nr. 23 RiStBV in der Praxis in Zukunft erhöhen wird.[295]

---

288 So Schaefer, NJW 1977, 21.

289 KK-StPO, Anhang III, Vorbemerkungen; Roxin, NStZ 1991, 153, 156. Dalbkermeyer, Schutz des Beschuldigten, S. 34. Die mangelnde gesetzliche Bindungswirkung der RiStBV kommt insbesondere dann zum Ausdruck, wenn im Rahmen eines Ermittlungsverfahrens ein Sachverständiger bestellt werden soll. Gem. Nr. 70 Abs. 1 RiStBV hat der Staatsanwaltschaft dem Verteidiger vor Auswahl des Sachverständigen Gelegenheit zur Stellungnahme geben, es sei denn, daß Gegenstand der Untersuchung ein häufig wiederkehrender tatsächlich gleichartiger Sachverhalt ist oder eine Gefährdung des Untersuchungszwecks oder eine Verzögerung des Verfahrens zu besorgen ist. In der Praxis findet jedoch in den meisten Fällen eine Anhörung nicht statt, da diese Form der Beteiligungsmöglichkeit der Verteidigung weitgehend negiert wird und deshalb kaum Bedeutung erlangt, vgl. Detter, NStZ 1998, 58. Die Beteiligungsmöglichkeit der Verteidigung wird gerade mit dem Argument, daß die Vorschrift keinen Gesetzescharakter hat abgelehnt. Aus diesem Grunde wird von Seiten der Strafverteidiger immer wieder die Forderung erhoben, ein gesetzliches Beteiligungsrecht des Verteidigers bei der Auswahl von Sachverständigen einzuführen, vgl. Deckers/Gatzweiler/ Münchhalffen, in: Brüssow/Krekeler/Mehle, Strafverteidigung, § 14 Rn. 40 ff.

290 So Schaefer, NJW 1977, 21.

291 Siehe KK-StPO, Anhang III Einführung; Dalbkermeyer, Schutz des Beschuldigten, S. 34.

292 So Hassemer, NJW 1985, 1921, 1927, Schaefer, NJW 1997, 21; Roxin, NStZ 1991, 153, 156.

293 So Roxin, NStZ 1991, 153, 156. Eine umfassende Darstellung von Beispielen aus der Praxis bei denen Ermittlungsbehörden Informationen gezielt an die Presse weitergegeben wurden findet sich bei J. Wagner, Strafprozeßführung, S. 42 ff.

294 So Schaefer, NJW 1977, 21.

295 Das zu Nr. 23 RiStBV gesagte, gilt in gleichem Maße auch für Nr. 129 Abs. 1 RiStBV. Nach dieser Vorschrift darf durch die Berichterstattung die Aufgabe des Gerichts die Wahrheit zu erforschen, nicht vereitelt oder erschwert und das Recht des Angeklagten, sich ungehindert zu verteidigen, nicht beeinträchtigt werden; siehe dazu auch Krekeler, AnwBl. 1985, 426, 427.

hh. § 169 S. 2 GVG

§ 169 S. 2 GVG verbietet Ton- und Fernseh-Rundfunkaufnahmen sowie Ton- und Filmaufnahmen von der Gerichtsverhandlung zum Zwecke der öffentlichen Vorführung oder Veröffentlichung ihres Inhalts. Diese Vorschrift bezweckt den Schutz des Angeklagten vor Bloßstellung seiner Person, in dem die Umfunktionierung von Hauptverhandlungen in ein Medienspektakel verhindert und damit ein Beitrag zur Versachlichung der Hauptverhandlung geleistet wird.[296] Sie umfaßt in zeitlicher Hinsicht die gesamte Verhandlung einschließlich von Ortsterminen und der Verkündung der Entscheidung.[297] Hieraus folgt, daß die Norm nur während der Hauptverhandlung und in lediglich indirekter Weise einer Vorverurteilung entgegenwirken kann. Die Mittel der Medien zur Einwirkung auf die Öffentlichkeit und das Gericht sind aber vielfältig, so daß sie hier nicht auf Live-Übertragung angewiesen sind.[298] Die Schutzsphäre des § 169 S. 2 GVG ist bereits auf ihrem eigentlichen Wirkungsort, dem Gerichtssaal, begrenzt. So sind einfache Bildaufnahmen ohne weiteres zulässig.[299] Auch kann der Vorsitzende Richter im Rahmen seiner Sitzungspolizeigewalt gemäß § 176 GVG der Presse und dem Rundfunk Aufnahmen gestatten, wenn der eigentliche Gang der Hauptverhandlung noch nicht begonnen hat.[300] Viele Vorsitzende gehen auf entsprechende Wünsche der Medienvertreter ein, schon um ihre eigene Stellung in den Berichten nicht zu gefährden und selbst nicht zur Zielscheibe von Presseattacken zu werden.[301] So wird im Regelfall im Gerichtssaal das Filmen und Fotografieren des Angeklagten auf der Anklagebank gestattet, bis das Gericht Platz genommen und die Verhandlung eröffnet hat. Gerade in dieser Prozeßsituation hat der Angeklagte aber ein besonderes Interesse daran, nicht der Öffentlichkeit preisgegeben zu werden.[302]
In der Praxis müssen Angeklagte und Verteidiger regelrechte Gegenstrategien zum Schutz des Angeklagten entwickeln. Diese reichen vom Personentausch beim Betreten des Gerichtsgebäudes, dem Abdecken des Angeklagten durch andere Per-

---

296 So Roxin, NStZ 1991, 153, 156.
297 BGHSt 22, 83; Diemer, in: KK-StPO § 169 Rn. 13.
298 Damit begründet Roxin, NStZ 1991, 153, 156 den mangelnden Wirkungsgrad der Norm.
299 BGH MDR 1971, 188; Diemer, in: KK-StPO § 169 Rn. 13; Kleinknecht/Meyer-Goßner, § 169 GVG Rn. 10.
300 BGHSt 23, 123; diese Entscheidung wird insbesondere von Schaefer, in: LR-StPO § 169 GVG Rn. 26 kritisiert, der hier ein Eingreifen des Gesetzgebers fordert.
301 So Dahs, Referat, K 12. Bemerkenswert in diesem Zusammenhang ist die Entscheidung BVerfG, NJW 2000, 2890 f. Dort hatte der Vorsitzende einer großen Strafkammer Filmaufnahmen im Sitzungssaal vor der Verhandlung gem. §§ 169 S. 2, 176 GVG untersagt. Das BVerfG hob die sitzungspolizeiliche Anordnung des Vorsitzenden im Rahmen einer vom Radiosender beantragten einstweiligen Anordnung mit dem Hinweis auf die überragende Bedeutung der Pressefreiheit auf.
302 Vgl. Dahs, Referat, K 12.

sonen oder Gegenstände, wie Aktendeckeln oder Zeitungen bis hin zum Auskundschaften von Flucht- und Geheimwegen beim Gang zum oder vom Gerichtssaal und bedeuten eine gravierende Entwürdigung des Angeklagten.[303] Doch ist darauf hinzuweisen, daß Ton- und Filmaufnahmen bereits das gesamte Strafverfahren begleiten. So werden in Fernsehberichten die Namen der Beschuldigten genannt, ihre Wohnhäuser, Betriebe und Geschäftslokale fotografiert und gefilmt. Der Angeklagte muß Filmaufnahmen bereits vor dem Gerichtsgebäude und auf den Gerichtsfluren über sich ergehen lassen. Gerade festgenommene Beschuldigte werden in den Gängen der Polizeipräsidien in geradezu triumphaler Weise gefilmt, was zu einem Klima der Vorverurteilung führt bei dem die irreversible Gefahr des Übergreifens auf Richter und Staatsanwälte besteht.[304] Dieser ganze Komplex ist durch den zeitlichen Geltungsbereich des § 169 S. 2 GVG ausgeblendet. Insofern ist der These Dahs, daß § 169 S. 2 GVG als einstige Errungenschaft der Strafprozeßrechtsreform in seinem Wirkungsbereich weitgehend durchlöchert ist, zuzustimmen.[305]

ii. Ausschluß der Öffentlichkeit gem. den §§ 171 a GVG ff

Vorverurteilungen sind oftmals Konsequenz des im deutschen Strafprozeß geltenden Prinzips der Öffentlichkeit. Berichte über laufende Hauptverhandlungen mit Wertungen vor Abschluß der Beweisaufnahme geben frühzeitig auf ein bestimmtes Ergebnis abzielende Tendenzen vor. Vielfach wird deshalb vertreten, daß allein durch eine konsequente Anwendung der §§ 171 a GVG ff der Vorverurteilung Einhalt geboten werden kann.[306] In den folgenden Ausführungen ist zu untersuchen, ob diese Annahme gerechtfertigt ist.

Eine zentrale Vorschrift beim Ausschluß der Öffentlichkeit im Zusammenhang mit Vorverurteilungen stellt § 171 b GVG dar. Danach kann die Öffentlichkeit ausgeschlossen werden, soweit Umstände aus dem persönlichen Lebensbereich eines Prozeßbeteiligten, Zeugen oder durch eine rechtswidrige Tat Verletzten zur Sprache kommen, deren öffentliche Erörterung schutzwürdige Interessen verletzen würde, soweit das Interesse an der öffentlichen Erörterung dieser Umstände überwiegt. Der persönliche

---

303 Eine eingehende Beschreibung solcher Szenarien findet man bei Dahs, Referat, K 12 / K 13 und bei Gatzweiler, StraFo 1995, 64, 66.

304 Diese oben angeführten Vorgänge aus der Praxis beschreibt Gatzweiler, StraFo 1995, 64, 66.

305 Dahs, Referat, K 12. In diesem Sinne auch Marxen, JZ 2000, 294, 296, der darauf hinweist, daß der Anwendungsbereich des Verbots unter tatkräftiger Mithilfe des BVerfG immer enger werde und der „Fuß des Medienvertreters in der Tür stecke". Zu der einschlägigen Rechtsprechung des BVerfG siehe Fußnote 17 bei Marxen, JZ 2000, 294, 296 sowie BVerfG, NJW 2000, 2890 f.

306 Diese Tendenzen sind vor allem zu erkennen bei Volk, Referat, K 38 ff; aber auch bei Zipf, Gutachten, K 56 ff.

Lebensbereich umfaßt als Privat- oder Intimsphäre alles was der Betreffende dazu rechnet und geschützt wissen will.[307] Dazu gehören Tatsachen des Innenlebens einer Persönlichkeit und aus dem persönlichen Leben einschließlich des Familienlebens.[308] Der Ausschluß der Öffentlichkeit liegt im pflichtgemäßen Ermessen des Gerichts, da § 171 b eine Kannvorschrift ist. Dabei ist abzuwägen zwischen dem schutzwürdigen Interesse des oder der Betroffenen und dem Interesse an der öffentlichen Erörterung von Umständen aus dem persönlichen Lebensbereich. Nur wenn dieses überwiegt, soll die Öffentlichkeit bestehen bleiben. Im Zweifel hat dabei der Schutz der Privatsphäre Vorrang.[309]

Mit dieser Fassung wird der Schutzbereich für den Angeklagten in der Tat weiter gezogen, als nach der Vorgängerregelung des § 172 Nr. 2 GVG a. F. Dort konnte die Öffentlichkeit nur ausgeschlossen werden, wenn durch die öffentliche Erörterung von Umständen aus dem persönlichen Lebensbereich "überwiegende schutzwürdige" Interessen verletzt würden.[310] Die Vorschrift wurde von der herrschenden Meinung dahingehend ausgelegt, daß die persönlichen Schutzinteressen eindeutig überwiegen müssen.[311] Diese Auslegung war zwar verschiedentlich auf heftige Kritik gestoßen[312] sie hatte sich jedoch in der Rechtspraxis durchgesetzt.

§ 171 b GVG gibt nunmehr im Zweifel der Privatsphäre des Angeklagten den Vorrang. Festzustellen ist allerdings, daß sich dieser Auslegungsgrundsatz in der Praxis bisher nicht etabliert hat. Von den Ausschlußmöglichkeiten nach § 171 a ff GVG, insbesondere des § 171 b GVG machen die Gerichte nur äußerst zurückhaltend Gebrauch. Es besteht vielmehr der Eindruck, daß die Auslegungsgrundsätze aus dem Zeitraum vor der Neuregelung weitgehend übernommen werden. Dahs bemängelt, daß die Rechtsprechung bei der Frage des Schutzes der Privatsphäre des Angeklagten eher nach dem Grundsatz "in dubio pro publicitate" und nicht nach dem Grundsatz "in dubio pro diginitate homini" verfahren und kommt zu der Schlußfolgerung, daß die Vorschriften über den Ausschluß der Öffentlichkeit es nicht vermocht haben, die Würde des Angeklagten und das Interesse am sachgerechten Urteil vor der Be-

---

307 BGHSt 30, 212.

308 BGHSt 30, 212.

309 So Diemer, in: KK-StPO, § 171 b GVG Rn. 4.

310 Bis zum Inkrafttreten dieser Fassung des § 172 GVG am 1.1.1975 war es höchst streitig, ob ein Ausschluß der Öffentlichkeit zum Schutz des Beschuldigten bei Erörterungen und Umständen aus seinem persönlichen Lebensbereich überhaupt stattfinden konnte. Die Rechtsprechung des BGH hat diese Frage verneint, BGHSt 23, 82, während dies im Schrifttum überwiegend bejaht wurde, vgl. Zipf, JuS 1973, 350 ff.

311 So Kleinknecht, Festschrift für Schmidt-Leichner, S. 113.

312 So insbesondere von Volk, Referat, K 40 ff.

drohung durch eine im Hinblick auf Motive und Ziele pervertierte Beteiligung der Öffentlichkeit an der Hauptverhandlung wirksam zu schützen.[313]

Der Grund der Zurückhaltung der Gerichte bei dem Ausschluß der Öffentlichkeit ist in erster Linie in der Revisionsangst zu sehen.[314] Gemäß § 338 Nr. 6 StPO liegt ein absoluter Revisionsgrund dann vor, wenn das Urteil aufgrund einer mündlichen Verhandlung ergangen ist, bei der die Vorschriften über die Öffentlichkeit des Verfahrens verletzt werden. Die Rechtsprechung sieht diesen absoluten Revisionsgrund jedoch nur dann als gegeben an, wenn die Öffentlichkeit in ungesetzlicher Weise beschränkt worden ist.[315] Eine Revisionsgefahr für das Urteil besteht somit lediglich dann, wenn zu wenig Öffentlichkeit, nicht aber, wenn zu viel Öffentlichkeit vorhanden war.[316] Diese Rechtsprechung ist im Schrifttum vielfach kritisiert worden.[317] Zipf weist darauf hin, daß eine Vorschrift über den Ausschluß der Öffentlichkeit zum Schutz des Angeklagten nur dann im Bewußtsein der Rechtsprechung verankert werden kann, wenn es über eine verfassungskonforme Auslegung der Bestimmung gelingt die "Zweiseitigkeit des Öffentlichkeitsprinzips" zu betonen und hierüber zu einem allgemeinen Konsens bei der Rechtsanwendung zu gelangen. Das Öffentlichkeitsprinzip müßte als ein nach zwei Seiten offenes Prinzip verstanden und akzeptiert werden, bei dem es sowohl darum gehe eine unerlaubte Einschränkung des freien Zugangs zu Gerichtsverhandlungen auszuschließen, als auch aus übergeordneten Gesichtspunkten des Persönlichkeitsrechts Einschränkungen der Verfahrensöffentlichkeit vorzunehmen.[318]

Dogmatische Schwierigkeiten hat die Rechtsprechung schon mit dem Wortlaut der Vorschrift des § 338 Nr. 6 StPO, der allein darauf Bezug nimmt, ob das Urteil aufgrund einer mündlichen Verhandlung ergangen ist, bei der "die Vorschriften über die Öffentlichkeit des Verfahrens" verletzt sind. Hierunter wurde anfänglich nur deshalb die Revisibilität der Beschränkung der Öffentlichkeit gesehen, weil § 338 Nr. 6 StPO schon lange in Kraft getreten war, bevor erstmals mit § 48 JGG und den §§ 169 ff GVG zwingende Vorschriften über die Beschränkung der Öffentlichkeit eingeführt

---

313 So Dahs, Referat, K 9, K 13.

314 Dies kann schon fast als allgemeine Ansicht angesehen werden. In dieser Weise argumentieren Dahs, Referat, K 9, Zipf, Gutachten, C 58; Volk, Referat, K 40 ff.

315 BGHSt 23, 176, 178; NStZ 1996, 398.

316 Der Revisionsführer kann den seiner Ansicht nach zu Unrecht nicht erfolgten Ausschluß der Öffentlichkeit nur im Rahmen einer allgemeinen Verfahrensrüge als relativen Revisionsgrund gemäß § 337 StPO rügen. Dies stellt ihn jedoch vor die Schwierigkeit, daß er das Beruhen des Urteils auf der Gesetzesverletzung darlegen muß. Zu welchen Schwierigkeiten dies für den Revisionsführer kommen kann, ist der Entscheidung des BGH im Fall "Monika Weimar", BGHSt 36, 119 ff, zu entnehmen.

317 Siehe hierzu vor allem Sarstedt/Hamm, Die Revision in Strafsachen, Rn. 422 ff.

318 So die Argumentation von Zipf, Gutachten, C 58.

wurden. Schutzbedürftig war früher deshalb nur die Vorschrift des § 169 S. 2 GVG. Vor dem Hintergrund der heutigen Gesetzeslage erscheint daher die Auffassung der Rechtsprechung systematisch kaum haltbar zu sein.[319]

So stichhaltig diese Einwendungen gegen die von der Rechtsprechung vorgenommene Auslegung des § 338 Nr. 6 StPO auch sind[320], so wenig haben sie sich in der Rechtspraxis durchsetzen können. Eine Änderung der Rechtsprechung ist hier auch nicht zu erwarten. Im Regelfall wird daher der Angeklagte von der Regelung des § 171 b GVG im Stich gelassen, wobei die vorbezeichneten Argumente auch bei den anderen Vorschriften zum Ausschluß der Öffentlichkeit, insbesondere bei § 172 Nr. 2 GVG, zur Relativierung ihrer Schutzwirkung führen.

Ergänzend ist noch darauf hinzuweisen, daß gemäß § 174 GVG über die Frage des Ausschlusses der Öffentlichkeit grundsätzlich in öffentlicher Sitzung zu verhandeln ist. Der Ausschlußbeschluß ist zu begründen, um eine Überprüfung durch das Revisionsgericht zu ermöglichen und muß öffentlich verkündet werden.[321] In vielen Fällen, insbesondere in denen zwischen den Prozeßbeteiligten unterschiedliche Rechtsauffassungen bestehen, kommt es somit zu umfangreichen Erörterungen genau der Sachverhaltsumstände, die durch den Ausschluß, der Öffentlichkeit gerade vorenthalten werden sollen. Letztlich bleibt auch, wie oben bereits angeführt,[322] festzuhalten, daß die Vorschriften der §§ 171 a ff GVG immer nur für die Hauptverhandlung selbst gelten, der gesamte Zeitraum davor und danach, der genügend Raum und Gelegenheit für vorverurteilende Medienberichterstattung gibt, ausgeblendet und ein wirksamer Schutz für den Angeklagten dort nicht erreicht wird.

Insgesamt haben die Vorschriften zum Ausschluß der Öffentlichkeit nicht dazu geführt, die kontroverse Diskussion über die schädlichen Auswirkungen belastender Medienberichterstattung und Vorverurteilungen verstummen zu lassen. In diesem Zusammenhang werden sie daher heute auch nur noch am Rande erwähnt.[323]

---

319 So die gesamte Argumentationskette bei Sarstedt/Hamm, Die Revision in Strafsachen, Rn. 424.

320 Der BGH gibt zu, daß es für die Meinung, daß auch eine unzulässige Erweiterung der Öffentlichkeit einen absoluten Revisionsgrund darstelle, "gute Gründe" gebe, BGHSt 22, 83.

321 Diemer, in: KK-StPO, § 174 GVG, Rn. 3, 4.

322 Siehe dazu Kapitel III 2 a cc.

323 So beispielsweise bei Hassemer, NJW 1985, 1921, 1927. Roxin, der selbst eine umfassende Bestandsaufnahme über den rechtlichen Schutz des Angeklagten vor Vorverurteilungen macht, erwähnt die Vorschriften nicht einmal, NStZ 1995, 153, 155 ff.

jj. Artikel 6 Abs. 2 EMRK

Zu überprüfen wäre auch noch, ob aus der Unschuldsvermutung gem. Art. 6 Abs. 2 EMRK selbst rechtliche Wirkungen für einen durch vorverurteilende Medienberichterstattung geprägten Prozeß herzuleiten sind. Zwar kann man mittlerweile davon ausgehen, daß Art. 6 Abs. 2 EMRK als Norm mit Gesetzeskraft auch für Medienvertreter eine Bedeutung hat[324], eine unmittelbare Bindungswirkung wird jedoch überwiegend abgelehnt.[325] Die Wirkungslosigkeit in direkter Hinsicht ergibt sich jedoch vor allem daraus, daß Art. 6 Abs. 2 EMRK keine Sanktion vorsieht, so daß eine unmittelbare Anwendung nicht erfolgen kann.[326] Zu erwähnen ist außerdem, daß die Rechtsprechung bei der Herleitung konkreter Rechtswirkungen für das Verfahren unmittelbar aus Verfassungsnormen äußerst zurückhaltend ist.[327]

kk. Strafprozessuale Reaktion der Verteidigung auf belastende Medienberichterstattung

Die Strafprozeßordnung gibt dem Angeklagten eine Reihe von Verteidigungsrechten, die dieser auch gegen belastende Medienberichterstattung nutzen kann. Zunächst kann die öffentliche Vorverurteilung dazu führen, daß dem Angeklagten überhaupt ein Verteidiger beigeordnet wird, weil ein Fall notwendiger Verteidigung vorliegt und die verletzte Verteidigungsfähigkeit insoweit einer Kompensation bedarf.[328] Auch kann unter Umständen die Beiordnung eines zweiten Verteidigers geboten sein. In jedem Falle darf der Verteidiger entsprechend dem Pressesprecher der Staatsanwaltschaften die Presse informieren.[329] Bestehen konkrete Anhaltspunkte dafür, daß Richter durch Presseberichte voreingenommen sind, so können diese wegen Besorgnis der Befangenheit abgelehnt werden.[330] Dabei ist es einhellige Meinung, daß bei einem Richter, der während des Verfahrens permanent mit vorverurteilenden Kampagnen der Medien konfrontiert wird, eine Beeinträchtigung der Objektivität und Unvoreingenommenheit erfolgen kann.[331] Als Verfahrensinstrumentarium steht auch

---

324 Siehe dazu oben Kapitel II 3 c.
325 Vgl. Roxin, NStZ 1991, 153, 156.
326 So Roxin, NStZ 1991, 153, 156.
327 Vgl. dazu BVerfG, 32, 373 ff. Dies wird immer wieder im Zusammenhang mit der Begründung von Zeugnisverweigerungsrechten oder Beschlagnahmeverboten diskutiert. Instruktiv zu der Diskussion über die Herleitung von Rechtswirkungen aus Grundrechtsnormen unmittelbar auf das Strafverfahren auch LG Freiburg, StraFo 1999, 136 ff.
328 So Hassemer, NJW 1985, 1923, 1927, 1928.
329 So Hassemer, NJW 1985, 1923, 1927.
330 Vgl. BGH, NJW 1953, 1358.
331 Siehe dazu BT-Ds 10/4608 Ziff. 99, S. 23.

der Antrag auf Ersetzung des Staatsanwalts zur Verfügung, wenn dieser durch einseitige Presseauskünfte eine Vorverurteilungskampagne auslöst.[332] Auch hat die Verteidigung die Möglichkeit durch Beanstandung von Maßnahmen des Gerichts im Zusammenhang mit der Medientätigkeit gem. § 238 Abs. 2 StPO einen Gerichtsbeschluß herbeizuführen.[333]

Indes können derartige Reaktionsmöglichkeiten der Verteidigung nur als flankierende Maßnahme gegen eine etwaige Vorverurteilung wirken. Sie gehen dabei nicht weiter als die Verteidigungsrechte, die jeder "normale" Angeklagte, der nicht im Mittelpunkt des Medieninteressens steht, genießt. Die Möglichkeit der Beanstandung nach § 238 Abs. 2 StPO hat als Zielrichtung das Gericht, nicht die Medienvertreter und dient vornehmlich der Sicherung der Revisibilität. Die Beiordnung eines Verteidigers nach § 140 Abs. 2 StPO ergibt sich für die meisten Fälle mit Medieninteresse ohnehin schon meistens aus § 140 Abs. 1 StPO.

Nachhaltige Wirkungen könnte allenfalls das Ablehnungsrecht entfalten.

Allerdings hat sich die Rechtsprechung in diesem Zusammenhang äußerst zurückhaltend geäußert. So hat der BGH[334] einen Ablehnungsantrag wegen Besorgnis der Befangenheit gegen drei Richter, die in der Presse eingehende Darstellungen des Tatgeschehens, die ohne Zweifel von der Täterschaft des Angeklagten ausgingen, gelesen hatten, zurückgewiesen. Von außen herrührende Einwirkungen auf die Überzeugungsbildung des Gerichts könnten allein keinen Grund abgeben, die Unparteilichkeit des Richters in Frage zu stellen. Sowohl der Berufs- als auch der Laienrichter kenne und beachte seine Pflicht derartige Einflüsse nicht zur Entfaltung kommen zu lassen und sich seine Überzeugungen nur aufgrund der Hauptverhandlung zu bilden. Ein Befangenheitsgrund sei erst dann gegeben, wenn der Richter durch entsprechende Äußerungen eine abweichende Einstellung zum Ausdruck bringe.[335] Die bloße Kenntnisnahme eines Presseberichts liefere keine Anhaltspunkte für eine solche abweichende Einstellung, weil sie nichts über die innere Einstellung des Lesers hierzu aussage. Der Richter müsse nicht, nur um seine Unbefangenheit zu dokumentieren, jegliche Presseberichte während eines schwebenden Verfahrens negieren. Würde man davon ausgehen, daß jeder Richter durch die Lektüre eines die Ergebnisse des Verfahrens vorwegnehmenden Berichts als befangen angesehen und ausgeschlossen

---

332 So Gatzweiler, StraFo 1995, 64, 65.
333 Hassemer, NJW 1985, 1923, 1927.
334 BGHSt 22, 289.
335 So BGHSt 22, 289, 294.

werden müßte, so hätte die Presse einen ihr nicht zustehenden Einfluß auf die Besetzung der Gerichte. Zwar bergen vorverurteilende Publikationen eine Gefahr für die Rechtspflege. Abhilfe könne hier jedoch nur der Gesetzgeber, beispielsweise mit dem Instrumentarium des Presserechts schaffen.[336] Nach dieser Rechtsprechung wird somit zunächst von einer Unvoreingenommenheit des Richters ausgegangen, auch wenn die Medienkampagne noch so intensiv war. Dem Angeklagten obliegt es nun, dies zu widerlegen und darzulegen sowie glaubhaft zu machen, daß dennoch von einer Besorgnis der Befangenheit auszugehen ist. Dies dürfte für ihn im Einzelfall schwierig sein, da der Nachweis darüber zu führen ist, daß die tendenziöse Berichterstattung Einfluß auf die innere Haltung des Richters hatte und sich somit auf subjektive Umstände bezieht, die dem Beweis nur schwer zugänglich sind. An dieser Stelle könnte das Selbstablehnungsrecht seine Wirkung entfalten. Hier wird jedoch allgemein bezweifelt, daß ein Richter eine ausreichende Distanz zu seiner inneren Haltung aufbauen kann, um nach einer Prüfung mit besten Wissen und Gewissen zu der Meinung zu gelangen, er sei nicht mehr unbefangen.[337] Die Effektivität der Selbstablehnungsbefugnis ist deshalb fragwürdig. Tatsächlich wird aber davon ausgegangen, daß sich auch Berufsrichter durch Medienberichterstattung beeinflussen lassen.[338] Erfolgsaussichten hat das Ablehnungsrecht nur bei entsprechenden Äußerungen oder bekannten Ansichten des Richters.[339] Insgesamt kommt dem Ablehnungsrecht als Folge belastender Medienberichterstattung in der Rechtspraxis nur eine unerhebliche Bedeutung zu.[340]

Im Schrifttum wird vereinzelt gefordert, die Ablehnungsbefugnis durch entsprechende Gesetzesänderungen zu erweitern.[341] So wird in Anlehnung an das amerikanische Voir-dire-Verfahren[342] eine öffentliche Befragung von Richtern vorgeschlagen, durch

---

336 So insgesamt die Argumentation von BGHSt 22, 289, 295. Krekeler bezeichnet das Recht der Richterablehnung in diesem Zusammenhang als stumpfes Schwert, vgl. AnwBl. 1985, 426, 430.

337 Dalbkermeyer, Schutz des Beschuldigten, S. 218.

338 Bornkamm, Pressefreiheit und Fairneß des Strafverfahrens, S. 212; E. Schmidt, Justiz und Publizistik, S. 53 ff; Hanack, JR 1967, 229; ders. JZ 1971, 89 ff., 91 f.

339 Vgl. BGHSt 4, 264, 269.

340 So Dalbkermeyer, Schutz des Beschuldigten, S. 218.

341 So Hanack, JR 1967, 229, Scherer, Gerichtsöffentlichkeit, S. 179 ff; ders. JuS 1979, 470, 475.

342 Das Voir-dire-Verfahren dient dazu, aus dem für den Geschworenendienst einberufenen Personen eine möglichst unparteiische Jury auszuwählen. Eine eingehende Befragung der Kandidaten für die Jury soll offenlegen, wer unter ihnen für oder gegen den Angeklagten eingenommen ist und insoweit ein faires, vorurteilsfreies Verfahren nicht gewährleisten kann. Der Auswahlprozeß wird besonders intensiv durchgeführt, wenn Medien bereits eingehend über den Fall berichtet haben und sich in der Bevölkerung im Hinblick auf die Schuldfrage schon entsprechende Vorurteile gebildet haben, vgl. zum Voir-dire-Verfahren Bornkamm, Pressefreiheit und Fairneß des Strafverfahrens, S. 167 ff.

die im Einzelfall die Befangenheit bestätigt oder widerlegt werden soll.[343] Allerdings wird bereits das amerikanische Voir-dire-Verfahren als äußerst kritisch bewertet.[344] Zum einen gelingt es auch damit nicht, versteckte Befangenheitsgründe aufzudecken, zum anderen kommt es unter einer unangenehmen prüfungsähnlichen Befragung der Geschworenen zu erheblichen Verzögerungen des Verfahrens.[345] Eine eingehende Befragung der Berufs- und Laienrichter nach politischen und unter Umständen auch persönlichen Einstellungen vor Beginn der Hauptverhandlung wird teilweise als unzumutbare "Gesinnungsschnüffelei" angesehen, die zu einer Beschädigung der richterlichen Unabhängigkeit führen kann.[346] Fraglich wäre auch, ob eine öffentliche Befragung bei den Richtern durch Medienberichterstattung herbeigeführte Vorurteile zum Vorschein bringen könnte, da nicht zu erwarten ist, daß der Richter selbst seine Voreingenommenheit eingesteht.[347] Zudem würde die Belastung der Strafgerichte mit dem Präjudizierungsproblem Prozeßabläufe gerade in Großverfahren noch schwieriger machen und auch zu einer Vorwegnahme der Hauptverhandlung führen. Schwierigkeiten wirft bereits die Frage auf, wann überhaupt das Medieninteresse an einem Verfahren als so groß angesehen werden kann, daß eine vorherige öffentliche Befragung der Richter notwendig wird.

Ein abweichendes Modell der öffentlichen Befragung schlägt Gatzweiler vor. So solle die Verteidigung, um einer nachteiligen Beeinflussung der Richter durch Medienberichterstattung entgegenzuwirken, sämtliche Richter zu Beginn der Hauptverhandlung zu persönlichen Beziehungen und Verhältnissen und der Kenntnisnahme von der vorangegangenen Medienberichterstattung befragen, wobei Gatzweiler insbesondere die Freiwilligkeit bei der Beantwortung der Fragen hervorhebt.[348] Beantwortet nun der Richter wesentliche für die Unbefangenheit auf der Hand liegende Fragen nicht, so könne sich hieraus die Besorgnis der Befangenheit ergeben.[349]

Es darf allerdings bezweifelt werden, daß eine solche Form der Befragung ein geeignetes Instrumentarium gegen Vorverurteilung und Voreingenommenheit der Richter darstellt. Es ist davon auszugehen, daß in der Praxis jeder Richter die Beantwortung derartiger Fragen ablehnt. Ob die damit einhergehende Flut von Ablehnungsanträgen

---

343 Scherer, Gerichtsöffentlichkeit, S. 181, ders. JuS 1979, 470, 475.
344 So beispielsweise von Bornkamm, Pressefreiheit und Fairneß des Strafverfahrens, S. 173 ff.
345 Bornkamm, Pressefreiheit und Fairneß des Strafverfahrens, S. 238.
346 So die Kritik von Bornkamm, Pressefreiheit und Fairneß des Strafverfahrens, S. 238.
347 So Bornkamm, Pressefreiheit und Fairneß des Strafverfahrens, S. 238.
348 Gatzweiler, StraFo 1995, 64, 65.
349 Gatzweiler, StraFo 1995, 64, 65.

in der Sache Erfolg haben wird, muß bezweifelt werden. Eine Befangenheit kann einem hier schweigenden Richter nicht unterstellt werden, zumal er nur Antworten auf die Fragen verweigert, zu deren Beantwortung er ohnehin nicht verpflichtet ist. Die Nichterfüllung einer nicht bestehenden Pflicht wird wohl kaum ein Gericht zum Anlaß nehmen, einen Richter wegen Befangenheit auszuschließen. Anders ist die Rechtslage selbstverständlich dann, wenn Richter sich im Vorfeld des Verfahrens öffentlich in den Medien in vorverurteilender Weise äußern.[350]

Der Verteidiger wird sich daher mit dem Instrumentarium der Verteidigerrechte der Strafprozeßordnung nicht wirksam gegen Vorverurteilung zur Wehr setzen können, wobei er natürlich nicht auf diese Maßnahmen verzichten darf. Auch kann er durch gezielte Medienarbeit versuchen, der Einseitigkeit der Berichterstattung entgegenzuwirken.[351] Diese Möglichkeit scheidet allerdings bereits bei dem Angeklagten aus, der sich im Verfahren durch Schweigen verteidigen will. Seine gegenüber der Presse getätigten Äußerungen können vom Gericht verwertet werden, indem sie durch die strafprozessual zulässigen Beweismittel in den Prozeß eingeführt werden. In jedem Falle ist der Angeklagte und sein Verteidiger aber auf das Entgegenkommen der Medienvertreter diese Positionen auch zu berücksichtigen, angewiesen, was bei den Organen, die sich bereits mit vorverurteilenden Berichterstattungen in den Mittelpunkt gestellt haben, kaum zu erwarten ist. Insgesamt sind die der Verteidigung zur Verfügung stehenden Mittel daher begrenzt und als nicht ausreichend anzusehen.

II. Rechtliche Möglichkeiten des Revisionsgerichts zum Schutz des Angeklagten

Die Strafprozeßordnung gibt auch dem Revisionsgericht Möglichkeiten, auf ein Klima der Vorverurteilung zu reagieren. Zu verifizieren wären hier das Zurückverweisungsrecht gem. § 354 Abs. 2 S. 1 StPO und die Überprüfung der richterlichen Überzeugungsbildung.

Nach § 354 Abs. 2 S. 1 StPO kann das Revisionsgericht im Falle der Aufhebung des Urteils die Sache an ein anderes Gericht zurückverweisen. Gem. § 210 Abs. 3 StPO kann auch das Beschwerdegericht ein anderes Gericht bestimmen. Diese Verweisungsmöglichkeit kann auch angewandt werden, um ein Verfahren aus einer ungünstigen örtlichen Atmosphäre herauszubringen.[352] Würde man den dieser Regelung

350 Dies ist bereits durch die Rechtsprechung des BGH anerkannt, vgl. BGH NJW 1953, 1358.
351 Siehe dazu Gatzweiler, StraFo 1995, 64, 65.
352 Vgl. Kleinknecht/Meyer-Goßner, § 354 Rn. 40.

zugrundeliegenden Rechtsgedanken auf die Fallgruppe der öffentlichen Vorverurteilung übertragen, so könnte man ohne weiteres auch die örtliche Zuständigkeit ändern.[353] Bei genauer Betrachtung hilft dies dem Angeklagten jedoch nicht weiter, weil öffentliche Vorverurteilungen oftmals über das gesamte Bundesgebiet verteilt stattfinden. Im übrigen sind den Verweisungsmöglichkeiten auch durch die Ausübung des pflichtgemäßen Ermessens Grenzen gesetzt, so daß eine willkürliche Verlagerung ins gesamte Bundesgebiet nicht möglich wäre.[354]
Die Pflicht des Tatgerichts seine Überzeugungsbildung gem. § 261 StPO in den schriftlichen Entscheidungsgründen darzulegen und transparent zu machen, um so eine revisionsrechtliche Kontrolle zu ermöglichen, kann eine Schutzfunktion davor entfalten, daß der Urteilsfindungsprozeß von äußeren Einflüssen geleitet wurde. Hieran anknüpfend wird teilweise die Forderung erhoben, zur Kompensation der Nachteile der öffentlichen Vorverurteilung besonders strenge Anforderungen an die richterliche Überzeugungsbildung und Beweiswürdigung zu stellen.[355] Gegen diesen Vorschlag ist jedoch der Einwand vorzubringen, daß eine Differenzierung der Beweiswürdigung, etwa zwischen normaler oder strenger Beweiswürdigung, für das Strafverfahrensrecht systemfremd ist. Generelle Richtlinien nach denen eine solche Abstufung vorgenommen werden soll, können kaum aufgestellt werden. Das Gericht hat vielmehr nach dem Grundsatz "in dubio pro reo" zu entscheiden und im Rahmen der Beweiswürdigung in jedem Fall zu berücksichtigen, ob und in welchem Umfang ein Zeuge durch Medienberichte beeinflußt wurde.[356]
Letztlich sind damit auch die Möglichkeiten des Revisionsgerichts, bei öffentlicher Vorverurteilung zum Schutz des Angeklagten beizutragen, äußerst beschränkt.

b. Vorschriften des Zivilrechts zum Schutz vor Vorverurteilung

Neben den Schutzvorschriften der Strafrechtordnung, die sich, wie oben aufgezeigt, als nicht effektiv genug erwiesen haben, ist zu erörtern, inwieweit der Beschuldigte auf anderen Rechtsgebieten mit den dort zur Verfügung stehenden Instrumentarien den Schutz seiner persönlichen Interessen erreichen kann. Im Rahmen der Zivilrechts-

---

353 So die Vorschläge des Strafrechtsausschusses der Bundesrechtsanwaltskammer, BRAK-Mitteilungen 1985, 26; Krekeler, AnwBl. 1985, 426, 430.

354 So insgesamt die Einwände von Krekeler, AnwBl. 1985, 426, 430.

355 Vorschläge des Strafrechtsausschusses der Bundesrechtsanwaltskammer, BRAK-Mitteilungen 1985, 27.

356 So die Kritik von Krekeler, AnwBl. 1985, 426, 430.

ordnung rückt hierbei die deliktische Haftung in den Vordergrund, weil es, wie bereits dargelegt, bei der belastenden Medienberichterstattung um den Eingriff in das allgemeine Persönlichkeitsrecht geht.

aa. Ansprüche gem. den §§ 823, 826, 1004 BGB

Nach der zivilrechtlichen Rechtsprechung ist das Persönlichkeitsrecht aufzufassen als einheitliches, umfassendes subjektives Recht auf Achtung und Entfaltung der Persönlichkeit.[357] Es umfaßt dabei die Individualsphäre mit dem damit einhergehenden Selbstbestimmungsrecht, die Privatsphäre mit dem Leben im häuslichen oder familiären Bereich und die Intimsphäre, die die Gedanken- und Gefühlswelt beinhaltet.[358] Es ist dabei ständige Rechtsprechung, daß das allgemeine Persönlichkeitsrecht als sonstiges Recht im Sinne des § 823 BGB anzusehen ist.[359] Die §§ 823 Abs. 1, 823 Abs. 2 i. V. m. § 186 StGB, 826, 1004 BGB geben demjenigen, der in seinem allgemeinen Persönlichkeitsrecht beeinträchtigt wird, einen Anspruch auf Schutz dieses Rechtes. Vorausgesetzt wird hierbei eine widerrechtliche Verletzungshandlung, die das Persönlichkeitsrecht des Betreffenden verletzt.[360] Die individuelle Rechtsverletzung kommt dabei dann in Betracht, wenn sich ein Bericht erkennbar auf eine bestimmte Person bezieht und seine Identität aufdeckt, wobei der Bezug auf unterschiedliche Weise hergestellt werden kann.[361] Hinzu kommen muß jedoch noch eine unwahre Tatsachenbehauptung oder Darstellungen des Betreffenden als Täter, obwohl dieser aufgrund des Verfahrensstandes noch die Unschuldsvermutung für sich in Anspruch nehmen kann. Der Pressebericht macht ein vermutetes oder festgestelltes Fehlverhalten publik und setzt damit die betreffende Person der Mißachtung der Öffentlichkeit aus. Desweiteren werden Einzelheiten aus der Privat- und Intimsphäre offenbart auf deren Geheimhaltung jedermann ohne weiteres Anspruch hat.[362] Berichterstattungen über schwebende Strafverfahren stellen daher einen Eingriff in das allgemeine Persönlichkeitsrecht dar.[363]

Bei der Beurteilung der Widerrechtlichkeit des Eingriffs hat nach der Rechtsprechung der Zivilgerichte eine umfassende Interessenabwägung stattzufinden, bei der die Be-

---

357 BGHZ 13, 334.

358 Siehe hierzu grundlegend BGH, NJW 1988, 1984; Palandt/Thomas § 823 Rn. 178.

359 Gängige Rechtsprechung seit BGHZ 13, 334.

360 Vgl. Palandt/Thomas § 823 Rn. 183 ff.

361 Bornkamm, Pressefreiheit und Fairneß des Strafrechts, S. 251; Marxen, GA 1980 365, 369.

362 BVerfGE 35, 202, 226; OLG Braunschweig NJW 1975, 651; Bornkamm, Pressefreiheit und Fairneß des Strafverfahrens, S. 251.

363 So Krekeler, AnwBl. 1985, 426, 429.

lange des Verletzers und die des Verletzten unter Berücksichtigung der konkreten Umstände des Einzelfalles gegenüberzustellen sind.[364] Im Zusammenhang mit der Berichterstattung über ein strafrechtliches Ermittlungsverfahren muß der Bericht den jeweiligen Erkenntnisstand der Ermittlungsbehörde zutreffend und ausgewogen wiedergeben und nicht den Verdacht als Gewißheit hinstellen sowie nicht bekannte entlastende Umstände verschweigen oder lediglich an versteckter Stelle mitteilen.[365] Widerrechtlich ist es weiterhin, unter Verstoß gegen die Unschuldsvermutung, im Bericht von einer faktisch schon erfolgten Verurteilung auszugehen.[366] Gefordert wird vielmehr eine strikte Differenzierung zwischen Verdacht und erwiesener Schuld, wobei im Bereich des persönlichen Ansehens der Bericht im Kern genau und objektiv sein muß.[367]

Ist nach diesen Grundsätzen eine widerrechtliche Verletzung des allgemeinen Persönlichkeitsrechts dargetan, so hat der Verletzte vielfältige Ansprüche. Zunächst hat er einen Unterlassensanspruch und einen Anspruch auf Beseitigung in Form von Widerruf, Berichtigung und Ergänzung, wobei er in Eilfällen im Wege der Einstweiligen Verfügung vorgehen kann.[368] Daneben kommt der Ersatz des materiellen Schadens im Rahmen der §§ 249 ff BGB und auch der Ersatz des immateriellen Schadens durch ein Schmerzensgeld gem. § 847 BGB in Betracht.[369]

Diese Bestandsaufnahme verleitet daher einige Autoren gerade unter Bezugnahme auf dieses zivilrechtliche Instrumentarium, hierin die allgemeine Problemlösung zu sehen und damit auf eine strafrechtsimmanente Regulierung zu verzichten.[370]

bb. Kritische Würdigung der zivilrechtlichen Möglichkeiten

Die Inanspruchnahme zivilrechtlicher Instrumentarien zum Schutz des eigenen Persönlichkeitsrechts hängt zunächst von den Möglichkeiten des jeweiligen Beschuldigten ab. Dieser muß einen Rechtsanwalt einschalten und nicht unerhebliche Kostenvorschüsse leisten. Gerade bei inhaftierten Beschuldigten bringt dies häufig unüberwindbare Schwierigkeiten mit sich.[371]

---

364 Siehe dazu Palandt/Thomas, § 823 Rn. 185 ff.
365 OLG Düsseldorf, NJW 1980, 599.
366 So OLG Köln, NJW 1987, 2682.
367 So BGH, NJW 1979, 1041.
368 Palandt/Thomas, § 823 Rn. 199.
369 Vgl. Palandt/Thomas, § 823 Rn. 199, 200.
370 Diese Tendenz ist insbesondere bei Roxin, NStZ 1991, 153, 157 zu verzeichnen.
371 Auf diese praktischen Schwierigkeiten weißt vor allem Bornkamm, Pressefreiheit und Fairneß des Strafverfahrens, S. 270 hin.

Grundsätzlich hängt die Effektivität des Rechtsschutzes durch die Zivilrechtsordnung von der Darlegungs- und Beweislast bei den in Frage kommenden Anspruchsgrundlagen ab. Der Beschuldigte hat hierbei die Anspruchsvoraussetzungen darzulegen und im Bestreitensfalle zu beweisen. Hieraus folgert die Rechtsprechung, daß in allen Fällen der Ehr- und Kreditverletzung der Verletzte die Beweislast dafür trägt, daß der Verletzer rechtswidrig gehandelt hat und seine Behauptung unwahr ist.[372] Zwar trägt bei einer unerlaubten Handlung der üblen Nachrede wegen der Fassung des § 186 StGB der Verletzer das Beweisrisiko. Kann er die Richtigkeit seiner Behauptungen nicht nachweisen, so wird er verurteilt. Die Rechtsprechung nimmt jedoch wegen der herausragenden Bedeutung der Meinungsfreiheit dann eine Umkehr der Beweislast an, wenn der Verletzer sich auf die Wahrnehmung berechtigter Interessen im Sinne des Art. 5 GG und des § 193 StGB berufen kann, deren Vorliegen er nachweisen muß.[373] Diese für den Beschuldigten recht schwierige Beweislastsituation verschärft sich bei dem Anspruch auf Widerruf noch dahingehend, daß hier der Nachweis der Unwahrheit einer Tatsachenbehauptung verlangt wird.[374] Insgesamt wird damit dem Beschuldigten faktisch die gesamte Beweislast hinsichtlich bestimmter tatrelevanter Tatsachenbehauptungen auferlegt, was letztlich in vielen Fällen dazu führt, daß er beweisen muß, die vorgeworfene Tat nicht begangen zu haben. Dies wird in den meisten Fällen unmöglich sein. In diesem Zusammenhang ist noch darauf hinzuweisen, daß der zivilrechtliche Weg in jedem Falle demjenigen Beschuldigten verschlossen bleibt, der sich entschlossen hat, von seinem Recht, zu den Vorwürfen zu schweigen und sich auf diese Art und Weise zu verteidigen, Gebrauch macht. Der im Zivilprozeß erfolgte Sachvortrag ist ohne weiteres im Strafverfahren verwertbar, womit die Verteidigungstaktik selbst unterlaufen werden würde. Allgemein wird es daher als Kunstfehler der Verteidigung angesehen, wenn ein schweigender Angeklagte an anderer Stelle Äußerungen zum Tatvorwurf tätigt.[375]

Kann der Beschuldigte die hohen Hürden der Darlegungs- und Beweislast überwinden, so sieht er sich bei dem oben aufgeführten Abwägungsvorgang wieder mit der herausragenden Bedeutung des Art. 5 GG konfrontiert. Die Drittwirkung der Grundrechte entfaltet sich gerade auch bei den deliktischen Anspruchsnormen der §§ 823 ff, 1004 BGB. Ihre Auslegung hat stets auch im Lichte der Grundrechte zu er-

372 So grundlegend OLG Frankfurt, NJW 1980, 597.
373 OLG Frankfurt, NJW 1980, 597.
374 BGH, WM 1977, 653.
375 So Gatzweiler, StraFo 1995, 64, 65.

folgen.[376] Die Rechtsprechung folgert hieraus, daß bei der Berichterstattung über aktuelle Straftaten das Informationsinteresse der Allgemeinheit dem Persönlichkeitsschutz in der Regel vorgeht.[377] Dies hat zur Konsequenz, daß nach der bisherigen obergerichtlichen Rechtsprechung die Kriminalitäts- und Gerichtsberichterstattung kaum durch das allgemeine Persönlichkeitsrecht des Beschuldigten eingeschränkt wurde, obwohl sie zwangsläufig zu einem Eingriff in diese Rechtspositionen führte. Im Bereich des Schadensersatzes wird dem Beschuldigten der Nachweis eines konkreten materiellen Schadens kaum gelingen, da dieser vornehmlich mittelbar durch die durch das Strafverfahren ausgelösten Handlungen Dritter hervorgerufen wird. Der Kausalitätsnachweis ist hier nicht zu führen. Im Bereich des immateriellen Schadens hat die Rechtsprechung ein Schmerzensgeld nur dann gewährt, wenn es sich um eine schwere Verletzung des Persönlichkeitsrechts handelt und Genugtuung durch Unterlassung, Gegendarstellung oder Widerruf aufgrund der Art der Verletzung auf andere Weise nicht zu erreichen ist.[378] Vor diesem Hintergrund ist es nicht erstaunlich, daß in der höchstrichterlichen Rechtsprechung nur ein Fall bekannt ist, indem ein in einem Strafverfahren Beschuldigter wegen der Verletzung seines allgemeinen Persönlichkeitsrechts durch Presseberichte über ein laufendes Strafverfahren seinen Anspruch auf Schadensersatz erfolgreich durchsetzen konnte, nachdem er vom Vorwurf wegen erwiesener Unschuld freigesprochen wurde.[379] Krekeler fordert daher, daß das allgemeine Persönlichkeitsrecht eine inhaltliche Konkretisierung durch die Unschuldsvermutung erfahren müsse. Diese habe Maßstab und Richtschnur für die Be-

---

376 Dies ist die einhellige Meinung, statt vieler siehe nur Schulze-Fielitz, Art. 5 Rn. 119, 216 ff.

377 BVerfG, NJW 1973, 1226.

378 BGHZ 26, 349; 39, 124; NJW 1971, 698. Ob der Eingriff derart schwer ist, daß dem Betroffenen, dessen nichtvermögensrechtliche Einbuße auf andere Weise nicht ausgleichbar ist, in gerechter Weise eine Genugtuung in Geld für erlittene Unbill zuzusprechen ist, ist nach den Umständen des Einzelfalles zu beurteilen; dabei kommt es insbesondere auf den Grad des Verschuldens, Art und Schwere der Beeinträchtigung, Nachhaltigkeit und Fortdauer der Interessen- und Berufsschädigung, Anlaß und Beweggrund des Handelns und darauf an, in welche geschützte Sphäre der Eingriff stattgefunden hat, BGH, NJW 1985, 1617; VRS 1988, 405.

379 So der Fall BGH, NJW 1963, 904. Der Sachverhalt, der dieser Entscheidung zugrunde lag, ist als besonders gravierendes journalistisches Fehlverhalten hervorzuheben. Dem Kläger wurde der Diebstahl von Rohstoffen vorgeworfen. Bereits nach dem ersten Verhandlungstag, bei dem die dem Beschuldigten zur Last gelegte Straftat noch gar nicht behandelt wurde, erschien in der Tageszeitung "Der Mittag" ein Bericht unter der Überschrift: "100 Tonnen Manganerz gestohlen". Der Kläger wurde hier als einer der Hauptdrahtzieher einer Diebes- und Hehlerbande beschrieben, wobei seine Arbeitsstelle, sein Alter, sein Wohnort und sein Vorname nebst des ersten Buchstaben des Nachnamens genannt wurden. Eine Identifizierung seiner Person ist dabei ohne weiteres möglich gewesen. Der Kläger wurde später vom Anklagevorwurf wegen erwiesener Unschuld freigesprochen. Der BGH sah hier eine eklatante Verletzung des Persönlichkeitsrechts des Klägers als gegeben an und billigte diesem ein Schmerzensgeld zu. Hierbei stellte das Gericht darauf ab, daß der Pressebericht nicht der Wahrheit entsprach und somit das Persönlichkeitsrecht des Klägers verletzte.

richterstattung über schwebende Strafverfahren zu sein.[380] Diese Forderung ist bislang jedoch in keiner Weise aufgegriffen worden.
Diese Bestandsaufnahme über die bestehenden zivilrechtlichen Möglichkeiten verdeutlicht deren geringe praktische Bedeutung bei der Abwehr einer ungerechtfertigten belastenden Medienberichterstattung. Die zivilrechtliche Rechtsprechung zur Verletzung des allgemeinen Persönlichkeitsrechts und deren Schutz durch die §§ 823 ff BGB kann als gefestigt angesehen werden. Sie verhilft dem Beschuldigten nur in den seltensten Fällen zum Schutz vor der Vorverurteilung.

c. Vorschriften des Presserechts

aa. Die presserechtlichen Beseitigungsansprüche

Ähnlich den Instituten der zivilrechtlichen Beseitigungs- und Unterlassungsansprüche stellt auch das Presserecht dem Einzelnen Mittel zur Verfügung, damit dieser gegen unrichtige Presseberichterstattung rechtlich vorgehen kann. In der Praxis wird hierbei dem presserechtlichen Gegendarstellungsanspruch die meiste Relevanz zugewiesen, der in den Landespressegesetzen normativ verankert ist.[381] Er enthält die Verpflichtung, die abweichende Tatsachendarstellung des von einer Pressemeldung Betroffenen ohne vorherige Wahrheitsprüfung abzudrucken und in gleicher Weise wie den Bericht zu veröffentlichen.
Das Institut der Gegendarstellung bezweckt den Schutz des Betroffenen. Er ist zwar nicht unmittelbar verfassungsrechtlich gewährleistet, ist aber durch das aus Art. 1 und Art. 2 GG folgende allgemeine Persönlichkeitsrecht verfassungsrechtlich geboten.[382] Das allgemeine Persönlichkeitsrecht beinhaltet u. a. die Selbstbestimmung des Einzelnen über die Darstellung der eigenen Person. Der Betroffene soll selbst entscheiden dürfen, wie er sich Dritten und der Öffentlichkeit gegenüber darstellen will und in welchem Umfang seine Persönlichkeit zum Gegenstand öffentlicher Erörterung gemacht wird. Das Recht der Gegendarstellung dient dem Schutz dieses Selbstbestimmungsrechtes.[383] Ob ein Verdächtiger mit diesem Rechtsinstitut einer breit angelegten auf Vorverurteilung abzielenden Medienkampagne wirksam begegnen

---

380 Siehe Krekeler, AnwBl. 1985, 426, 429.
381 Vgl. § 11 der Landespressegesetze (§ 10 in Bayern, Hessen, Mecklenburg-Vorpommern, Sachsen, Sachsen-Anhalt und Berlin; § 12 in Brandenburg).
382 BVerfGE 73, 201; 63, 142; OLG München, NJW 1988, 350; BGHZ 66, 195; Scheele, NJW 1992, 957.
383 Vgl. BVerfGE 35, 220; 54, 155; 63, 142.

kann, ist bei einer genauen Analyse des Wirkungsbereichs des Gegendarstellungsanspruchs eher fraglich. Zunächst ist festzuhalten, daß nur gegen periodische Druckwerke ein Anspruch auf Abdruck einer Gegendarstellung besteht.[384] Die Beschränkung wird damit gerechtfertigt, daß nur solche Druckwerke durch ihre regelmäßige, weite Verbreitung und ihr stetiges Erscheinen, diejenige intensive Wirkung auf die Meinungsbildung hätten, die der gesetzgeberische Grund für die Schaffung des Gegendarstellungsanspruches gewesen sei.[385] Damit scheidet dieser rechtliche Weg bei allen einmaligen Veröffentlichungen, wie beispielsweise den sogenannten "Enthüllungsbüchern" aus. Die vorverurteilende Wirkung gerade derartiger Werke, die oftmals publizistisch sehr spektakulär präsentiert werden, darf jedoch nicht unterschätzt werden.

Von den Anspruchsvoraussetzungen selbst beschränkt sich das Recht der Gegendarstellung auf die rein tatsächliche Ebene. Der Gegendarstellungsanspruch setzt die Veröffentlichung einer Tatsachenbehauptung durch die Presse voraus.[386] Ausgeschlossen sind damit Gegendarstellungen gegen Meinungsäußerungen und Werturteile.[387]

Unter Tatsachen sind hierbei Sachverhalte, Begebenheiten, Vorgänge, Verhältnisse oder Zustände zu verstehen, wobei nicht nur diese sinnlich wahrnehmbaren äußeren Tatsachen, sondern auch die sogenannten inneren Tatsachen, wie Motive und Absichten des Handelns mit umfaßt werden.[388] Bei einer derart vagen Definition kann die Abgrenzung zwischen Tatsachenbehauptungen und Werturteilen erhebliche Schwierigkeiten bereiten.[389] Insofern hat die Presse in vielen Fällen die Möglichkeit, Tatsachenbehauptungen in Form von Werturteilen darzustellen und diese damit dem Recht der Gegendarstellung zu entziehen. So werden beispielsweise Formulierungen, in denen die Bewertung tatsächlicher Vorgänge so zum Ausdruck kommt, grund-

---

384 So Löffler, Presserecht, § 25 Rn. 1.

385 In diesem Sinne BVerfGE 63, 142.

386 So Löffler, Presserecht, § 25 Rn. 9.

387 So die herrschende Meinung, Löffler, § 25 Rn. 9. Es ist zwar vereinzelt im Schrifttum eine Erweiterung des Gegendarstellungsrechts auf Meinungsäußerung gefordert worden (so beispielsweise von Scheele, NJW 1992, 958; Stürner, Gutachten A zum 58. Deutschen Juristentag, S. 91 ff), diese Meinung hat sich jedoch nicht durchsetzen können. Der Gesetzgeber habe mit dieser Beschränkung gegenüber dem Schutz des einzelnen Betroffenen einer freien Gestaltung der Pressebeiträge durch einen kritischen Journalismus den Vorzug gegeben und dadurch verhindert, daß die Tätigkeit durch eine Abdruckpflicht der verschiedensten Gegenmeinungen unzumutbar behindert werde, so Schmitt/Seitz NJW 1991, 1010.

388 BGH, MDR 1951, 404, Tröndle/Fischer, § 186 Rn. 1.

389 Dies gibt auch Löffler, Presserecht, § 25 Rn. 10 zu.

sätzlich nicht als Tatsachenbehauptungen eingestuft.[390] Ausgehend von dieser Rechtsprechung hat somit die Presse ohne weiteres die Möglichkeit, eine tendenziöse Bewertung von Beweismitteln vorzunehmen. So können Zeugenaussagen auf ihre Glaubhaftigkeit hin analysiert oder Gutachten in belastender Weise interpretiert werden, ohne daß für das Presseorgan die Gefahr der Gegendarstellung droht. Demgemäß besteht die Abdruckpflicht gegenüber einer Gegendarstellung nur dann, wenn der Gegendarstellungstext sich auf rein tatsächliche Angaben beschränkt.[391] Enthält der Gegendarstellungstext sowohl tatsächliche Angaben als auch Werturteile, so ist der verantwortliche Redakteur nicht verpflichtet, den zulässigen Teil herauszutrennen, sondern kann die Entgegnung insgesamt zurückbehalten.[392]

Ergänzend ist anzuführen, daß die Landespressegesetze selbst noch erhebliche Einschränkungen des Gegendarstellungsanspruches vorsehen. So besteht kein Gegendarstellungsanspruch bei wahrheitsgetreuen Berichten über öffentliche Sitzungen gesetzgebender oder beschließender Organe bzw. der Gerichte (vgl. § 11 Abs. 5 LPG). Wahrheitsgetreu soll die Berichterstattung über eine Gerichtsverhandlung dabei schon dann sein, wenn sie ein zutreffendes Gesamtbild über den Prozeß vermittelt.[393] Auch soll es hierbei möglich sein, das Prozeßgeschehen schwerpunktmäßig zusammenzufassen.[394] Gerade bei letzterer Vorgehensweise ist jedoch die Möglichkeit des Verfälschens geradezu angelegt, denn insbesondere durch eine bestimmte Schwerpunktsetzung kann ein falsches vorverurteilendes Bild entstehen, so insbesondere dann, wenn bestimmte besonders belastende Beweiserhebungen in den Mittelpunkt des Berichtes gestellt werden. Im übrigen läßt auch die Feststellung, ob ein zutreffendes Gesamtbild vermittelt wurde, einen weiten Interpretationsspielraum und gibt damit der Presse die Möglichkeiten, sich auf diesen Ausschlußtatbestand extensiv zu berufen.

Schließlich entfällt auch dann eine Abdruckpflicht, wenn die Gegendarstellung einen unangemessenen Umfang aufweist oder für ihren Abdruck ein berechtigtes Interesse fehlt (vgl. § 11 Abs. 2 LPG).[395] Was unangemessen ist und ab wann man von einem fehlenden berechtigten Interesse ausgehen kann, ist ebenfalls nur schwer exakt zu

---

[390] BVerfG, DVBl. 1992, 1941.
[391] So Löffler, Presserecht, § 25 Rn. 20.
[392] OLG Düsseldorf, ASP 1972, 281.
[393] So Löffler, Presserecht, § 26 Rn. 2.
[394] So Löffler, Presserecht, § 26 Rn. 2.
[395] Zu dem Begriff des berechtigten Interesses gibt es eine umfangreiche Rechtsprechung, die hier auch eine sehr weite Auslegung vornimmt. Vgl. zu diesen Fallgruppen Löffler, Presserecht, § 26 Rn. 4 ff.

definieren, so daß die reale Befürchtung besteht, daß die Presse auch hier eine weite Auslegung befürwortet.[396] Kann trotz dieser rechtlichen Hürden das Recht auf Gegendarstellung geltend gemacht werden, so ist noch auf das Recht der Presse, hierzu drucktechnisch in unmittelbarem Zusammenhang eine Stellungnahme abzugeben (vgl. § 11 Abs. 3 LPG) und so die Gegendarstellung wieder zu konterkarieren, hinzuweisen.

Neben den vorbezeichneten rechtlichen Schwierigkeiten des Gegendarstellungsanspruchs ergeben sich, ähnlich wie bei den zivilrechtlichen Instrumentarien, auch tatsächliche Schwierigkeiten. Zunächst muß der Betroffene aufgrund seiner intellektuellen Fähigkeiten in der Lage sein, eine Gegendarstellung zu verfassen, die seiner Rechtsposition auch nachhaltig dient. Ist dies nicht gegeben, so müßte er die wirtschaftlichen Möglichkeiten besitzen, durch entsprechenden anwaltlichen Beistand seine Rechtsposition durchzusetzen. Dies gilt insbesondere in den Fällen, in denen der Anspruch mit Hilfe der Gerichte geltend gemacht werden muß.[397] Letztlich scheidet der Gegendarstellungsanspruch naturgemäß auch bei den Beschuldigten aus, die sich entschlossen haben, sich durch Schweigen zu verteidigen und nicht zur Sache auszusagen.

Als Resümee kann somit festgehalten werden, daß auch der presserechtliche Gegendarstellungsanspruch den Einzelnen vor einer vorverurteilenden Medienkampagne kaum wird schützen können. Dies kann auch der neben dem Gegendarstellungsanspruch möglicherweise bestehende presserechtliche Widerrufsanspruch nicht leisten. Ebenso wie der zivilrechtliche Gegenpart ist dieser nur dann gegeben, wenn die Darstellung objektiv und nachweisbar falsch war.[398] Daß solche Anspruchsvoraussetzungen kaum zu erfüllen sind, wurde oben schon dargelegt.[399]

---

396 Entgegen den meisten Regelungen in den Landespressegesetzen wird teilweise sogar, so beispielsweise im Hessischen Landespressegesetz, die Beweislast bezüglich der Einschränkungen des Gegendarstellungsanspruches den Betroffenen auferlegt. Normalerweise ist das Vorliegen der Ausnahmen vom Verpflichteten im Rechtsstaat darzulegen und zu beweisen. Dies ergibt sich schon aus der Gesetzesformulierung. Das Hessische Landespressegesetz hingegen verpflichtet den Anspruchsteller nachzuweisen, daß die gesetzlichen Einschränkungen des Gegendarstellungsrechts nicht vorliegen, vgl. Löffler, Presserecht, § 26 Rn. 3.

397 Der Anspruch auf Abdruck einer Gegendarstellung ist oftmals im Verfahren über den Erlaß einer einstweiligen Verfügung (§ 35 ff ZPO) geltend zu machen. Diese Verfahren erfordern schon aufgrund der Eilbedürftigkeit ein rasches Handeln.

398 Vgl. Löffler, Presserecht, § 29 Rn. 1.

399 Vgl. oben Kap. III 2 b bb.

bb. Pressekodex

Im Zusammenwirken mit freiwilligen Berufsverbänden der Verleger und Journalisten hat der Deutsche Presserat 1973 einen Pressekodex ausgearbeitet, der mit sechzehn publizistischen Grundsätzen die allgemein anerkannten Standesregeln der Presse festlegt.[400] Die Richtlinie Nr. 13 enthält hierbei Grundsätze zur Berichterstattung über schwebende Strafverfahren. So muß die Berichterstattung "frei von Vorurteilen erfolgen", bei der jede "einseitige oder präjudizierende Stellungnahme" vermieden werden soll. Ein Verdächtiger darf vor Abschluß der Hauptverhandlung nicht als Schuldiger bezeichnet werden. Bei den Straftaten Jugendlicher ist im Hinblick auf deren Zukunft möglichst auf die Namensnennung und auf identifizierende Bildveröffentlichungen zu verzichten, es sei denn es handelt sich um schwere Verbrechen.[401]

Die Problematik dieses Pressekodex ist jedoch darin zu sehen, daß er keine rechtliche Verbindlichkeit entfaltet und auch keine rechtlichen Handlungsgründe vermittelt.[402] Dies resultiert daraus, daß die Landespressegesetze in § 1 übereinstimmend "Berufsorganisationen der Presse mit Zwangsmitgliedschaft und eine mit hoheitlicher Gewalt ausgestattete Standesgerichtsbarkeit", verbieten.[403] Hierin liegt der Unterschied zu den Berufskammern anderer Berufe, wie beispielsweise der Rechtsanwälte, Notare oder Ärzte. Der Presserat basiert auf Freiwilligkeit und Sanktionslosigkeit.[404] Er nimmt zwar Beschwerden gegen Zeitungen, Zeitschriften, Verleger und Redakteure entgegen. Die möglichen Reaktionen des Hinweises, der Mißbilligung und der Rüge haben jedoch keine rechtlichen Konsequenzen, sondern eher symbolischen Charakter.[405] Der Pressekodex wirkt daher mehr als moralische Empfehlung und wird daher oft übertreten.[406]

Aber auch in inhaltlicher Hinsicht kann der Pressekodex nicht viel bewirken. Zunächst ist darauf hinzuweisen, daß er sich lediglich an die Presse wendet und andere Medien

---

400 Vgl. hierzu Löffler, Presserecht, § 40 Rn. 14.

401 Siehe zum Inhalt der einzelnen Standesregeln Löffler, Presserecht, § 40 Rn. 6 ff; hierzu siehe auch Krekeler, AnwBl. 1985, 426, 429.

402 Löffler, Presserecht, § 40 Rn. 6, 13; Roxin, NStZ 1991, 153, 156.

403 Diese Regelung wurde aufgrund der während der Herrschaft des Nationalsozialismus gemachten Erfahrungen im Hinblick auf den Mißbrauch der Presseorganisationen in das Pressegesetz aufgenommen. Eine derartige Organisationsstruktur führte damals zur völligen Beseitigung der Pressefreiheit. Es besteht die Gefahr, daß von den Berufsorganisationen der Presse eine Kontrolle ausgeht, die aus sachfremden, insbesondere politischen Gründen zur Beeinträchtigung der Pressefreiheit mißbraucht wird, vgl. Löffler, Presserecht, § 40 Rn. 5.

404 Vgl. von Münch, Art. 5, Rn. 25; Hauss, AfP 1980, 178 ff.

405 Zu der Tätigkeit des Beschwerdeausschusses siehe Löffler, Presserecht, § 40 Rn. 18 ff.

406 Dies ist die allgemeine Einschätzung, vgl. nur Roxin, NStZ 1991, 153, 156.

außen vorläßt.[407] Auch die Grundsätze selbst enthalten Lücken. Hassemer weist darauf hin, daß die Zukunftschancen der Betroffenen als Einschränkung identifizierender Berichterstattung nicht nur bei Jugendlichen Bedeutung hätten, sondern das Interesse sämtlicher Beschuldigter an der Anonymität weiter greife als der Hinweis auf die Zukunft. Es gehe nicht lediglich um den Gesichtspunkt der Entsozialisierung, sondern um den Schutz des allgemeinen Persönlichkeitsrechts insgesamt.[408] Bei den Grundsätzen selbst werden mit Hinweis auf Praktikabilitätserwägungen oftmals Relativierungen vorgenommen. So lasse sich der Grundsatz, daß ein Verdächtiger vor gerichtlicher Verurteilung nicht als Schuldiger dargestellt werden dürfe, nicht ausnahmslos durchführen. Dies gelte insbesondere in den Fällen, in denen ein Geständnis vorliege oder die Beweislage erdrückend sei.[409] Die Beurteilung einer Beweislage als erdrückend bietet wiederum einen weiten Interpretationsspielraum. Aufgrund dieser gesamten Erwägungen entspricht es daher auch allgemeiner Meinung, daß dem Pressekodex gerade beim Schutz vor Vorverurteilungen wenig Relevanz beizumessen ist.[410]

cc. Der Schutz des eigenen Bildes und des eigenen Namens durch das KUG

Die von einem Angeklagten am meisten gefürchtete Konsequenz der Medienberichterstattung über seinen Strafprozeß ist das Erscheinen des Lichtbildes seiner Person oder die volle Nennung seines Namens. Hiermit tritt der Betreffende aus seiner Anonymität heraus. Sein gesamtes soziales Umfeld erlangt Kenntnis von dem gegen ihn geführten Strafverfahren und den Inhalt der Vorwürfe. Diese Negativfolgen soll das Gesetz über das Urheberrecht an Werken der Bildenden Kunst und der Fotografie (KUG) verhindern. Gemäß § 22 S. 1 KUG muß der Abgebildete grundsätzlich in die Abbildung einwilligen. Veröffentlicht die Presse eine Fotografie, ohne daß die Einwilligung der betreffenden Person vorliegt, kann diese einen Anspruch auf Unterlassen sowie auf Ersatz des materiellen und immateriellen Schadens geltend machen.[411] Derjenige, der presserechtlich verantwortlich ist, muß mit einer Bestrafung nach § 33 KUG rechnen. Grundgedanke dieser Regelung ist der Zusammenhang zwischen dem Persönlichkeitsrecht eines Straftäters und dem im Strafprozeß geltenden Rechts-

407 Dies kritisiert Roxin, NStZ 1991, 153, 156.
408 So Hassemer, NJW 1985, 1921, 1929.
409 Dies betont Kürschner, DRiZ 1981, 401, 402.
410 So Roxin, NStZ 1991, 153, 156; Hassemer, NJW 1985, 1921, 1929.
411 Dies ist die ständige Rechtsprechung der Zivilgerichte, vgl. nur BGHZ 20, 345, 347; 13, 334; 26, 349, 356.

staatsprinzip.[412] Aus dem Verhältnismäßigkeitsgrundsatz und dem Übermaßverbot ergibt sich, daß durch die Justiz in das Persönlichkeitsrecht des Straftäters so wenig wie irgendwie möglich eingegriffen werden darf. Dieselbe Einschränkung gilt auch für die Berichterstattung über den Strafprozeß, weil der Presse gegenüber dem Persönlichkeitsrecht eines Straftäters keine stärkeren Eingriffsrechte zugebilligt werden können, als dem eigens zur Strafverfolgung und Aburteilung berufenen Organ.[413] Eine Individualisierung des Straftäters kann jedoch auch auf andere Weise als mit der Veröffentlichung eines Bildes, etwa durch Namensnennung, genaue Beschreibung der Person oder Mitteilung der Anschrift erfolgen. Die Rechtsprechung hat dieses Problem allerdings schon recht frühzeitig erkannt. Die Vorschriften des KUG betreffen das Grundsatzproblem der Verfügbarkeit individualisierender Persönlichkeitskennzeichen für Veröffentlichungszwecke, das aber bei allen Formen der Individualisierung zu Tage tritt.[414] Von daher werden die Vorschriften für die Bildveröffentlichung analog auf gleichwertige Formen der Individualisierung, insbesondere der Namensnennung angewandt,[415] so daß auf den ersten Blick ein umfassender Schutz des Angeklagten gewährleistet erscheint.

Das KUG sieht jedoch Ausnahmetatbestände vor, bei dessen Vorliegen eine Einwilligung der betreffenden Personen nicht erforderlich ist. Gem. § 23 Abs. 1 Nr. 1 KUG ist dies nämlich dann nicht der Fall, wenn es sich um ein Bild aus dem Bereich der Zeitgeschichte handelt. Da es sich bei Berichten über Ereignisse weniger um den Sach- als um den Personenbezug handelt, orientiert sich die Auslegung des Begriffs der Zeitgeschichte in erster Linie an der Person. Demnach gehört ein Bild dann zum Bereich der Zeitgeschichte, wenn der Abgebildete eine Person der Zeitgeschichte ist.[416] Vom Wortlaut her indiziert diese Tatbestandsvoraussetzung auf den ersten Blick einen engen Anwendungsbereich, da man hierunter in erster Linie an Personen denkt, die über einen gewissen Bekanntheitsgrad verfügen, im öffentlichen Leben stehen und denen die Öffentlichkeit ein generelles Informationsinteresse entgegen bringt. Neben diesen absoluten Personen der Zeitgeschichte[417] hat jedoch die Rechtsprechung, die die Voraussetzungen des Ausnahmetatbestands ebenso erfüllenden

412 Vgl. BVerfGE 27, 211 (219).
413 So Lampe, NJW 1973, 217.
414 So Marxen, GA 1980, 365, 370.
415 BVerfGE 35, 202, 224; Neumann-Duesberg, JZ 1971, 311; Lampe, NJW 1973, 217; OLG Stuttgart, JZ 1960, 126, 128, 129.
416 So Neumann-Duesberg, JZ 1960, 114; Löffler, Presserecht, S. 680.
417 Zu diesen Begriff Neumann-Duesberg, JZ 1960, 114 ff.; BGH NJW 1966, 2353, 2355; OLG Koblenz, NJW 1973, 252.

relativen Personen der Zeitgeschichte entwickelt. Eine relativ zeitgeschichtliche Person ist diejenige, die für die Öffentlichkeit nur in Verbindung mit einem bestimmten Geschehen öffentliche Aufmerksamkeit auf sich zieht.[418] Bei dem Beschuldigten einer Straftat kommt es somit entscheidend darauf an, ob die ihnen zur Last gelegte Straftat der Zeitgeschichte angehört oder nicht.[419] Die Abgrenzung bereitet hier erhebliche Schwierigkeiten. Geklärt ist weitgehend, daß bei schweren Straftaten in jedem Falle das Informationsinteresse der Allgemeinheit das Anonymitätsinteresse des Beschuldigten überwiegt.[420] Die Rechtsprechung knüpft somit bei der Frage, ob der Ausnahmetatbestand des § 23 Abs. 1 Nr. 1 KUG vorliegt, an eine Interessensabwägung im konkreten Einzelfall an. Hierbei wird immer wieder die überragende schlechthin konstituierende Bedeutung des Grundrechts der Pressefreiheit nach Art. 5 GG für die freiheitlich demokratische Grundordnung betont.[421] Bei der Auslegung der Ausnahmevorschriften des KUG als allgemeines Gesetz im Sinne des Art. 5 Abs. 2 GG wird vor allem auf die Wechselwirkungslehre des BVerfG Bezug genommen, wonach die gegenseitige Beziehung zwischen Grundrecht und allgemeinen Gesetzen nicht als eine einseitige Beschränkung des Grundrechts aufzufassen ist. Es findet vielmehr eine Wechselwirkung in dem Sinne statt, daß die allgemeinen Gesetze zwar dem Wortlaut nach dem Grundrecht Schranken setzen, ihrerseits aber aus der Erkenntnis der wertsetzenden Bedeutung dieses Grundrechts ausgelegt und so in ihrer das Grundrecht begrenzenden Wirkung selbst wieder eingeschränkt werden müssen.[422] Dies führt dazu, daß in den meisten Fällen die Interessenabwägung zu Lasten des Angeklagten ausgeht. Die Rechtsprechung betont, daß für diesen zwar die Unschuldsvermutung des Art. 6 Abs. 2 EMRK gelte, dies stehe jedoch einer ausführlichen Berichterstattung nicht entgegen.[423] Auch wenn man sorgfältig recherchierte und objektiv berichte, könne man Vorurteile oftmals nicht vermeiden, da die Bevölkerung den bloßen Verdacht von erwiesener Schuld nicht unterscheide.[424] Auch müsse der Angeklagte es erdulden, daß sich die Berichterstattung auf seine Persönlichkeits-

---

[418] Siehe hierzu die Rechtsprechungsnachweise in Fn. 367. Die Unterscheidung zwischen absoluten und relativen Personen der Zeitgeschichte geht zurück auf eine Unterscheidung von Neumann-Duesberg, JZ 1960, 114 ff.

[419] So Franke, Bildberichterstattungen, S. 92 ff.; Arzt, Schutz der Intimsphäre, S. 60 ff.

[420] OLG Frankfurt, NJW 1971, 47, 48; OLG Braunschweig, NJW 1975, 651, 652; OLG Nürnberg, MDR 1963, 412; OLG Oldenburg, NJW 1963, 920.

[421] So beispielsweise von OLG Koblenz, NJW 1973, 251, 252.

[422] Grundlegend zu dieser Wechselwirkungstheorie ist das Lüth-Urteil des Bundesverfassungsgerichts vom 15.1.1958, vgl. BVerfGE 7, 198 ff.

[423] OLG Koblenz, NJW 1973, 251, 253.

[424] OLG Koblenz, NJW 1973, 251, 253.

sphäre erstrecke.[425] Dies gelte auch dann, wenn nach Abschluß des Strafverfahrens durch Presseberichte der Resozialisierungsprozeß erschwert werde.[426] All diese Nachteile müsse ein Straftäter unter Berücksichtigung des Art. 5 GG ertragen, weil er aufgrund eigener Verantwortung im Blickpunkt des öffentlichen Interesses stehe.[427] Von diesem dogmatischen Ausgangspunkt aus hält die Rechtsprechung die Bildberichterstattung ohne weiteres auch schon dann für zulässig, wenn die vorgeworfene Straftat von nicht ganz untergeordneter Bedeutung ist.[428] Bei der Abwägung zwischen Informations- und Anonymitätsinteresse sollen sogar noch andere Gesichtspunkte wie der Beruf des Beschuldigten eine Rolle spielen.[429]

Vor diesem Hintergrund sind Fälle, in denen bei Berichterstattung über Strafprozesse die Veröffentlichung des Bildes oder des Namens an die Einwilligung des Angeklagten gebunden waren, kaum bekannt. Bereits der Verdacht einer schweren Straftat macht den Verdächtigten zu einer relativen Person des Zeitgeschehens und führt daher den Ausnahmetatbestand herbei.[430] Das KUG kann somit kaum das Recht des Beschuldigten am eigenen Bild, an seinem Namen oder an anderen individualisierenden Merkmalen gewährleisten. Dementsprechend geht auch der in den §§ 33 Abs. 1 Nr. 2, 23 Abs. 1 Nr. 1 KUG normierte Straftatbestand, der einen Verstoß gegen die Vorschriften der §§ 22, 23 KUG pönalisiert, weitgehend ins Leere.

dd. Einschränkung des presserechtlichen Auskunftsanspruchs

Die Vorschriften der Landespressegesetze enthalten allerdings auch Vorschriften, die das allgemeine Persönlichkeitsrecht des Einzelnen mittelbar tangieren. § 4 der Landespressegesetze sehen einen Informationsanspruch der Presse vor. Hiernach sind die Behörden und damit auch die Staatsanwaltschaften verpflichtet, der Presse

---

425 So ausdrücklich OLG Koblenz, NJW 1973, 251, 253. Hierzu wurden teilweise noch extremere Auffassungen vertreten. So habe die Öffentlichkeit immer dann, wenn eine Person zur Zeitgeschichte gehöre, ein berechtigtes Interesse daran, sich auch von der Gesamtpersönlichkeit ein Bild zu machen und dazu auch bis zu einem gewissen Grade in ihr Privatleben einzudringen. Mensch sein heiße sowohl für sich wie für andere da sein. Wer die Öffentlichkeit suche oder selbst gegen seinen Willen eine für die Allgemeinheit bedeutsame Rolle spiele, müsse sich der Öffentlichkeit auch stellen, so vgl. noch die Ausführungen von Larenz, Referat zum 42. Deutschen Juristentag 1957 (Verhandlung 2 S. D 25) 31.

426 OLG Koblenz, NJW 1973, 251, 154.

427 So OLG Koblenz, NJW 1973, 251, 254.

428 Vgl. OLG Frankfurt, NJW 1980, 597.

429 Vgl. Bornkamm, Pressefreiheit und Fairneß des Strafverfahrens, S. 249, 250 mit Rechtsprechungsnachweisen.

430 Beispielhaft hierfür ist die Entscheidung des OLG Frankfurt, NJW 1971, 47 ff. Das Gericht spricht hier bei der Interessenabwägung vom Interesse der Allgemeinheit an der Aufklärung und der Verhinderung schwerer Verbrechen und dem Persönlichkeitsrecht einer in der Zeitgeschichte "irgendwie hervorgetretenen Person".

die der Erfüllung ihrer öffentlichen Aufgaben dienenden Auskünfte zu erteilen. Grundgedanke dieses normierten Auskunftsanspruchs ist das Bedürfnis der demokratischen Kontrolle der Ausübung der Staatsgewalt auf dem Gebiet der öffentlichen Verwaltung.[431] Die Pressefreiheit gem. Art. 5 Abs. 1 S. 1 GG erschöpft sich nicht in der Garantie der freien Meinungsäußerung und eines vom staatlichem Zwang geschützten Freiraums, sondern verpflichtet darüber hinaus den Staat, die ungehinderte Betätigung der Presseangehörigen von der Beschaffung der Information bis zur Verbreitung der Nachrichten zu ermöglichen.[432] Ein solcher Informationsanspruch wäre im Hinblick auf die Gefahr einer vorverurteilenden Wirkung dann unproblematisch, wenn er die zum Schutz des allgemeinen Persönlichkeitsrechts unerläßlichen Einschränkungen erfahren könnte.

Nun sehen die Landespressegesetze in der Tat Einschränkungen des Informationsanspruchs vor.[433] Gem. § 4 Abs. 1 Nr. 1 LPG der Landespressegesetze kann die Auskunft verweigert werden, sobald durch sie die sachgemäße Durchführung eines strafrechtlichen Verfahrens vereitelt, erschwert, verzögert oder gefährdet werden kann. Gem. § 4 Abs. 1 Nr. 2 LPG kann eine Auskunft verweigert werden, soweit Auskünfte über persönliche Angelegenheiten Einzelner verlangt werden, an deren öffentlicher Bekanntgabe kein berechtigtes Interesse besteht.[434]

Die Wirksamkeit dieser Einschränkungstatbestände scheitert schon daran, daß es sich lediglich um Kann-Vorschriften handelt.[435] Die Behörde ist zwar im Rahmen des ihr eingeräumten Ermessens verpflichtet alle für die Entscheidung relevanten Gesichtspunkte zu berücksichtigen und Gründe und Gegengründe sachgerecht abzuwägen.[436] Bei der Überprüfung der Entscheidung der Behörde über das Auskunftsverlangen der Presse sind die Gerichte aber lediglich eingeschränkt zur Kontrolle über die richtige Anwendung des Ermessens berechtigt. Zu überprüfen ist, ob die Behörde

---

431 Löffler, Presserecht, § 18 Rn. 4.

432 Vgl. BVerfGE 20, 174.

433 Ulsamer leitet eine Einschränkung des Informationsanspruches der Presse nach dem Landespressegesetz unmittelbar aus Art. 6 Abs. 2 EMRK her. Diese Norm sei Bestandteil des positiven Rechts der Bundesrepublik Deutschland im Range eines Bundesgesetzes geworden. Gemäß Art. 31 GG gehe sie damit den landesrechtlichen Vorschriften vor. Nach seiner Meinung verstoßen Presseerklärungen der Justiz über die Einleitung von Ermittlungsverfahren grundsätzlich gegen die Unschuldsvermutung, insbesondere dann, wenn sie den Namen des Beschuldigten preisgeben oder sonstige identifizierende Umstände mitteilen, vgl. Ulsamer, Festschrift für Jauch, 221, 229, 230. In ähnlicher Weise argumentiert auch Krekeler, AnwBl. 1985, 426, 427.

434 Zu den Einschränkungstatbeständen siehe auch Krekeler, AnwBl. 1985, 426, 427, der gleichzeitig auch entsprechende Verhaltensrichtlinien entwickelt.

435 So die Kritik von Roxin, NStZ 1991, 153, 156.

436 OVG Koblenz, NJW 1991, 2659.

ihr Ermessen überhaupt ausgeübt hat oder ob ein Ermessensfehlgebrauch vorliegt.[437] Der Betroffene könnte sich somit nur dann mit Erfolg auf das Vorliegen eines Auskunftsverweigerungsrechtes berufen, wenn eine Sachlage vorliegt, die eine Ermessensreduzierung auf Null im Sinne einer Bejahung dieses Rechtes vorliegen würde.

Im übrigen wird auch bemängelt, daß die Vorschriften eine sehr breite Grauzone offenlassen.[438] Wann würde eine sachgemäße Durchführung des Strafverfahrens vereitelt, erschwert, verzögert werden, wenn beispielsweise der Staatsanwalt der Meinung wäre, eine Veröffentlichung von Ermittlungsdetails könne sogar die Aufklärung vorantreiben, weil entsprechende Pressekonsumenten sich daraufhin als Zeugen zur Verfügung stellen.[439] Bezugnehmend auf das Lebach-Urteil des BVerfG[440] wird von der Rechtsprechung immer wieder der möglichst weitreichende Informationsanspruch der Presse betont und eine äußerst restriktive Auslegung der Begriffe "erschwert", "verzögert" oder "gefährdet", angemahnt.[441] Insofern kommt auch hier die Wechselwirkungslehre zur vollen Entfaltung. Hamm weist zudem darauf hin, daß die Handhabung des Informationsanspruches sehr von der Person des ermittlungsführenden Staatsanwaltes abhängig ist. So kann die bekannte Fähigkeit der Medien, Stimmungen zu erzeugen oder zu verstärken, dann in den Abwägungsvorgang einfließen, wenn dies günstig erscheint.[442] Nicht unberücksichtigt bleiben darf auch die menschliche Eitelkeit und das Bedürfnis, sich und seine beruflichen Erfolge selbst zu präsentieren.[443] Aufgrund dieser, auch von der Rechtsprechung vorgegebenen Handhabung der Aussageverweigerungstatbestände, haben diese in der Praxis kaum an Relevanz gewonnen.

Um die Handhabung der Behördenauskünfte aus der Grauzone der unkontrollierbaren persönlichen Entscheidungen der jeweiligen Amtspersonen herauszuholen, haben einige Bundesländer zu dem Gesetz konkretisierende Richtlinien erlassen.[444] Allerdings haben diese die Problematik nicht gelöst, sondern eher noch verschärft. So wird beispielsweise in den Richtlinien Sachsens darauf hingewiesen, daß im Strafrecht

---

[437] Vgl. Maurer, Allgemeines Verwaltungsrecht, § 7 Rn. 11 ff.

[438] So von Hamm, Große Strafprozesse, S. 36.

[439] So Hamm, Große Strafprozesse, S. 36.

[440] BVerfGE 35, 203.

[441] Vgl. Löffler, Presserecht, § 20 Rn. 6.

[442] So Hamm, Große Strafprozesse, S. 36.

[443] Hierauf weist ebenfalls Hamm hin, vgl. Fn. 441.

[444] So beispielsweise das Bundesland Hessen mit den Richtlinien für die Zusammenarbeit der Staatsanwaltschaften mit den Medien vom 1.11.1995, Justizministerialblatt für Hessen 1995, S. 750 ff.

eine sachliche Berichterstattung zur Generalprävention beitragen kann. In Schwurgerichtsverfahren und von der Öffentlichkeit besonders beachteten Strafverfahren kann den Gerichtsberichterstattern die Anklageschrift zur Einsicht zugänglich gemacht werden. Es kann sogar eine Abschrift des Anklagesatzes überlassen werden, wobei lediglich die Namen unkenntlich zu machen sind. Durch einen derartigen Inhalt werden Auskunftsverweigerungsrechte eher noch konterkariert. Die Richtlinien Hessens sehen sogar die Möglichkeit von Hintergrundgesprächen zwischen den Pressesprechern der Staatsanwaltschaften und den Journalisten vor.[445] Die Form und der Charakter dieser Hintergrundgespräche werden dabei nicht mehr erläutert. Hamm befürchtet, daß bei derartigen Hintergrundgesprächen die Gefahr besteht, daß die Grenze zwischen der legalen und der illegalen Informationen aus den Ermittlungsakten ihrerseits zur Grauzone wird.[446] Dementsprechend werden die Bemühungen, dem Persönlichkeitsrecht des Beschuldigten durch Medienerlasse und Verfügungen gerecht zu werden, zwar im Grundsatz für lobenswert gehalten. Die Praxis zeige aber, daß derartige Verwaltungsvorschriften aufgrund ihrer Unverbindlichkeit nicht in der Lage seien, die Pressearbeit der Ermittlungsbehörden rechtswirksam zu regeln.[447]
Der Auskunftsanspruch der Presse wird somit zwar dem Informationsrecht aus Art. 5 GG gerecht, die normative Ausgestaltung und die Handhabung in der Praxis lassen das allgemeine Persönlichkeitsrecht des Angeklagten und sein Recht auf ein objektives und vorurteilfreies Verfahren aber weitgehend unberücksichtigt.[448]

d. Schutz durch öffentlich-rechtliche Vorschriften

Den Schutz des einzelnen Beschuldigten hat auch die Verschwiegenheitspflicht zum Ziel. Information und Indiskretion durch Beamte der Polizei oder Staatsanwaltschaft über Ermittlungsverfahren und deren Details stellen ein Verstoß gegen die beamtenrechtliche Verschwiegenheitspflicht dar (vgl. etwa § 39 BRRG).[449] Grundsätzlich hat jeder Beamte die Pflicht zur Verschwiegenheit. Die Verschwiegenheitspflicht wird nach ständiger Rechtsprechung als Amtspflicht im Sinne des § 839 BGB ange-

---

445 Siehe dazu die Darstellung der Problematik der konkreten Richtlinien von Hamm, Große Strafprozesse, S. 36 ff.

446 So Hamm, Große Strafprozesse, S. 40.

447 So Dalbkermeyer, Schutz des Beschuldigten, S. 34, 35 in Bezug auf den Medienerlaß in Nordrhein-Westfalen.

448 In diesem Sinne auch Roxin, NStZ 1991, 153, 156. Ein Beispiel dafür, daß bei der Abwägung zwischen der Pressefreiheit und dem allgemeinen Persönlichkeitsrecht in der Regel der Pressefreiheit der Vorrang gegeben wird, ist die Entscheidung des OLG Hamm, NJW 2000, 1278 ff.

449 Siehe dazu die grundlegende Entscheidung BGH, NJW 1961, 918 mit weiteren Nachweisen.

sehen.[450] Sie entfaltet Wirkung gegenüber allen Personen, denen durch die Verletzung dieser Pflicht ein Schaden entstehen kann. Die Pflicht zur Amtsverschwiegenheit umfaßt alle Angelegenheiten, die dem Beamten in seiner dienstlichen Tätigkeit unmittelbar oder mittelbar zu Kenntnis gelangt sind.[451] Sie gilt gegenüber allen Personen, die nicht dem unmittelbaren Dienstbereich des Beamten zuzuordnen sind.[452] Eine Mitteilung dienstlicher Tatsachen ist nur dann zulässig, wenn diese gesetzlich besonders geregelt ist. Eine Regelung, die dem einzelnen Beamten die Informationserteilung an die Medien gestattet, existiert jedoch nicht.[453] Jeder Vorgesetzte hat vielmehr die beamtenrechtliche Pflicht, dafür Sorge zu tragen, daß die Pflicht zur Amtsverschwiegenheit durch die ihm untergeordneten Beamten eingehalten wird.

Trotz dieser klaren Rechtslage wird heute jedoch davon ausgegangen, daß der Informationsaustausch zwischen Medienvertretern und Polizei oder Staatsanwaltschaft die Regel ist.[454] Medienberichterstattung ist, insbesondere wenn sich das Verfahren noch im Ermittlungsstadium befindet, nur bei vorheriger Information möglich. Informanten sind in aller Regel einzelne Stellen bei Polizei und Staatsanwaltschaft.[455] Das es sich bei diesen Befunden nicht lediglich um Pauschalierungen handelt, ist publizistisch durch entsprechende Einzelfallstudien schon hinreichend widerlegt worden.[456]

Insbesondere die Monographie von Joachim Wagner zeigt einige besonders markante Fälle der unlauteren Information der Presseorgane durch staatliche Stellen auf.[457] Unter dem Stichwort "Offensive Information der Öffentlichkeit" wurden im Zusammenhang mit den Terroristenprozessen der Bader-Meinhoff-Bande und der RAF bedeutende Aktenteile bedenkenlos an Presseorgane weitergegeben. Der damalige Bundesinnenminister Maihofer veröffentlichte in Abstimmung mit Bundesjustizminister Vogel eine Dokumentation über terroristische Gewalttaten, die vorwiegend aus amtlichen Schriftstücken bestand. Vogel überließ sechs ausgewählten Journalisten eine Kopie der Anklageschrift gegen den Hamburger Strafverteidiger Groenewold wegen Unterstützung einer terroristischen Vereinigung. Nachdem einer der Journalisten sich

---

450 Siehe dazu die Grundsatzentscheidung BGHZ 34, 184.

451 So von Münch, Besonderes Verwaltungsrecht, S. 42.

452 Von Münch, Besonderes Verwaltungsrecht, S. 42.

453 Der Auskunftserteilungsanspruch der Presse nach § 4 der Landespressegesetze richtet sich lediglich an Behörden, nicht aber an einzelne Beamte.

454 So Ulsamer, Festschrift für Jauch, S. 123, 224, Wagner, Strafprozeßführung, S. 42 ff, Roxin, NStZ 1991, 153, 158; Hassemer, NJW 1985, 1921, 1927.

455 So Ulsamer, Festschrift für Jauch, S. 223, 224.

456 Diese Fälle sind insbesondere aufgearbeitet worden durch Wagner, Strafprozeßführung, S. 24 ff, 42 ff; Hamm, Große Strafprozesse S. 32 ff, Ulsamer, Festschrift für Jauch, S. 221 ff.

457 Wagner, Strafprozeßführung, S. 24 ff, 42 ff.

offenbarte, klagte Groenewold vor dem VG Köln mit Erfolg auf Bekanntgabe der Namen der Journalisten. Obwohl Vogel sein Vorgehen mit der Wahrung überwiegender Interessen der Rechtspflege rechtfertigte, verurteilte das VG Köln ihn zur Preisgabe der Namen. Das Gericht stellte fest, daß das Bundesjustizministerium durch die Weitergabe der Anklageschrift mittelbar auf die öffentliche Meinung einwirken wollte. Hier entstehe die nicht zu übersehende Gefahr, daß auf der Grundlage der Anklageschrift entstehende Berichte zu einer Vorverurteilung führten.[458]

Bekannt ist auch, daß während der Terrorismusprozesse der Richter am BGH Albrecht Meyer, Mitglied des dritten Strafsenats und zuständig für Beschwerden und Revisionen der Bader-Meinhoff-Verfahren, in ständigem Kontakt mit dem Chefredakteur der Tageszeitung "Die Welt", Krempp stand. So übersandte Meyer Prozeßunterlagen mit Vernehmungsprotokollen von Zeugen über eine angebliche Kooperation zwischen Verteidigern und Angeklagten mit dem Ziel, der meinungsbildende Einfluß des "Spiegels" müsse durch Gegenpublikationen der "Welt" ausgeglichen werden, um so in sachgerechter Weise auf den Prozeß einzuwirken. Als diese Verfahrensweise bekannt wurde, kam es zwar zu einem Disziplinarverfahren gegen den Bundesrichter, welches jedoch auf Bitten des damaligen Bundeskanzlers Schmidt eingestellt wurde.[459]

Wagner zeigt in seiner Monographie die intensive Zusammenarbeit zwischen Polizeibehörden und Presseorganen auf, zwischen denen sich ein kollegiales, fast freundschaftliches Verhältnis entwickelt hat. Die Polizei betreibe die aktivste und offensivste Öffentlichkeitsarbeit, um Mithilfe bei der Fahndung zu bekommen, Strafverfolgungskonzepte durchzusetzen, Leistungsnachweise zu erbringen und um strafprozessuale Zwangsmaßnahmen zu legitimieren.[460] Hierbei wird oftmals dem Erfolgsdruck der Öffentlichkeit nachgegeben. Dies führt dazu, daß auch der kleinste Ermittlungserfolg präsentiert wird, um so nach außen hin Leistungsnachweise vorzeigen zu können.[461] Bei der Art und Weise der Informationsübermittlung wird dabei nur in den seltensten Fällen Zurückhaltung geübt. Die Pressemitteilungen der Polizei enthalten oftmals verfälschte Sachberichte, in denen vorläufige Erkenntnisse als gesichert oder unter Preisgabe der Identität ein Tatverdächtiger als überführter Täter dargestellt wird.[462]

---

458 So die Fallschilderung bei Wagner, Strafprozeßführung, S. 26 ff.
459 Vgl. dazu Wagner, Strafprozeßführung, S. 28 f.
460 Siehe dazu Wagner, Strafprozeßführung, S. 42 ff.
461 Wagner, Strafprozeßführung, S. 34.
462 Siehe dazu von Becker, Straftäter und Tatverdächtige, S. 18; Wagner, Strafprozeßführung, S. 43. Ein Beispiel für besonders aggressive Pressearbeit der Polizei ist der Fall der 1977 im Zusammen-

Der Frankfurter Strafverteidiger Hamm schätzt, daß neben den Auskünften nach den Landespressegesetzen, strafbare Handlungen, wie Verletzung des Amtsgeheimnisses, Verletzung des Steuergeheimnisses, Bestechlichkeit und Bestechung statistisch der am häufigsten begangene Weg zur Öffentlichmachung von Ermittlungsvorgängen sind. Es sei erstaunlich, daß Journalisten immer wieder über Dokumente verfügen, die selbst ein Verteidiger nach § 147 Abs. 4 StPO nicht einmal in die Kanzlei mitnehmen darf.[463] Die Aufklärung dieser Pflichtverletzung scheitert nach Auffassung von Hamm vor allem an dem Zeugnisverweigerungsrecht des § 53 Abs. 1 Nr. 5 StPO, das den Informant vor der Aufdeckung seiner Tätigkeit schützt. Die Strafprozeßordnung verschafft dem investigativen Journalismus einen strafrechtsfreien Bereich, der den Zweck der beruflichen Verschwiegenheitspflicht partiell aushöhlt.[464]
Dieser Exkurs in die Gerichtspraxis zeigt, daß auch die öffentlich-rechtlichen Regelungsmechanismen faktisch nicht geeignet sind, die Beschuldigten vor vorverurteilender Information von Seiten der Strafverfolgungsorgane zu schützen. Verstöße gegen die Verschwiegenheitspflicht sind kaum beweiskräftig festzustellen, in den Fällen, in denen dies doch einmal gelingt, führen entsprechende Disziplinarverfahren nicht zu einer spürbaren Wirkung.

e. Zusammenfassung

In den vorangegangenen Kapiteln wurde eingehend analysiert, welche rechtlichen Schutzvorrichtungen gegen eine Vorverurteilung Verdächtiger die geltende Rechtsordnung zur Verfügung stellt und mit welchen rechtlichen Möglichkeiten sich dieser dagegen wehren kann. Hierbei wurden nicht nur die Möglichkeiten des Strafprozesses aufgezeigt, sondern zugleich auch die Mittel, die die anderen Rechtsgebiete, wie das Zivilrecht, das Presserecht oder das öffentliche Recht zu Verfügung stellen, betrachtet. Das Ergebnis dieser Analyse war wenig ermutigend. Einige Rechtsbehelfe

---

hang mit der Ermordung des Bankiers Ponto festgenommenen Eleonore Poensgen. Diese soll "dick in der Terrorszene gesteckt" haben und sei bereits bei einer Razzia nach Baader-Meinhof-Sympathisanten festgenommen worden. Bereits fünf Tage nach der Festnahme wurde der Haftbefehl mangels dringendem Tatverdacht aufgehoben. Das Ermittlungsverfahren wurde später eingestellt; siehe dazu die Fallschilderung bei Dalbkermeyer, Schutz des Beschuldigten, S. 8.

463 So Hamm, Große Strafprozesse, S. 32. Bestätigt wurde dies im übrigen auch durch den früheren Pressesprecher der Bonner Polizei. Zahlungen von Schmiergeldern an Beamte der Polizei seien üblich, um Information aus "erster Hand" zu bekommen. Zwischen Journalisten und Polizeibeamten bestünden jahrelange Freundschaften, über die Details der Presse zugespielt werden, die man offiziell nie bekommen hätte, siehe Dalbkermeyer, Schutz des Beschuldigten, S. 10.

464 So Hamm, Große Strafprozesse, S. 33 f.

erwiesen sich schon vom eigenen eingegrenzten Anwendungsbereich her als wenig wirksam, teilweise konnten nur Teilbereiche erfaßt werden oder aber die Rechtsprechung schränkt die Anwendbarkeit durch restriktive Auslegung und ungünstige Beweisregeln ein, wie insbesondere bei den zivilrechtlichen Anspruchsgrundlagen aufgezeigt. Zudem wurde festgestellt, daß die Inanspruchnahme bestimmter rechtlicher Möglichkeiten an der fehlenden wirtschaftlichen Leistungsfähigkeit des Einzelnen scheitert oder aber die Verteidigung im Strafprozeß, etwa bei der Wahl des Schweigerechts als Verteidigungstaktik, konterkariert. Dieser Befund verschafft zusammen mit der Bestandsaufnahme über die erheblichen Konsequenzen einer vorverurteilenden Medienberichterstattung die Legitimation dafür, im Strafrecht selbst ein Korrelat für die vom Beschuldigten erlittenen Nachteile zu suchen. Auf welche Weise, in welchem Umfang und mit welchen Rechtsgrundlagen dies geschehen soll, wird in dem folgenden Kapitel untersucht.

3. Aktuelle Initiativen gegen die Einflußnahme von Medien auf den Strafprozeß

a. Gesetzesinitiativen - Schaffung eines neuen § 169 a GVG

aa. Inhaltliche Konzeption

Trotz des Fehlschlages bei der Diskussion des § 452 E 1962 sind in jüngster Zeit wieder Forderungen nach gesetzgeberischem Handeln zu vernehmen. Dalbkermeyer sieht den Hauptansatzpunkt des Handelns darin, eine vorverurteilende Pressearbeit der Ermittlungsbehörden zu unterbinden. Eine Versachlichung staatlicher Informationspolitik sei nur mit einer legislatorischen Initiative, die durchsetzungsstark genug sei, um die Strafverfolgungsbehörden zu der erforderlichen Zurückhaltung anzuhalten. Eine derartige Durchschlagskraft könne nur ein formelles Gesetz entfalten.[465] Sie schlägt vor, den § 169 GVG mit § 169 a GVG um eine Vorschrift über die mittelbare Öffentlichkeit zu ergänzen:

> § 169 a I GVG:
> "Das Ermittlungsverfahren ist nichtöffentlich. Bei der Unterrichtung ist mit Presse, Hörfunk und Fernsehen unter Berücksichtigung ihrer besonderen Aufgaben und ihrer Bedeutung für die öffentliche Meinungsbildung zusammenzuarbeiten. Diese Unterrichtung darf weder den Untersuchungszweck gefährden, noch dem Ergebnis der Hauptverhandlung vorgreifen.

---

[465] Dalbkermeyer, Schutz des Beschuldigten, S. 172, 183 ff.

> Sie soll sich orientieren an dem Grundsatz der Unschuldsvermutung und dem Anspruch des Beschuldigten auf ein faires Verfahren. Zu unterlassen sind daher einseitige, präjudizierende Äußerungen, die geeignet sind, die Unbefangenheit der Verfahrensbeteiligten oder sonst die Findung der Wahrheit oder einer gerechten Entscheidung zu beeinträchtigen. Insbesondere darf nicht durch den Inhalt oder die sprachliche Darstellung einer Mitteilung der Eindruck erweckt werden, daß der Beschuldigte schuldig oder bereits als Täter überführt sei."[466]

Dem Schutz des Namen und des Bildes soll ein neuer § 169 a II GVG dienen:

> § 169 a II GVG:
> "Die Veröffentlichung der Identität des Beschuldigten hat ohne dessen Zustimmung bis zur Anklageerhebung zu unterbleiben, soweit dies nicht im Interesse der Aufklärung von Straftaten geboten ist. Dasselbe gilt für Angaben, die die Identifizierung des Beschuldigten nahelegen."[467]

Darüber hinaus hält Dalbkermeyer die Gewährung von Teilnahme- und Mitwirkungsrechten für den Beschuldigten im Rahmen der staatsanwaltschaftlichen Medienarbeit für erforderlich, um seine Belange zu sichern und dem § 169 a GVG insgesamt zur Wirkung kommen zu lassen. Hier stelle die Teilnahme des Betroffenen bzw. seines Verteidigers an den Pressekonferenzen ein effektives Instrumentarium dar, um die Behörden zur Zurückhaltung bei der Medienarbeit anzuhalten.[468]

> § 169 a III GVG:
> "Werden schriftliche Auskünfte oder Presseerklärungen erteilt, so ist dem von ihnen Betroffenen, insbesondere dem Beschuldigten, soweit er anwaltlich vertreten wird, auch seinem Rechtsanwalt, vorab spätestens aber gleichzeitig eine Abschrift zu übermitteln. Zu Pressekonferenzen ist der Beschuldigte bzw. sein Verteidiger rechtzeitig einzuladen. Im Verlauf der Pressekonferenz ist ihnen die Möglichkeit zu gewähren, Stellungnahmen/Erklärungen abzugeben."[469]

Rechtsschutz erlangt der Beschuldigte im Zusammenhang mit § 169 a GVG durch den Rechtsweg nach §§ 23 ff. EGGVG oder durch § 1004 BGB analog, mit denen ein Anspruch auf Unterlassung, Aufhebung bzw. Widerruf der rechtswidrigen Presseerklärung durchgesetzt werden kann.[470]

bb. Kritik

Der Gesetzgebungsvorschlag von Dalbkermeyer behandelt lediglich einen Verfahrensabschnitt des gesamten Strafverfahrens, nämlich das strafrechtliche Ermittlungs-

---

466 Textabdruck bei Dalbkermeyer, Schutz des Beschuldigten, S. 185.
467 Text bei Dalbkermeyer, Schutz des Beschuldigten, S. 185.
468 Dalbkermeyer, Schutz des Beschuldigten, S. 188.
469 Text bei Dalbkermeyer, Schutz des Beschuldigten, S. 191.
470 Siehe dazu Dalbkermeyer, Schutz des Beschuldigten, S. 191 ff., 209 f.

verfahren. In der Tat besteht auch zu diesem frühen Zeitpunkt ein großes Schutzbedürfnis des Betroffenen, kommt es hier oftmals durch die Anwendung strafprozessualer Zwangsmittel zu vorweggenommenen, vollendete Tatsachen schaffenden, Sanktionen.[471] Eine Stigmatisierung des Verdächtigen erfolgt aber insbesondere über die Medienberichterstattung über den öffentlichen Hauptverhandlungstermin, zu dem er persönlich erscheinen muß. Hier gerät er in den Mittelpunkt der Medienöffentlichkeit und erlebt den Verfahrensabschnitt, den er am meisten fürchtet. Dalbkermeyers Konstruktion läßt diesen Bereich unberücksichtigt.

Aber auch hinsichtlich des Adressatenkreises ist der Wirkungsbereich des § 169 a GVG eingeschränkt. Er wendet sich ausschließlich an die Ermittlungsbehörde und nicht, wohl aus verfassungsrechtlichen Gründen, an die Medienvertreter, die, wenn auch unter Mithilfe der Amtsträger, die eigentlichen Verursacher des vorverurteilenden Klimas sind. Sie schaffen eine Grundstimmung im Umfeld des Prozesses, die in ihrer Faktizität nicht durch Rechtsbehelfe, die lediglich die formale Rechtsposition gewährleisten, kompensiert werden kann. Die tatbestandliche Ausgestaltung des § 169 a GVG orientiert sich in erster Linie an dem Begriff der Vorverurteilung nach der Arbeitsdefinition des Bundesjustizministers, die bereits oben als ungeeignete Grundlage abgelehnt wurde.[472] Tatbestandsmerkmale wie "Gefährdung des Untersuchungszwecks" oder "einseitige, präjudizierende" Äußerungen sind inhaltsleer und unbestimmt. Sie lassen der Justiz einen großen Entscheidungsspielraum, bei dem es eher zweifelhaft ist, ob er im Sinne des Beschuldigten ausgeübt wird. Diese Problematik wird im übrigen auch von Dalbkermeyer selbst gesehen, indem sie konzediert, daß § 169 a GVG letztlich der Tendenz, die Veröffentlichungspolitik zuungunsten des Beschuldigten auszurichten, aufgrund der Dehnbarkeit ihres Anwendungsbereiches nicht entgegenwirken kann. Der Wortlaut der Norm lasse in vielen Fällen verschiedene Entscheidungen über die Zulässigkeit der Veröffentlichung zu bestimmten Informationen zu. Vorwiegend gehe es um den Appellcharakter der Norm.[473]

Auch die in § 169 a III GVG vorgesehenen Beteiligungs- und Mitwirkungsrechte des Beschuldigten sind kritisch zu sehen. Es ist eher fragwürdig, ob dieser es als einen Vorteil ansieht, daß er nunmehr auch in den Pressekonferenzen frühzeitig in der Öffentlichkeit agieren kann, mit der Gefahr, sich durch Vorwegnahme seiner Position für das ganze Verfahren zu binden, unabhängig davon, welche Beweiserhebungen im

---

471 Bestes Beispiel ist hierzu unser Ausgangsfall, siehe Kapitel I 1.
472 Siehe Kapitel II 2.
473 So die Einschränkungen von Dalbkermeyer, Schutz des Beschuldigten, S. 187.

Ermittlungsverfahren noch durchgeführt werden. Bei den ersten Pressekonferenzen hat der Beschuldigte in der Regel noch keine Akteneinsicht gehabt, so daß eine Äußerung von seiner Seite nicht tunlich ist. Auch gibt Dalbkermeyer keine Antwort darauf, wie sich die konkrete Ausgestaltung der Beteiligungsrechte bei einem inhaftierten Beschuldigten darstellt. Aufgrund der vorbezeichneten Problematik ist die Konzeption von Dalbkermeyer bisher nicht aufgegriffen worden.[474]

b. Initiativen der Rechtsanwaltskammern

aa. Thesen über Umgang mit Medien

Der Gesetzgeber hatte zwar aufgrund der von ihm durchgeführten Untersuchungen einen Handlungsbedarf im Zusammenhang mit der öffentlichen Vorverurteilung verneint,[475] dies führte jedoch nicht zum Stillstand der Diskussionen und Initiativen in diesem Bereich. Insbesondere bei den Rechtsanwaltskammern wird versucht, durch entsprechende Richtlinien, die "Verhaltensmaßregeln" zum Umgang der Justiz und der Verteidiger mit den Medien enthalten, den Medieneinfluß in geordnete Bahnen zu lenken. So hat beispielsweise das Hessische Justizministerium für den Strafrechtsausschuß der Bundesrechtsanwaltskammer vierzehn Thesen zur Zusammenarbeit zwischen der Justiz und der Verteidigung mit den Medien entwickelt, die eine allgemein anerkannte Grundlage zum Umgang mit den Medien bilden sollen.[476] Die Gefahr der Medientätigkeit für das justizielle Verarbeitungsmonopol wird hier grundsätzlich anerkannt.[477] Sowohl die Staatsanwaltschaften als auch die Verteidigung hätten sich hierauf einzurichten und bei dem Umgang mit den Medien zurückhaltend zu sein.[478] Der Verteidiger dürfe die Verteidigung nicht über die Medien führen und die Zusammenarbeit mit den Medien nur in Abstimmung mit seinem Mandanten gestalten.[479] Einer einseitigen tendenziösen Berichterstattung habe der Verteidiger mit den entsprechenden Rechtsmitteln entgegenzutreten.[480] Gleiches gelte für unkorrekte Pressekontakte von Seiten der Staatsanwaltschaft auf die mit Dienstaufsichtsbeschwerden

---

474 So Groß, Verteidigung im Ermittlungsverfahren und Medien, S. 10.

475 Siehe Kapitel I 3 a.

476 Verteidigung in Ermittlungsverfahren und Medien - Schutz der Verteidigung. Thesen zur Zusammenarbeit Beteiligter eines Strafverfahrens mit den Medien-Diskussionsgrundlagen für den Strafrechtsausschuß der Bundesrechtsanwaltskammer (Dr. Karl-Heinz Groß, Ministerialdirigent im Hessischen Justizministerium), abgedruckt im Anhang.

477 Siehe These 2, Anhang.

478 These 1, 3, Anhang.

479 These 4, 9, Anhang.

480 These 11, Anhang.

und Ablösungsgesuchen zu reagieren sei.[481] Unberechtigten Angriffen gegen den Verteidiger sollten nicht nur durch diesen, sondern auch durch Rechtsanwaltskammer, Staatsanwaltschaft oder auch das Gericht entgegengetreten werden.[482]

bb. Kritik

Initiativen dieser Art setzen jedoch in erster Linie bei den Beteiligten eines Strafprozesses an. Sie richten sich nicht an die Medienvertreter selbst, die für die tendenziösen Berichte verantwortlich zeichnen. Letztlich stellen die Thesen aber lediglich eine Empfehlung dar, die keinerlei Rechtsverbindlichkeit entfaltet. Auf Seiten der Staatsanwaltschaften stellt sich damit das gleiche Problem, wie bei den Richtlinien für das Straf- und Bußgeldverfahren, die in der Praxis kaum Bedeutung erlangt haben und so gut wie keine Beachtung finden.[483] Die Thesen einer Rechtsanwaltskammer werden hier keine größere Bindungswirkung entfalten können. Auf der anderen Seite werden sich Medienvertreter hierdurch noch weniger beeinflussen lassen, weil ihre Arbeit in erster Linie durch kommerzielle Interessen geprägt ist. Die geringe Wirkung des Pressekodex[484] wird hierdurch kaum übertroffen werden.

Initiativen dieser Art zeigen zwar eine ansteigende Sensibilität in diesem Bereich und sind im Grundsatz zu begrüßen. Ein durchschlagender Erfolg wird hiervon jedoch nicht zu erwarten sein.

---

[481] These 10, Anhang.

[482] These 13, Anhang.

[483] Siehe dazu Kapitel III 2 a cc.

[484] Siehe dazu Kapitel III 2 c bb.

IV. Reaktionen und Reaktionsmöglichkeiten auf öffentliche Vorverurteilung innerhalb der Strafrechtsordnung

1. Das Reaktionsschema

Die bisherige Analyse hat ergeben, daß eine öffentliche Vorverurteilung im Rahmen eines Strafprozesses zu berücksichtigen und hierauf rechtlich zu reagieren ist. Eine solche rechtliche Reaktion kann wirksam jedoch nur innerhalb der strafrechtlichen Normstrukturen erfolgen. Zu denken ist hierbei sowohl an die Vorschriften des formellen als auch des materiellen Rechts. Diese könnten eine normative Grundlage dafür bieten, eine öffentliche Vorverurteilung auf angemessene Weise zu kompensieren. Welche rechtlichen Anknüpfungspunkte hier zur Verfügung stehen, könnte aufgrund einer Betrachtung der rechtlichen Reaktion bei anderen Fallgruppen geschehen, die ebenso wie die öffentliche Vorverurteilung, dadurch gekennzeichnet sind, daß außergewöhnliche Begleitumstände einem Strafverfahren ein besonderes Gepräge geben und hierdurch für den Angeklagten zu einer besonderen Belastung führen. So ist in der Rechtsprechung und im Schrifttum bei den Fallgruppen der überlangen Verfahrensdauer[485], der Tatprovokation durch polizeilichen Lockspitzeleinsatz[486], der völkerrechtswidrigen Ergreifung[487], der Beweismanipulation[488] und der Bruch einer Absprache zwischen den Prozeßbeteiligten durch Gericht oder Staatsanwaltschaft[489] diskutiert worden, ob dies zu unmittelbaren rechtlichen Auswirkungen im Strafverfahren selbst führt und in welchem Umfang sich diese darstellen. So hat beispielsweise das Urteil des LG Bad Kreuznach[490] für die Fallgruppe überlange Verfahrensdauer befürwortet, daß die verschiedenartigen Verfahrensverzögerungen, die in der Praxis kaum absolut zu vermeiden seien, je nach ihrer von zahlreichen Faktoren abhängigen Bedeutung einer von Fall zu Fall abgestuften Kette von

---

485 Siehe BGHSt 27, 274; NStZ 1983, 135; NStZ 1997, 380; Hillenkamp, NJW 1989, 2841; Pfeiffer, Festschrift für Baumann, S. 329; Weiler, GA 1994, 561, 566 ff.

486 BGHSt 32, 345; NStZ 1982, 126; 1982, 156 f; StV 1984, 58; StV 1984, 321; NStZ 1984, 519 f; NStZ 1984, 78 f; NStZ 1985, 361 f; StV 1985, 273; Rieß, JR 1985, 45; Schumann JZ, 1986, 66; Hillenkamp, NJW 1989, 2841, 2843.

487 BGH, NStZ 1985, 464; BGH, StV 1987, 138; StV 1988, 7; Hillenkamp, NJW 1989, 2841, 2844; Lüttger, JR 1987, 87; Mann, NJW 1986, 2167 f; Schubarth, StV 1987, 173 ff.

488 BGH, NStZ 1989, 283; LG Berlin, NStZ 1991, 371 ff; Weiler, GA 1994, 561, 569 ff; Hillenkamp, NJW 1989, 2841, 2845.

489 Vgl. BVerfG, NStZ 1987, 419; BGHSt 36, 210; BGH, StV 1988, 372; BGH, NJW 1990, 1921; BGH, NStZ 1990, 399; Scheffler, wistra 1990, 319 f; Weigend, JR 1991, 257 f.

490 LG Bad Kreuznach, NJW 1993, 1725.

Sanktionen unterliegen müssen. So sei die Überlänge des Strafverfahrens ein anerkannter Strafmilderungsgrund, könne aber ebenso ein Anlaß zum Absehen von Strafe gemäß § 60 StGB sein oder zur Einstellung des Verfahrens wegen geringer Schuld gem. § 153 oder § 153 a StPO führen, wo dies sachlich geboten sei. Damit bietet das formelle und materielle Strafrecht von vornherein verschiedenartige, abgestufte Möglichkeiten zur Sanktionierung der qualifizierten Überlänge des Strafverfahrens an. Am Ende dieser Sanktionskette könne dann in den Extremfällen, in denen der Verstoß gegen das Rechtsstaatsprinzip mit den milderen Sanktionen nicht angemessen ausgeglichen werden könne, die Annahme eines Verfahrenshindernisses stehen.[491]

Bevor die Übertragbarkeit eines derartigen Reaktionsschemas auf die Fallgruppe der Vorverurteilung untersucht wird, soll zunächst anhand der Fallgruppen der Überlänge des Verfahrens und der Tatprovokation durch Lockspitzel dargestellt werden, wie die Anwendung eines solchen Reaktionsschemas in der Rechtspraxis sich darstellt.

2. Fallgruppe der überlangen Verfahrensdauer

Die Fallgruppe bei der das System der abgestuften Sanktion und Reaktion aufgrund der Praxisrelevanz besonders umfangreich und streitig diskutiert wurde, ist die der überlangen Dauer eines Strafverfahrens.[492] Die Grundsatzentscheidung des BGH zu diesem Komplex aus dem Jahre 1971 stellte eine erhebliche Verzögerung aufgrund einer ganz unzulänglichen Förderung des Verfahrens durch die verantwortlichen Organe fest.[493] Fallgestaltungen bei denen die Akten bei der Staatsanwaltschaft bis zur Anklageerhebung fünf Jahre[494] bzw. sieben Jahre[495] ruhten oder bei denen ein Ermittlungsverfahren zwei Jahre lang nicht betrieben wurde[496], bildeten immer wieder einen Anknüpfungspunkt für die Diskussionen in welcher Form hier für den Angeklagten eine Kompensation erfolgen muß.[497] Ein Teil des Schrifttums[498] und einige

---

491 LG Bad Kreuznach, NJW 1993, 1725 ff.
492 Siehe hierzu die Übersicht bei Tolksdorf, in: KK-StPO § 206 a Rn. 10.
493 BGHSt 24, 239, 240.
494 OLG Stuttgart, NJW 1974, 284.
495 BGH, GA 1982, 499.
496 OLG Karlsruhe, NJW 1972, 1907.
497 So beispielsweise Peters, JR 1978, 247; Schwenk, ZStW 79 (1967), 736; Ulsenheimer, wistra 1983, 12 ff
498 Hillenkamp, NJW 1989, 2841 ff; JR 1975, 133 ff; Schroth, NJW 1990, 29 ff.

Instanzgerichte[499] haben das Verfahrenshindernis der überlangen Verfahrensdauer bejaht. Demgegenüber vertrat der BGH lange Zeit in ständiger Rechtsprechung die Ansicht, daß bei derartigen Konstellationen kein Verfahrenshindernis, sondern nur ein Strafmilderungsgrund vorliegt.[500] Der überwiegende Teil der Literatur ist dem auch gefolgt.[501] Argumentiert wurde in erster Linie, daß vorliegend die Funktion des Instituts des Verfahrenshindernisses nicht betroffen sei und ein Fehlverhalten einzelner Beamten des Justizapparates nicht den staatlichen Strafanspruch zur Disposition stellen könne.[502]

Für Irritationen sorgte allerdings zunächst eine Entscheidung des BGH aus dem Jahre 1988.[503] In diesem Fall blieben die Akten für fünf Jahre bei der Staatsanwaltschaft liegen, bevor sie dem Generalbundesanwalt zugeleitet wurden. Der BGH stellte fest, daß Gründe für die außergewöhnliche und beispiellose Verzögerungen nicht zu erkennen seien und die Akten dem BGH vielmehr ohne irgendwelchen rechtfertigenden Grund willkürlich vorenthalten worden seien. Der BGH stellte daraufhin das Verfahren nach § 153 StPO ein, indem er ein sogenanntes Zurückverweisungsverbot kreierte. Von einer Verfahrenshindernislösung distanzierte sich das Gericht allerdings mit dem Argument, daß das Zurückverweisungsverbot nicht notwendig mit der Annahme eines Verfahrenshindernisses überlangen Verfahrensdauer identisch sei.[504] Diese Entscheidung ist vielfach als inkonsequent kritisiert worden.[505] Einige Instanzgerichte nahmen dies zum Anlaß, sich bei der Bejahung eines Verfahrenshindernisses auf diese Entscheidung zu berufen.[506] Ein Verfahrenshindernis stehe in Einklang mit der Rechtsprechung des BGH, da das Zurückverweisungsverbot im Ergebnis der Annahme eines Verfahrenshindernisses entspreche.[507]

Demgegenüber hat das BVerfG ein Verfahrenshindernis aufgrund einer überlangen Verfahrensdauer im Grundsatz bejaht.[508] Aus dem Grundrecht aus Art. 2 Abs. 1 GG

---

499 OLG Stuttgart, JR 1994, 81 ff; OLG Zweibrücken, NStZ 1989, 134; LG Bad Kreuznach, NJW 1993, 1725 ff; LG Düsseldorf, NStZ 1988, 427; LG Frankfurt, JZ 1971, 234.

500 BGH, NStZ 1986, 217; BGH, StV 1992, 452 ff; StV 1993, 360.

501 Hanack, JZ 1971, 705, 708 f; Jescheck, JZ 1970, 201, 204; Kloepfer, JZ 1979, 215; Vogler, ZStW 89 (1977), 761, 781 ff.

502 BGHSt 27, 274; NStZ 1983, 135.

503 BGH NJW, 1988, 2188.

504 BGH NJW, 1988, 2188.

505 So interpretiert beispielsweise Kühne die Entscheidung als Anerkennung eines Verfahrenshindernisses, EuGRZ 1988, 303.

506 So beispielsweise LG Bad Kreuznach, NJW 1993, 1725, 1728. Diese Tendenz läßt auch die Entscheidung LG Köln, StraFo 2000, 173 erkennen.

507 So LG Bad Kreuznach, NJW 1993, 1725, 1728.

508 BVerfG, NJW 1984, 967; NStZ 1985, 131; StV 1993, 352 ff.

und dem Rechtsstaatsprinzip wird hierbei ein Recht auf ein faires rechtsstaatliches Verfahren hergeleitet,[509] dessen Verletzungen im Extremfall zur Einstellung des Verfahrens führen kann. So hat das BVerfG festgestellt, daß in Fällen, in denen das Ausmaß der Verfahrensverzögerung besonders schwer wiegt und in denen die Dauer eines Verfahrens zudem mit besonderen Belastungen für den Beschuldigten, etwa bei längerem Vollzug von Untersuchungshaft einhergegangen ist, eine so erhebliche Verletzung des Rechtsstaatsgebot im Strafverfahren vorliegen kann, daß ein anerkennenswertes Interesse an weiterer Strafverfolgung, die allgemein dem verfassungsrechtlich gebotenen Rechtsgüterschutz dient, im Einzelfall nicht mehr besteht und eine Fortsetzung des Verfahrens rechtsstaatlich nicht mehr hinnehmbar ist. In solchen extrem gelagerten Fällen, in denen das Strafverfahrensrecht eine Verfahrensbeendigung in einer insgesamt rechtsstaatlich hinnehmbaren Frist nicht mehr ermöglicht, liegt es nahe, daß von Verfassungs wegen ein Verfahrenshindernis unmittelbar aus dem Rechtstaatsgebot des Grundgesetzes abzuleiten ist. Soweit vom BGH die Auffassung vertreten werde, aus der Verletzung des Beschleunigungsgebotes könne in keinem Fall ein Verletzung des Beschleunigungsgebotes könne in keinem Fall ein Verfahrenshindernis hergeleitet werden, begegnet dies verfassungsrechtlichen Bedenken.[510] Das BVerfG führt aus, daß nach den Umständen des Einzelfalles zu beurteilen ist, ob eine Verfahrensdauer noch als angemessen betrachtet werden kann. Zu berücksichtigen sind hierbei zunächst jene Verfahrensverlängerungen, die durch Verzögerungen der Justizorgane verursacht worden sind, sodann die Gesamtdauer des Verfahrens, die Schwere des Tatvorwurfs, der Umfang und die Schwierigkeiten des Verfahrensgegenstandes, sowie das Ausmaß der mit dem Andauern des Verfahrens verbundenen Belastungen des Beschuldigten.[511]

Sicher auch unter dem Eindruck dieser Rechtsprechung des BVerfG und der gewichtigen Argumente im Schrifttum für ein Verfahrenshindernis, hat der BGH[512] seine Judikatur jüngst dahingehend geändert, daß bei extremen Fallkonstellationen ein Verfahrenshindernis doch angenommen werden kann. Der 2. Strafsenat führt aus, daß ein durch rechtsstaatswidrige Verfahrensverzögerung bewirkter Verstoß gegen Art. 6 Abs. 1 S. 1 EMRK in außergewöhnlichen Einzelfällen, wenn eine angemessene Berücksichtigung des Verstoßes im Rahmen einer Sachentscheidung bei umfassender Ge-

509 BVerfGE 57, 250, 274 f; 63, 5, 60.
510 So die Argumentation von BVerfG, NStZ 1984, 128.
511 So BVerfG, StV 1993, 352, 353.
512 BGH, StV 2001, 89 ff.; hierzu I. Roxin, StraFo 2001, 51 ff.

samtwürdigung nicht mehr in Betracht kommt, zu einem Verfahrenshindernis führen kann, das vom Tatrichter zu beachten und vom Revisionsgericht von Amts wegen zu berücksichtigen ist.[513]

3. Fallgruppe der Tatprovokation durch polizeilichen Lockspitzel

Heftig umstritten sind die rechtlichen Auswirkungen auch dann, wenn die Tat, die Gegenstand des Strafverfahrens ist, durch den Einsatz polizeilicher Lockspitzel herbeigeführt wurde.[514] Bei einer derartigen "staatlich gesteuerten Deliktbeteiligung"[515] stellt sich die Frage, ob dies dazu führen kann, daß eine Strafverfolgung des zur Tat Provozierten von Verfassung wegen unzulässig ist. Der BGH hatte hier in jahrelanger Rechtsprechung ein Verfahrenshindernis aufgrund polizeilicher Tatprovokation bejaht.[516] Er betont zwar, daß im Rahmen der Bekämpfung besonders gefährlicher und schwer aufklärbarer Kriminalität auf den polizeilichen Lockspitzeleinsatz nicht verzichtet werden könne und ein solcher Einsatz auch nicht unzulässig sei, jedoch müsse es für das tatprovozierende Verhalten auch Grenzen geben, deren Nichtbeachtung als ein dem Staat zuzurechnender Rechtsverstoß in das Strafverfahren hineinwirke. Das dem Grundgesetz und der Strafprozeßordnung immanente Rechtsstaatsprinzip untersage den Strafverfolgungsbehörden auf die Verübung von Straftaten hinzuwirken, wenn die Gründe dafür vor dem Prinzip nicht bestehen könnten; wesentlich für die Beurteilung seien dabei Grundlage und Ausmaß des gegen den Täter bestehenden Verdachts, Art, Intensität und Zweck der Einflußnahme des Lockspitzels, Tatbereitschaft und eigene nicht fremd gesteuerte Aktivitäten desjenigen auf den er einwirkt.[517] Diese Position wurde vom BGH in weiteren Entscheidungen bestätigt.[518] Die Rechtsprechung hatte sich im übrigen angeschlossen.[519] Auch im Schrifttum erfuhr die Rechtsprechung des BGH große Zustimmung.[520]

---

513 BGH, StV 2001, 89 ff.; der BGH verlangt jedoch im Rahmen einer umfassenden Gesamtwürdigung Feststellungen zum Schuldumfang; kritisch hierzu Kempf, StV 2001, 134 ff.

514 Vgl. hierzu den Überblick über Rechtsprechung und Schrifttum bei Tolksdorf, in: KK-StPO, § 206 a Rn. 10.

515 So der Begriff von Dencker, Festschrift für Dünnebier, S. 447 ff.

516 So BGH, NJW 1981, 1626 f; NStZ 1982, 126; NStZ 1982, 156 f; StV 1984, 58; StV 1984, 321; NStZ 1984, 519 f; NStZ 1984, 78 f; NStZ 1985, 361 f; StV 1985, 273.

517 So grundlegend BGH, NJW 1981, 1626.

518 Siehe dazu die Nachweise in Fn. 438.

519 Vgl. beispielsweise LG Düsseldorf, StV 1983, 450 f; StV 1985, 274 ff; LG Berlin, StV 1984, 457 ff; LG Frankfurt, StV 1984, 415 ff; LG Stuttgart, StV 1984, 197 ff.

520 Arloth, NJW 1985, 418 f; Berz, JuS 1982, 416; Bruns, NStZ 1983, 49 ff; Gössel NStZ 1984, 420; Schumann, JZ 1986, 71 f; Taschke, StV 1984, 182; Lüderssen, Festschrift für Peters, S. 349 ff.

In der Folgezeit wandte sich der BGH jedoch von der Annahme eines Verfahrenshindernisses ab und befürwortete die Lösung des polizeilichen Lockspitzeleinsatzes über die Strafzumessungsebene.[521] Anlaß war der Fall einer illegalen Heroineinfuhr durch einen Täter der infolge hoher Verschuldung in einer Notlage war und von einem polizeilichen Lockspitzel zu dieser Tat provoziert wurde. Die Einwirkung auf den Täter war sehr intensiv. Dem Täter wurde Hilfe bei der Verlängerung seiner Aufenthaltsgenehmigung, eine Haftungszusage für eventuelle Schäden sowie Geldgaben in Aussicht gestellt. Die Verurteilung zu einer Freiheitsstrafe von sechs Jahren hob der BGH auf, da das Tatgericht nicht berücksichtigt habe, daß eine unvertretbare übergewichtige Einflußnahme des Lockspitzels nach der höchstrichterlichen Rechtsprechung zu einer Verwirkung des staatlichen Strafanspruchs mit der Folge eines Verfahrenshindernisses führe.[522] Zwar wurde das Verfahren daraufhin von dem dann zuständigen Tatgericht eingestellt,[523] in dem erneut durchgeführten Revisionsverfahren legte der wiederum zuständige zweite Senat unter dem Eindruck einer die Verfahrenshindernislösung ablehnenden Entscheidung des ersten Senats, die Frage aber zur Entscheidung dem Großen Senat vor.[524] Der Große Senat lehnte zwar die Voraussetzungen der Vorlage ab, kam am Ende seiner Entscheidung aber zu dem Ergebnis, daß in der Rechtsprechung des BGH nicht länger die Meinung vertreten werde, daß die unzulässige Einflußnahme eines verdeckt eingesetzten Polizeibeamten ein Verfahrenshindernis begründen könne.[525] Seitdem ist diese reine Strafzumessungslösung, die den zur Tat rechtsstaatswidrig Provozierten nur einen vielfach differenzierten Bonus bei der Strafzumessung gibt, ständige und gefestigte Rechtsprechung des BGH.[526]

Das BVerfG hingegen nimmt auch beim Lockspitzeleinsatz ein aus dem Rechtsstaatsprinzip herleitbares Verbot der Durchsetzung des Strafanspruches in besonders gelagerten Ausnahmefällen an und zwar dann, wenn trotz der Weite und Unbestimmtheit des Rechtsstaatsprinzips und der in ihm selbst angelegten Gegenläufigkeiten unzweideutig feststehe, daß rechtsstaatliche unverzichtbare Erfordernisse nicht mehr gewahrt sind.[527]

---

521 BGH, NJW 1984, 2300; NJW 1986, 75.
522 BGH, NStZ 1984, 78.
523 LG Frankfurt, StV 1984, 415.
524 Siehe BGH, NJW 1986, 75 mit Verweis auf BGH NJW 1984, 2300.
525 BGH, NJW 1986, 1765.
526 BGHSt 32, 345; 33, 356, 362; in diesem Sinne auch Foth, NJW 1984, 221; Schünemann, StV 1985, 424. Zu der Entwicklung dieser Rechtsprechung siehe auch Kempf, StV 1999, 128 ff.
527 BVerfG, NStZ 1987, 276.

Bewegung ist in die Diskussion um ein Verfahrenshindernis aufgrund polizeilichen Lockspitzeleinsatzes durch eine Entscheidung des EGMR[528] gekommen. Der EGMR führt dabei aus, daß der Einsatz polizeilicher Lockspitzel zwar grundsätzlich zulässig ist, aber selbst in Fällen der Bekämpfung des Rauschgifthandels Beschränkungen unterliegt und die Vornahme von Sicherheitsvorkehrungen erfordert. Auch wenn die Zunahme des organisierten Verbrechens zweifellos den Einsatz geeigneter Mittel erfordert, nimmt das Recht auf Durchführung eines Verfahrens in billiger Weise gleichwohl einen so herausragenden Platz ein, daß es nicht Zweckmäßigkeitsüberlegungen geopfert werden kann. Die in Art. 6 EMRK zum Ausdruck gebrachten allgemeinen Grundsätze des fairen Verfahrens sind auf alle Arten von Straftaten anwendbar. Auch durch das öffentliche Interesse kann nicht der Gebrauch von Beweismitteln gerechtfertigt werden, die als Ergebnis polizeilicher Provokation gewonnen wurden.[529] Vor dem Hintergrund dieser Ausführungen billigte der EGMR einem nicht vorbestraften Portugiesen eine Entschädigungszahlung zu, weil er von zwei polizeilichen Lockspitzeln zu einer Betäubungsmittelstraftat verleitet wurde, die er ohne die Tatprovokation nicht begangen hätte.

Für Kempf gibt diese Entscheidung dem BGH Veranlassung, seine Rechtsprechung zur Tatprovokation und deren materiell- oder verfahrensrechtlichen Folgen zu überprüfen.[530] Die Strafzumessungslösung müsse zugunsten eines Verfahrenshindernisses ausscheiden, weil der EGMR die prozessuale Nutzung von verdeckt arbeitenden Ermittlern, die eine Straftat provozierten, als einen Verstoß gegen Art. 6 Abs. 1 EMRK ansehe und sie notwendig eine prozessuale Verwertung dessen, was als ein Verstoß gegen das faire Verfahren erkannt sei, für jede Sachentscheidung voraussetze.[531]

Die Entscheidung des EGMR ist in der deutschen Rechtsprechung bisher allerdings sehr zurückhaltend aufgenommen worden. Der BGH sah es in einem konkreten Fall zunächst nicht als notwendig an, seine Rechtsprechung zur Tatprovokation aufgrund der Entscheidung des EGMR zu überprüfen, da der Angeklagte, neben der Ein-

---

528 EGMR, StV 1999, 127 f. mit Anmerkung Kempf.

529 EGMR, StV 1999, 127, 128.

530 Kempf, StV 1999, 128 f. Die Rechtsprechung hat die sich aus der Interpretation der EMRK ergebenen Regeln als nationales Recht zu beachten und deren Inhalt und Entwicklungsstand in Betracht zu ziehen. Die Auslegung der Konventionsregeln, durch den EGMR ist auch für die deutschen Gerichte verbindlich. Dort, wo der EGMR Konventionsregeln verbindlich ausgelegt hat, können Wertungswidersprüche nicht bestehen bleiben. Die Rechtsprechung des EGMR stellt eine Auslegungshilfe für die Bestimmung von Inhalt und Reichweite von Grundrechten und rechtsstaatlichen Grundrechten dar. Gesetze wie die Strafprozeßordnung sind in Einklang mit den völkerrechtlichen Verpflichtungen der Bundesrepublik Deutschland auszulegen und anzuwenden, da der Gesetzgeber von diesen nicht abweichen will, vgl. BVerfG 10, 271, 274; 74, 271, 274.

531 So Kempf, StV 1999, 128,130.

wirkung des Lockspitzeleinsatzes, über einen nicht unerheblichen Tatzeitraum eine nichtstaatlich gesteuerte Initiative entwickelt habe.[532] Nach einer Entscheidung des BayObLG führe eine Tatprovokation durch einen polizeilichen Lockspitzel jedenfalls dann nicht zu einem Verfahrenshindernis, wenn die Verurteilung des Täters nicht auf der Aussage dieser polizeilichen Vertrauensperson beruhe. Der EGMR stütze seine Entscheidung, daß ein Verstoß gegen Art. 6 Abs. 1 EMRK vorliege, auf zwei Säulen, nämlich die Provokation und die prozessuale Nutzung der Aussage des Provozierenden. Letzeres entfalle, wenn der Angeklagte ein Geständnis ablege.[533] Diese Entscheidung beruft sich zwar auf die bisherige Rechtsprechung, deutet aber an, daß unter bestimmten Umständen ein Verfahrenshindernis vorstellbar ist. Einen vorläufigen Schlußpunkt in der Diskussion bildet nun die jüngste Entscheidung des BGH[534] zum Lockspitzeleinsatz, in der sich der 1. Senat auch inhaltlich mit der Entscheidung des EGMR auseinandersetzte. Danach sei auch unter Berücksichtigung dieser Entscheidung an der Rechtsprechung festzuhalten, daß die Überschreitung der Grenzen des zulässigen Lockspitzeleinsatzes weder zu einem Verfahrenshindernis wegen "Verwirkung des staatlichen Strafanspruches" aufgrund widersprüchlichen Verhaltens, noch zu einem Beweisverbot führe, sondern einen gewichtigen Strafmilderungsgrund darstelle.[535] Die Entscheidung des EGMR verlange nicht, daß ein Strafverfahren wegen eines unzulässigen Lockspitzeleinsatzes nicht durchgeführt werde.[536] Dem in jenem Fall Verurteilten sei vielmehr nur deshalb eine Entschädigung gewährt worden, weil er unter Berücksichtigung der Provokation zu einer unangemessen hohen Freiheitsstrafe verurteilt worden sei.[537] Dem EGMR obliege es nicht, nationale Regeln für die Zulässigkeit von Beweismitteln aufzustellen. Dies werde in erster Linie durch die Bestimmungen des innerstaatlichen Rechts geregelt und sei Sache der nationalen Gerichte. Hierin wolle der EGMR auch nicht eingreifen, dessen Recht-

532 BGH, StV 1999, 631. Taschke kritisiert in seiner Anmerkung hieran, daß der BGH das Urteil des EGMR auf unzulässige Weise einschränke. Ein Verstoß gegen das faire Verfahren liege nach dem EGMR bereits dann vor, wenn ein nicht tatbereiter Betroffener ohne Anfangsverdacht durch staatliche Stellen zur Tatbegehung verleitet werde und man später die Verurteilung hierauf stütze. Dieser Verstoß gegen das faire Verfahren entfalle nicht dadurch, daß der Täter nach Tatinitiierung eigene Aktivitäten entfalte. Das entscheidende Kriterium sei die staatliche Anstiftung eines Tatunentschlossenen, StV 1999, 632, 633.

533 BayObLG, StV 1999, 631 f. Hierbei wird jedoch verkannt, daß auch das Geständnis Ergebnis der staatlichen Tatprovokation ist und das Verfahren nicht dadurch fair wird, daß der Täter die staatliche Anstiftung und die daraufhin begangene Tat gesteht; so Taschke, StV 1999, 632, 633. Auch wird hierdurch der bestreitende Angeklagte besser gestellt.

534 BGH, NJW 2000, 1123 ff.

535 BGH, NJW 2000, 1123 ff.

536 BGH, NJW 2000, 1123, 1125.

537 BGH, NJW 2000, 1123, 1127.

sprechung ausschließlich die Auslegung der Menschenrechtskonvention betreffe.[538] Gegen ein Verfahrenshindernis spreche auch der Gerechtigkeitsaspekt, der einen generellen Verzicht auf Strafverfolgung unerträglich erscheinen lasse. Im Bereich des Lockspitzeleinsatzes gäbe es viele verschiedene Fallgestaltungen, bei denen man sich durch das Prinzip "Alles oder Nichts" den Weg zu einer erforderlichen Abwägung der vielgestaltigen Abstufungen verbauen würde.[539]

Ob damit der Sinngehalt der Entscheidung des EGMR richtig erfaßt wurde, bleibt allerdings zweifelhaft, impliziert die Zubilligung der nicht unerheblichen Entschädigung doch eher die Unzulässigkeit des gesamten Verfahrens. Die Entscheidung des BGH wird sicher nicht ohne Widerspruch bleiben.[540]

4. Die Rechtsprechung zu den Auswirkungen der Vorverurteilung durch Medien

Anfang des Jahres 1997 mußte sich vor dem LG Frankfurt ein aus einer kleinen Vorstadt stammender junger Mann wegen des Vorwurfs des jahrelangen sexuellen Mißbrauchs seiner Stieftochter verantworten. In dem Urteil[541] durch das der Angeklagte zu einer mehrjährigen Haftstrafe verurteilt wurde, heißt es zur Begründung der Strafzumessung unter anderem:

> Gleichfalls nicht strafmildernd hat die Kammer die vom Verteidiger hervorgehobene Belastung des Strafverfahrens als solchem gewertet. Dieser Umstand findet in den Strafzumessungsgrundsätzen des § 46 StGB keine Grundlage. Auch der Umstand, daß der Angeklagte am ersten Verhandlungstag auf den Weg in den Gerichtssaal von Fernsehreportern gefilmt wurde und sein Bild später in den Medien ausgestrahlt wurde, gab zu keiner Strafmilderung Anlaß. In der heutigen technologisierten und medienbeherrschten Zeit gehören von der Gerichtsverwaltung genehmigte Filmberichterstattungen von Strafprozessen mittlerweile zum Alltag und sind hinzunehmende Folgen delinquenten Verhaltens.

a. Brunnenvergifterfall

Vermögen obige Ausführungen aufgrund des eher dürren Begründungsstranges nicht zu überzeugen, so kennzeichnen derartige Simplifizierungen durchaus die allgemeine Meinung in der Rechtsprechung, die zu diesem Problem eher spärlich ist. Eine ein-

---

538 BGH, NJW 2000, 1123, 1124.
539 BGH, NJW 2000, 1123, 1126.
540 Ablehnend zu dieser Rechtsprechung bereits Sinner/Kreuzer, StV 2000, 114 ff.
541 Urteil des LG Frankfurt vom 17.1.1997, Aktz. 5/8 KLS 41 Js 5192.7/96 (unveröffentlicht).

gehende Auseinandersetzung mit dem Thema hat dort bisher nicht stattgefunden. Eine Ausnahme stellt lediglich die Entscheidung des LG Bad Kreuznach[542] dar, die folgenden Sachverhalt zum Gegenstand hatte:

> Den Angeschuldigten wurde durch Anklageschrift vom 23.12.1987 das Vergehen der fahrlässigen Verunreinigung eines Gewässers sowie die fahrlässige Gefährdung der öffentlichen Wasserversorgung vorgeworfen. Sie sollen als verantwortliche Mitarbeiter eine chemische Reinigung betrieben haben, in der durch eine Vielzahl von Schäden an den Reinigungsgeräten und durch unsachgemäße Handhabung ein Reinigungsmittel ausgetreten, durch undichte Stellen des Gebäudebodens in das Erdreich und von dort in das Grundwasser gelangt sei. Hierdurch wurden ab Juni 1986 mehrere Trinkwasserbrunnen der Stadt verseucht, so daß diese geschlossen werden mußten. Die Verteidigung beantragte die Erhebung verschiedener Beweise. Durch Beschluß vom 22.08.1988 legte das Amtsgericht gem. § 209 Abs. 2 StPO mit dem Hinweis auf die Bedeutung des Verfahrens die Akten dem Landgericht vor, das am 10.04.1989 einzelne Beweiserhebungen, unter anderem die Einholung eines Sachverständigengutachtens anordnete. Am 15.08.1990 teilte der Sachverständige mit, daß die Beantwortung der gestellten Beweisfrage nur unter unverhältnismäßig großem Aufwand möglich sei. Im Januar 1991 wurde der Abschlußbericht durch den Berichterstatter erstellt, um die Entscheidung über die Eröffnung des Hauptverfahrens vorzubereiten. Seit Oktober 1990 sind keine verfahrensfördernden Maßnahmen erfolgt. Durch Änderungen im Geschäftverteilungsplan ergaben sich verschiedentlich Änderungen bei der Gerichtsbesetzung. Am 22.06.1992 lehnte das Landgericht die Eröffnung des Hauptverfahrens ab. Von Anfang an wurde das Strafverfahren durch ein großes Medieninteresse begleitet. In zahlreichen Berichten und Kommentaren wurden die Angeschuldigten bereits als Täter und Umweltverschmutzer dargestellt. In vielen Pressenotizen wurde das Verfahren als die Suche nach "Brunnenvergiftern" bezeichnet.[543]

Das LG Bad Kreuznach lehnte die Eröffnung des Hauptverfahrens ab, weil ein Verstoß gegen Art. 6 Abs. 1 EMRK vorliege, der zu einem Prozeßhindernis führe. Zunächst bezieht sich das Gericht auf den Anspruch jedermanns darauf, daß seine Sache innerhalb einer angemessenen Frist gehört und hierüber entschieden werde. Die Frage der Angemessenheit der Verfahrensdauer wird anhand der konkreten Umstände des Einzelfalles beurteilt.[544] Hierbei wird bemängelt, daß nach Rückgabe der Akten durch den Sachverständigen neunzehn Monate lang keine verfahrensfördernden Handlungen mehr vorgenommen wurden. Genau genommen habe das Verfahren nach Anklageerhebung am 23.12.1987 fast viereinhalb Jahre geruht, ohne daß es zu nennenswerten Beweiserhebungen gekommen sei. In besonderem Maße würdigte das Gericht jedoch auch, daß die Angeschuldigten während diesem genannten jahre-

---

542 LG Bad Kreuznach, NJW 1993, 1725 ff.

543 So die Sachverhaltsschilderung LG Bad Kreuznach, NJW 1993, 1725, 1726.

544 LG Bad Kreuznach, NJW 1993, 1725, 1726.

langen Zeitraum den in zahlreichen Pressenotizen erwähnten Vorwurf, "Brunnenvergifter" zu sein, ausgesetzt waren. Hieraus folge eine Unerträglichkeit des Verfahrensstillstandes in einem Verfahrensstadium, in dem ohnehin nur in dem gem. § 202 StPO begrenzten Umfang eine weitere Sachaufklärung betrieben werden könne.[545] Das Gericht bejaht damit einen Verstoß gegen Art. 6 Abs. 1 Satz 1 EMRK, der nach seiner Auffassung auch zu einem Prozeßhindernis führen müsse. Die Rechtsprechung sowohl des BVerfG als auch des BGH lasse die Begründung eines Verfahrenshindernisses ausdrücklich zu. Bereits die Prangerwirkung der Erhebung und jahrelangen Aufrechterhaltung der öffentlichen Klage gegen die Angeschuldigten ohne Gerichtsentscheidung in einem Verfahren, daß von der Presse als Suche nach "Brunnenvergiftern" bezeichnet worden ist, sei durch eine Strafmilderung im Urteil nicht mehr auszugleichen. Die Angeschuldigten müßten dann auch die beträchtlichen Kosten des Verfahrens tragen und würden dadurch bis an die Grenze ihrer wirtschaftlichen Leistungsfähigkeit mit Verfahrenskosten belastet, was selbst mit einer Milderung der potentiellen Strafe nicht mehr auszugleichen wäre. Zwar könne man auch an eine Einstellung nach § 153 StPO denken. Eine Eröffnung des Hauptverfahrens allein zu diesem Zweck sei jedoch völlig unangemessen.[546]

Die Entscheidung des LG Bad Kreuznach hätte im Hinblick auf die ausgesprochenen strafrechtsimmanenten Wirkungen und die Fundiertheit ihrer Begründung für den Bereich der öffentlichen Vorverurteilung wegweisend werden können. Das dies nur eingeschränkt der Fall war, lag daran, daß sie aufgrund der sofortigen Beschwerde der Staatsanwaltschaft durch das OLG Koblenz[547] aufgehoben wurde. Wenn die Entscheidung des LG Bad Kreuznach dennoch eine relativ große Bedeutung behalten hat[548], so liegt das daran, daß das Obergericht lediglich eine äußerst kurze und knappe Begründung seiner Entscheidung zugrunde legte. So käme ein übergeordnetes Verfahrenshindernis nur in äußersten, besonders extrem gelagerten Fällen in Betracht. Die vorliegenden Verzögerungen seien nicht als erheblich anzusehen. Bezogen auf die Medienkampagne führt das Gericht lapidar aus, daß die Angeklagten

545 LG Bad Kreuznach, NJW 1993, 1725, 1726.

546 LG Bad Kreuznach, NJW 1993, 1725, 1728. Das LG Bad Kreuznach nimmt hierbei ausdrücklich Bezug auf die Entscheidung BGH, NJW 1988, 2188 und setzt damit das in dieser Entscheidung kreierte Zurückverweisungsverbot mit der Verfahrenshindernislösung gleich.

547 OLG Koblenz, NJW 1994, 1887.

548 Im Schrifttum ist diese Entscheidung im Hinblick auf ihre sorgfältige Begründung und die flüssige Argumentation, die sich wohltuend von der sonst in dieser Frage fast schon herrschenden Ratlosigkeit unterscheide, auf äußerst positive Reaktion gestoßen; siehe dazu insbesondere Vogelgesang, NJW 1994, 1845.

besonderen Belastungen nicht ausgesetzt waren. Im übrigen reiche die Möglichkeit zur Strafmilderung aus.[549]

Diese beiden Entscheidungen sind bisher die einzigen geblieben, die sich auf der tatrichterlichen und obergerichtlichen Ebene mit der Frage der strafrechtlichen Konsequenzen einer öffentlichen Vorverurteilung befassen.

b. Fall Deckert II

Zu dem Komplex der Einflußnahme der Medien auf den Ablauf eines Strafverfahrens gibt es lediglich eine höchstrichterliche Entscheidung, nämlich das Urteil des BGH vom 15.12.1994[550] im Fall Deckert II. Der ehemalige Bundesvorsitzende der NPD Günter Deckert wurde durch das LG Mannheim wegen Volksverhetzung in Tateinheit mit übler Nachrede, Verunglimpfung des Andenkens Verstorbener und Aufstachelung zum Rassenhaß zu einer Freiheitsstrafe von einem Jahr verurteilt, wobei die Strafe zur Bewährung ausgesetzt wurde.[551] Dieses Urteil führte zu vehementen Protesten in der Öffentlichkeit, wobei nicht so sehr das Ergebnis des Prozesses, sondern vielmehr die Begründung des Urteils scharfe Kritik hervorrief. Der die Judenvernichtung im Dritten Reich leugnende Angeklagte wurde darin als "charakterstarke, verantwortungsbewußte Persönlichkeit mit klaren Grundsätzen" bezeichnet, der "seine politische Überzeugung, die ihm Herzenssache sei, mit großem Engagement verfechtet". Unmittelbar nach dem Bekanntwerden der Urteilsgründe kam es zu einem Sturm der Entrüstung in sämtlichen Tageszeitungen. Die Thematik wurde von fast allen Fernsehsendern aufgegriffen, Politiker aller Parteien äußerten sich zum Urteil, selbst von ausländischen Medien wurde der Fall Deckert eingehend behandelt. Die Proteste der Öffentlichkeit führten dann letztlich zu der Versetzung des Vorsitzenden Richters und des Berichterstatters in den einstweiligen Ruhestand.[552] In dem recht aufgeheizten Klima stellte die Verteidigung von Günter Deckert den Antrag, das Verfahren gem. Art. 6 EMRK einzustellen. Begründet wurde der Antrag damit, daß nach den außergewöhnlich heftigen und massiven Angriffen, die nach der Veröffentlichung der schriftlichen Gründe des angefochtenen Urteils von Politikern, Journalisten und anderen

549 OLG Koblenz, NJW 1994, 1887. Insbesondere der Hinweis, daß die Angeklagten keine besonderen Belastungen zu erleiden hatten, wurde im Schrifttum als "unsensible" Begründung kritisiert, so Weiler, AnwBl. 1998, 2, 6.

550 BGH, NJW 1995, 340.

551 Siehe LG Mannheim, NJW 1994, 2494.

552 Vgl. hierzu die Kritik an dem Urteil des LG Mannheim von Bertram NJW 1994, 2397 und die in der Tat haarsträubende Erwiderung des Vorsitzenden Richters Orlet, NJW 1994, Heft 47, S. XII.

Vertretern des öffentlichen Lebens gegen die Justiz im allgemeinen und die an der Entscheidung beteiligten Richter im besonderen, kein Gericht mehr frei von äußeren Einflüssen entscheiden könne und deshalb ein faires Verfahren nicht gewährleistet sei. Der BGH lehnte die Einstellung des Verfahrens ab mit der Begründung, daß dies nur bei Vorliegen eines Verfahrenshindernisses zwingend geboten sei (§ 206 a StPO), ein solches aber weder in tatsächlicher noch in rechtlicher Hinsicht vorliege.[553]
Im Ergebnis ist dem BGH hier sicherlich zuzustimmen. Der Mediendruck und die öffentliche Kritik bezog sich nämlich in erster Linie auf das Gericht und nicht auf den Angeklagten. Dieser wurde nicht mit noch nicht erwiesenen Vorwürfen belegt. Vielmehr war das Urteil hinsichtlich des Schuldspruches schon rechtskräftig, so daß die Begehung der Taten einwandfrei feststand. Da insofern, insbesondere nach der oben angeführten Begriffsdefinition, kein Fall der Vorverurteilung durch Medien im engeren Sinne vorlag, konnte eine Verfahrenseinstellung nicht in Betracht kommen. Vielmehr geht es bei dieser Prozeßsituation um eine etwaige unbotmäßige Einflußnahme auf die Entscheidungsfreiheit der Richter, die wie oben bereits aufgeführt,[554] auch durch die Normen des Straf- und Strafprozeßrechtes gewährleistet werden kann. Dennoch ist an der Entscheidung des BGH zu kritisieren, daß sie die Gelegenheit sich mit der Frage der rechtlichen Auswirkungen von Medienberichterstattung auf den Strafprozeß nicht auseinandergesetzt hat, im Gegensatz zu der inzwischen aufgehobenen Entscheidung des LG Bad Kreuznach.[555]

5. Übertragbarkeit des Reaktionsschemas auf die Fallgruppe der öffentlichen Vorverurteilung

In den vorbezeichneten Ausführungen sind die Möglichkeiten des abgestuften Sanktionssystems als Reaktion anhand der bisher besonders intensiv diskutierten Fallgruppen der überlangen Verfahrensdauer und der Tatprovokation durch polizeiliche Lockspitzel dargestellt worden. Die Fallgruppe der Vorverurteilung durch Medien kann als relativ "junges" Phänomen eine solch eingehende Kasuistik nicht aufweisen. In jedem Falle ist jedoch zu klären, ob es überhaupt sachgerecht ist, auf Vorverurteilung mit diesem abgestuften Sanktionssystem zu reagieren, mit anderen Worten, ob dieses Phänomen mit den obigen Fallgruppen vergleichbar ist und gleichgesetzt werden

---

553 BGH, NJW 1995, 340, 341.
554 Siehe Kapitel III 2 a.
555 Siehe dazu oben IV 4 a.

kann. Wie bereits ausgeführt, zeichnen sich die vorbezeichneten Fallgruppen[556] dadurch aus, daß sie beim Strafverfahren dominierende, den Angeklagten in hohem Maße belastende Umstände mit sich bringen, die diesem Verfahren sein besonderes Gepräge geben und es so vom Normalfall in erheblicher Weise abweicht. Mit einer solchen Feststellung eine gemeinsame Handhabung der Fallgruppen zu legitimieren, wäre aber aufgrund der Unbestimmtheit wenig befriedigend. Notwendig ist vielmehr eine Verknüpfung in rechtlicher Hinsicht unter einem einheitlich in Betracht kommenden Gesichtspunkt, der vor allem eine normative Legitimation dafür vermittelt, warum auf diese Problemgruppen überhaupt zu reagieren ist.

Ein gemeinsames, die Fallgruppen unter sich vereinigendes Rechtsinstitut könnte hier der Grundsatz des fairen Verfahrens sein.[557] Das BVerfG hat aus dem Rechtstaatsprinzip in Verbindung mit dem allgemeinen Freiheitsrecht gem. Art. 2 Abs. 1 GG einen Anspruch des Angeklagten auf ein faires rechtsstaatliches Verfahren abgeleitet.[558] Das Recht auf ein faires Verfahren ist dem Rechtsstaatsprinzip immanent.[559] Es handelt sich hierbei um Einzelelemente, die sich in jeweiligen Verfahren niederschlagen und einen zusammengesetzten Sammelbegriff bilden.[560] Die Wurzel dieses allgemeinen Prozeßgrundrechts liegt in den in einem materiell verstandenen Rechtsstaatsprinzip verbürgten Grundrechten und Grundfreiheiten des Individuums, insbesondere in dem durch ein Strafverfahren bedrohten Recht auf Freiheit der Person, dessen freiheitssichernde Funktion auch im Verfahrensrecht zu beachten ist.[561] Weiterhin ist hier der Kernbereich des Art. 1 Abs. 1 GG tangiert, der es verbietet, den Angeklagten zum bloßen Objekt eines staatlichen Verfahrens herabzuwürdigen und einen Mindestbestand an aktiven verfahrensrechtlichen Befugnissen für ihn zu garantieren.[562] Das Gebot des fair trial ist in erster Linie Auslegungsrichtschnur, aus dem sich anerkanntermaßen der Anspruch auf ein faires, an den Grundsätzen der Gerechtigkeit und Billigkeit orientiertes Verfahren ergibt.[563] Hieraus resultiert die enge Verknüpfung mit Art. 6 EMRK, dessen Anerkennung den Eingang des Grundsatzes des fairen Verfahrens in den Strafprozeß ermöglicht hat.[564] Die Grundsätze des Art. 6 EMRK mit dem Anspruch

556 Siehe dazu die Fn. 484-488.
557 Grundlegend zu diesem Rechtsinstitut siehe Pfeiffer, in: KK-StPO, Einleitung Rn. 28 ff.
558 BVerfG, NJW 1984, 967; NStZ 1985, 131; StV 1993, 352 ff.
559 BVerfG, NJW 1975, 103; 1984, 2403.
560 So Pfeiffer in: KK-StPO, Einleitung Rn. 28.
561 BVerfG, NJW 1983, 1043.
562 BVerfG, NJW 1983, 1043.
563 So Pfeiffer, in: KK-StPO, Einleitung Rn. 28 ff.
564 So Fezer, Strafprozeßrecht, Fall 10, Rn. 41.

des Einzelnen, daß seine Sache "in billiger Weise" und "innerhalb einer angemessenen Frist" gehört wird, bilden hier gleichsam den Wertgehalt des fair trial.[565] Dieser Grundsatz ist zudem eng mit der Unschuldsvermutung des Art. 6 Abs. 2 EMRK verknüpft.[566]

Von diesem Befund ausgehend werden die Fallgruppen der überlangen Verfahrensdauer, Tatprovokation durch polizeiliche Lockspitzel, Beweismanipulation, völkerrechtswidriges Ergreifen oder Bruch einer Absprache im Strafprozeß immer im Zusammenhang mit dem Grundsatz des fairen Verfahrens behandelt.[567] Von daher liegt es auf der Hand, die Fallgruppe der öffentlichen Vorverurteilung hier einzureihen, da der Zusammenhang mit der Unschuldsvermutung sich geradezu aufdrängt. Bei einer öffentlichen Vorverurteilung ist immer auch ein Verstoß gegen den Grundsatz des fairen Verfahrens gegeben. Daß ein Verstoß gegen den Grundsatz des fairen Verfahrens eine strafrechtliche Reaktion zugunsten des Angeklagten erfordert, ist heute in der Rechtsprechung und der Literatur unbestritten. Die Behandlung solcher rechtsstaatswidrigen Verfahren ist jedoch noch nicht ausdiskutiert. Betroffen sind nicht nur die besonders häufig die Diskussion prägenden Fälle der überlangen Verfahrensdauer, sondern auch zahlreiche andere hier nicht abschließend aufgeführte Verfahrensverstöße. Oftmals liegt auch eine Kumulation verschiedener Verfahrensverstöße vor,[568] so daß sich die Prüfung der Unzulässigkeit des benannten Verfahrens auf die Summe der Verfahrensfehler erstrecken muß. Da in einem solchen Fall nur durch eine Gesamtabwägung aller Umstände ein sachgerechtes Ergebnis erzielt werden kann, ist es zwingend notwendig, eine einheitliche Beurteilungsbasis für alle Extremfälle fehlerhafter Verfahren zu suchen.[569] Eine solche einheitliche Beurteilungsbasis kann das System der abgestuften Sanktionskette vermitteln. Eine andere sich daran anschließende Frage ist, wann bei der Fallgruppe der öffentlichen Vorverurteilung welche Sanktionsebene zur Anwendung kommt und ob überhaupt sämtliche Sanktionsebenen auszuschöpfen sind, wobei sicherlich auch hier die konkreten Umstände des Einzelfalles zu berücksichtigen sind.

---

565 BGHSt 24, 125, 131.
566 So Sax, in: Bettermann/Neumann/Nipperdey, Die Grundrechte, S. 987.
567 So vor allem bei Weiler, GA 1994, S. 561 ff; Hillenkamp NJW 1989, 2841 ff.
568 Siehe dazu LG Berlin, StV 1991, 371 ff mit der Besprechung von Scheffler, JZ 1992, 131 ff.
569 So die Forderung von Weiler, GA 1994, 561.

V. Alternative Lösungswege zur strafrechtlichen Behandlung des Phänomens der öffentlichen Vorverurteilung

Die bisherigen Ausführungen haben ergeben, daß das Phänomen der belastenden Medienberichterstattung am sachgerechtesten durch das abgestufte System strafrechtlicher Reaktion und Sanktion bewältigt werden kann. Die gravierendste Sanktion öffentlicher Vorverurteilung wäre naturgemäß das Verfahrenshindernis. Eine Sanktion könnte jedoch auch schon darin gesehen werden, daß man dem Angeklagten aufgrund der durch die Vorverurteilung erlittenen Belastungen lediglich eine Strafmilderung zubilligt. Letztlich wäre auch zu prüfen, ob mit der Anwendung von § 153 oder § 153 a StPO zwei Zwischenebenen im Sanktionssystem geschaffen werden können. In den folgenden Ausführungen soll untersucht werden, ob bei der öffentlichen Vorverurteilung überhaupt die Anwendung jeder einzelnen Ebene in Betracht kommt und rechtlich legitimiert werden kann. In jedem Fall hat eine Klärung dahingehend zu erfolgen, unter welchen Voraussetzungen, welche Sanktionsmöglichkeit zur Anwendung gelangen soll.

1. Verfahrenshindernis aufgrund belastender Medienberichterstattung

Die Annahme eines Verfahrenshindernisses stellt die schärfste rechtliche Sanktion öffentlicher Vorverurteilung dar, weil sie den staatlichen Strafanspruch gänzlich negiert und damit sofort auch Befürchtungen über entstehende Strafbarkeitslücken und eine damit verbundene Verletzung des Gerechtigkeitsaspekts aufkommen läßt. Insofern überwiegt hier im Schrifttum die Ablehnung.[570] Die Annahme eines Verfahrenshindernisses würde neben der aus der Belastung für den Angeklagten herzuleitenden inhaltlichen Rechtfertigung natürlich auch eine normative Begründbarkeit voraussetzen.

---

570 Gegen ein Verfahrenshindernis argumentieren beispielsweise Hassemer, NJW 1985, 1921, 1927 f; Roxin, NStZ 1991, 153 f; Krekeler, AnwBl. 1985, 426, 430; Dalbkermeyer, Schutz des Beschuldigten, S. 226 ff.

a. Normative Begründung eines Verfahrenshindernisses

aa. Rechtsgrundlage

Wie bereits dargelegt, werden von der öffentlichen Vorverurteilung Menschenwürde, allgemeines Persönlichkeitsrecht, Rechtstaatsprinzip einschließlich des Grundsatzes des fair trial und vor allen Dingen die Unschuldsvermutung betroffen. Rechtsgrundlage für ein Verfahrenshindernis kann von daher Art. 1, 2 Abs. 1 GG i. V. m. Art. 6 Abs. 2 EMRK und dem Rechtstaatsprinzip aus Art. 103 GG sein.[571] Hierin werden bereits nicht zu überwindende dogmatische Hindernisse gesehen. So wird überwiegend argumentiert, daß eine positivrechtliche Regelung eines Verfahrenshindernisses in solchen Fällen fehle und auch Art. 6 EMRK weder ein solches noch sonst irgendeine Rechtsfolge vorsehe.[572] Diese Argumentation ist bei näherer Betrachtungsweise allerdings wenig tragfähig, weil auch andere anerkannte Prozeßhindernisse, wie etwa die Verhandlungsunfähigkeit nicht ausdrücklich normiert sind.[573] Eine Relevanz kann das Argument höchstens bei einem Vergleich der Anknüpfungsnormen für ein Prozeßhindernis mit denjenigen Rechtsnormen, die eine konkrete prozessuale Rechtsfolge vorsehen, erlangen. So findet im Bereich der überlangen Prozeßdauer ein Vergleich zwischen Art. 6 Abs. 1 Satz 1 EMRK, der den Anspruch auf beschleunigte Anhörung vor Gericht ohne Rechtsfolge regelt und Art. 5 Abs. 4, Abs. 5 EMRK statt, der eine prozessuale Rechtsfolge bei der Verletzung des besonderen Beschleunigungsgrundsatzes vorsieht.[574] Es wäre jedoch fehlerhaft, das Fehlen einer Rechtsfolgenregelung in Art. 6 EMRK dahingehend zu interpretieren, daß im Falle der Verletzung weder ein Verfahrenshindernis noch eine sonstige Rechtsfolge entsteht. Art. 6 EMRK enthält zahlreiche Elemente des Anspruchs des Angeklagten auf ein faires Verfahren. Dies beinhaltet neben der Unschuldsvermutung, auch die in angemessener Zeit und billiger Weise erfolgende öffentliche Verhandlung vor dem unabhängigen, gesetzlichen Richter. Der supranationale Gesetzgeber der EMRK war noch nicht in der Lage, für alle diese möglichen Verstöße eine konkrete Rechtsfolge festzulegen bzw. für die Verfahrensordnungen sämtlicher Vertragsstaaten eine solche anzuordnen. Er stand vielmehr vor der Alternative, eine Mehrzahl von zulässigen Rechtsfolgen anzubieten oder

---

571 Vgl. BVerfG 57, 250, 274; 63, 5, 60; StV 1993, 352, 353; Gatzweiler StraFo 1995, 64, 66. Zu der Frage der Rechtsgrundlage siehe auch die Entscheidung des Europäischen Gerichtshofs für Menschenrechte (EuGRZ 80, 247).

572 Vgl. Kleinknecht/Meyer-Goßner, Art. 6 EMRK Rn. 9.

573 Hierauf weist Weiler zutreffend hin, vgl. GA 1994, 561, 576.

574 Siehe dazu BGHSt 21, 81, 84; OLG Koblenz, NJW 1972, 404.

auf eine Rechtsfolgenregelung gänzlich zu verzichten, damit die Vertragsstaaten in die Lage versetzt werden, diesen Sachverhalt selbst in ihren Verfahrensordnungen zu regeln. Für letzteren Weg hat man sich dann entschieden. Der deutsche Gesetzgeber hat zwar bei der Transformation des Art. 6 EMRK in nationales Recht eine bestimmte Rechtsfolge bei Normverstößen nicht festgeschrieben, dies besagt jedoch nicht, daß er hier noch keine Rechtsfolge vorsehen wollte. Die unveränderte Übernahme von Normen aus völkerrechtlichen Verträgen durch ein Transformationsgesetz ist vielmehr eine verbreitete und gebräuchliche Praxis des Gesetzgebers, so daß davon auszugehen ist, daß er die Rechtsfolgenfrage offengelassen hat, um Rechtsprechung und Lehre Raum für die Ausfüllung derartiger Regelungslücken zu geben.[575] Das Fehlen einer positivrechtlichen Regelung eines Verfahrenshindernisses bei Verletzung des Art. 6 Abs. 2 EMRK aufgrund öffentlicher Vorverurteilung kann daher kein tragfähiges Argument gegen sein Bestehen sein.

bb. Verstoß gegen den Sphärengedanken

Bemerkenswerter ist schon das Argument, das auf die Herkunft der Störung des Verfahrens abstellt. Eine überlange Verfahrensdauer liege im Verantwortungsbereich der Justiz. Diese müsse bei einer von ihr verursachten Verzögerung im Verfahrensgang die Konsequenzen eines Verfahrenshindernisses tragen. Die Vorverurteilung durch belastende Medienberichterstattung werde aber von außen in das Strafverfahren hineingetragen, ohne daß die Justiz dies verhindern könne. Deshalb dürfe diese auch nicht an die Ausübung ihrer Funktion durch ein Verfahrenshindernis gehindert werden.[576]

Daß diese Argumentation an den Realitäten der Rechtspraxis vorbeigeht, ist bereits hinreichend dargelegt worden. Es wird übersehen, daß Medienberichterstattung, insbesondere dann wenn die Hauptverhandlung noch nicht stattgefunden hat, überhaupt nur möglich ist, wenn zuvor Medienvertreter auch informiert worden sind. Die Information geht hier in der Regel von staatlichen Stellen aus.[577] Es ist bekannt, daß Staatsanwaltschaften sich nicht immer an die Richtlinien für ein Strafverfahren halten. Fälle, in denen Anklageschriften an Journalisten weitergegeben wurden, sind keine

575 So die Argumentation von Weiler, GA 1994, 461, 576.
576 So die Argumentation von Hassemer, NJW 1985, 1921, 1928; Dalbkermeyer, Schutz des Beschuldigten, S. 228.
577 Ulsamer, Festschrift für Jauch, 221, 223 f.

Seltenheit.[578] Zutreffend weist Hassemer daher darauf hin, daß die Strafjustiz bei Vorverurteilungen auch (Mit-) Täter, Anstifter oder Gehilfe ist.[579] Staatsanwaltschaft und Polizei geben durch Pressekonferenzen in frühen Verfahrensstadien, bei denen durch Preisgabe sämtlicher Einzelheiten gegen das Präjudizierungsverbot verstoßen wird, den Anlaß für eine Stimmungmache in der Öffentlichkeit und deren Manipulation.[580] Wenn das aber der Fall ist, so bedeutet dies, daß der Anspruch des Beschuldigten auf ein faires rechtstaatliches Verfahren durch Richter, Staatsanwälte oder Polizei vereitelt wurde. Verschafft die Justiz diesen Personen ein Recht zum Eingriff in die grundrechtsrelevanten Sphäre eines Beschuldigten, so muß sie sich auch deren Fehlverhalten zurechnen lassen und ist dafür verantwortlich.[581]

Das ist auch in anderem Zusammenhang unbestritten. Gelangen etwa Anklageschriften und Vernehmungsprotokolle an die Medien, so ist das Prinzip der Unmittelbarkeit der Beweisaufnahme tangiert. Gem. § 261 StPO gewinnt der Richter seine Überzeugung nur aus dem Inbegriff der Hauptverhandlung und nicht aus verbreiteten Akteninhalten. Wird dieser Grundsatz verletzt, so hat dies auch revisionsrechtliche Konsequenzen.[582] Mit dem Sphärengedanken wird man somit bei der Ablehnung des Verfahrenshindernisses nicht weiterkommen.

cc. Die Disposition der Presse über den Strafanspruch

Der oben bereits angeführte Gerechtigkeitsaspekt führt weiterhin zu dem Argument, daß der staatliche Strafanspruch nicht durch das vorbezeichnete Fehlverhalten verwirkt werden könne.[583] Der Strafanspruch werde nicht dadurch tangiert, daß einzelne Beamte der Polizei oder der Staatsanwaltschaft auf pflichtwidrige Weise Informationen an die Medien weiterleiten und so den Grundstein für die öffentliche Vorverurteilung

---

578 So Roxin, NStZ 1991, 153, 158, mit dem Hinweis auf J. Wagner, Strafprozeßführung, S. 24 ff. Bemerkenswert ist auch der Satz von Mauz im "Spiegel", daß Strafsachen am Publizitätsmarkt wie Börsenpapiere gehandelt werden, vgl. "Der Spiegel" 31/1977. Der wohl bekannteste Fall des Verstoßes gegen das staatsanwaltschaftliche Diskretionsgebot war das im Rahmen der Parteispendenaffäre geführte Ermittlungsverfahren gegen den damaligen Bundeswirtschaftsminister Graf Lambsdorff. Der Spiegel hatte in seiner Ausgabe vom 29.11.1982 Vernehmungsprotokolle von Zeugen aus den Akten der Bonner Staatsanwaltschaft abgedruckt. Die damalige Justizministerin von Nordrhein-Westfalen mußte daraufhin einräumen, daß es bei der Staatsanwaltschaft wohl undichte Stellen gegeben habe; siehe dazu Dalbkermeyer, Schutz des Beschuldigten, S. 5.

579 Hassemer, NJW 1985, 1921, 1927. Trotzdem lehnt Hassemer ein Verfahrenshindernis ab, mit dem Argument, die Vorverurteilung sei kein "hausgemachtes" Problem der Justiz und könne daher nicht gegen diese verwendet werden. Auf die Widersprüchlichkeit jener Argumentation weist Hillenkamp, NJW 1989, 2841, 2845, zutreffend hin.

580 So Dalbkermeyer, Schutz des Beschuldigten, S. 163.

581 Siehe Weiler, GA 1994, 561, 581 f.

582 So Roxin, NStZ 1991, 153, 158.

583 BGH, StV 1985, 398 f.

legen. Dies könne dem Staat nicht zugerechnet werden, weil man ansonsten eine unzulässige Identifikation "schwarzer Schafe"[584] mit dem Staat vornehme und man dem Mißverständnis Vorschub leiste, beim Strafanspruch gehe es um ein disponibles Recht.[585]

Mit dieser Argumentation wird jedoch nicht der Kern des Verfahrenshindernisses getroffen. Der Beschuldigte hat in jedem Fall einen Anspruch auf ein faires rechtsstaatliches Verfahren. Dabei ist es für die Rechtsfolge unerheblich, welcher Repräsentant der Strafverfolgungsbehörde diesen Anspruch vereitelt, weil die Grundrechte des Beschuldigten Abwehrrechte gegen den Staat sind. Wenn der Staat einzelnen Personen eine Eingriffsbefugnis in Grundrechte Dritter gibt, so muß er sich auch deren Fehler zurechnen lassen.[586]

Im übrigen geht es auch nicht um den Strafanspruch als disponibles Recht. Ein Verfahrenshindernis von Verfassung wegen bedeutet nicht den Untergang des materiellen Strafanspruchs, sondern lediglich des Rechts, diesen im Verfahren durchzusetzen.[587] Dies geht auch aus der Feststellung des BVerfG hervor, daß eine so erhebliche Verletzung des Rechtstaatsgebots in Strafverfahren vorkommen kann, daß eine Fortsetzung des Verfahrens rechtsstaatlich nicht mehr hinnehmbar sei, hervor.[588] Mit dem Gedanken der Verwirkung und der fehlenden Zurechnung des Verschuldens der Beamten der Strafverfolgungsbehörde wird man eine Verfahrenshindernislösung somit nicht ablehnen können.

dd. Funktionsfähigkeit der Rechtspflege

Oftmals wird in dem Verfahrenshindernis von Verfassung wegen auch ein Angriff auf die Funktionstüchtigkeit der Strafrechtspflege gesehen.[589] Dabei wird allerdings verkannt, daß insbesondere bei den in diesem Zusammenhang relevanten Sachverhalten ein Versagen gerade der Strafrechtspflege vorliegt. Ein Verfahrensabbruch kann die Wiederholung eines solchen Fehlverhaltens in Zukunft verhindern. Hier käme dann auch die ergänzende Disziplinierungsfunktion des Verfahrenshindernisses zum Aus-

---

584 So BGHSt 32, 354; Foth, NJW 1984, 222.

585 So BGHSt 32, 345, 353; StV 1985, 399; Foth, NJW 1984, 222 f.; Seelmann, ZStW 95 (1983), 820 f.

586 So Weiler, GA 1994, 561, 582.

587 So Hillenkamp, NJW 1989, 2841, 2846; ders. JR 1975, 138 f.

588 BVerfG, StV 1984, 98.

589 So beispielsweise die Argumentation von Bruns, NStZ 1983, 49, 51.

druck, die gerade die Erhaltung des Rechtsstaats bewirkt und nicht dessen Gefährdung.[590]
Eng damit zusammen hängt auch die Befürchtung der Aushöhlung des Legalitätsprinzips durch einen Abbruch des Verfahrens.[591] Ein Abweichen von diesem Prinzip stellt allerdings nicht schon das Prinzip selbst in Frage. Dies geht bereits daraus hervor, daß die Rechtsordnung selbst Durchbrechungen des Legalitätsprinzips, etwa durch Opportunitätsvorschriften der §§ 153 ff StPO vorsieht. Entscheidend ist hier vielmehr, daß der Grundsatz selbst durch das Regel-Ausnahmeprinzip erhalten bleibt, was jedoch durch den Subsidiaritätsgedanken und den Grundsatz der Verhältnismäßigkeit gewährleistet werden kann.[592]
An die Funktionstüchtigkeit der Strafrechtspflege und deren Grundsätze knüpft auch die nächste denknotwendige Stufe der Kritik an, die ein Verfahrenshindernis wegen öffentlicher Vorverurteilung im Hinblick auf die Anforderung klare, tatbestandliche Voraussetzungen hierfür zu schaffen, nicht für regelbar hält.[593] So sei ein Verfahrenshindernis schon gesetzlich nicht regelbar, da öffentliche Vorverurteilungen auch in extremer Form von ihren Voraussetzungen so graduell und komplex seien, daß man sie präzise gesetzlich nicht regeln könne. Bei der Frage der Intensität der Medienwirkung wirkten zahlreiche Komponenten zusammen, so daß hier keine Einheitlichkeit, sondern vielmehr der konkrete Einzelfall dominiere, so daß man sich in erster Linie in vagen Begriffsbildungen bewege.[594] Ein Verfahrenshindernis wegen eines Rechtsstaatsverstoßes sei von einem einfachen Verfahrensfehler nicht abgrenzbar.[595] Ein Verfahrenshindernis könne nur an Tatsachen festgemacht werden und dürfe nicht erst aufgrund von Wertungen zu ermitteln sein.[596] Die Institution des Verfahrenshindernisses verlange, wie die Verjährung zeige, eine klare Ja-Nein-Entscheidung, deren "Fallbeil" die komplexen und graduellen Entscheidungsmomente im Ergebnis scharf durchtrenne.[597]

---

590 So die Argumentation von Weiler, GA 1994, 561, 581.
591 Vgl. Schoreit, NJW 1993, 881, 885.
592 Weiler, GA 1994, 561, 581.
593 So vor allem Hassemer, NJW 1985, 1921, 1928; Dalbkermeyer, Schutz des Beschuldigten, S. 230; Krekeler, AnwBl. 1985, 426, 430, der betont, daß sich keine allgemeinen Grundsätze darüber aufstellen ließen, von wann ab die Grenze überschritten sei, daß noch angenommen werden könne, der Einfluß der Presseberichte könne gerade noch neutralisiert werden.
594 So Hassemer, NJW 1985, 1921, 1928; Krekeler, AnwBl. 1985, 426, 430.
595 Siehe dazu Scheffler, Die überlange Dauer von Strafverfahren, S. 42 ff.
596 BGHSt 24, 239, 240; 32, 345, 351 f. Genau diese Argumentation hat jüngst das BayObLG wieder aufgenommen, siehe StV 1999, 631 f.
597 So Hassemer, NJW 1985, 1921, 1928.

Diese Kritik wählt insofern schon den falschen Ansatzpunkt, als sie das Verfahrenshindernis von Verfassungs wegen den herkömmlichen bekannten einfachgesetzlichen Verfahrenshindernissen schlicht zur Seite stellt und hieraus die Forderung erhebt, daß dieses Verfahrenshindernis in seiner Erscheinungsform und inhaltlichen Ausgestaltung und seiner einfachen Feststellbarkeit mit den anderen Verfahrenshindernissen vergleichbar sein müsse.[598] Hier bewegt man sich jedoch von dem fort, was das BVerfG als Verfahrenshindernis in diesem Zusammenhang festgeschrieben hat.[599] Es korreliert nicht mit der einfachen Tatsache der Verjährung und auch nicht mit dessen Zwecksetzung, weil es Wertungen und Ausermittlung des gesamten Geschehens voraussetzt. Sieht man jedoch an diesem Punkt die Bedenken, verkennt man, daß ein Verfahrenshindernis von Verfassung wegen sich aus der Natur der Sache von einfachgesetzlichen Verfahrenshindernissen unterscheidet, weil es sowohl die Zielrichtungen des Strafprozesses, als auch diejenigen der Verfassung einbezieht und sich somit zwangsläufig von der einfachgesetzlichen Teleologie entfernt.[600] Eine Verletzung des Übermaßverbotes als zwingende Voraussetzung eines Verfahrenshindernisses von Verfassungs wegen setzt ein abwägendes Bewerten der Begleitumstände voraus und verlangt damit eine von der Feststellung der örtlichen Zuständigkeit völlig unterschiedliche Vorgehensweise. Von daher ist es schon nicht möglich, eine formale Gleichheit aller Verfahrenshindernisse herzustellen.[601] Aus diesem Grunde kann es keine starren Regeln für das Feststellen eines erheblichen Verstoßes gegen das Rechtsstaatsprinzip, der zur Bejahung eines Verfahrenshindernisses führt, geben und deren Fehlen nicht als Argument gegen die Existenz eines solchen angeführt werden.[602] Wenn Gerichte über die Schuld des Angeklagten und über den Ausspruch einer Rechtsfolge zu befinden haben, müssen sie alle wesentlichen Gesichtspunkte des Einzelfalles gegeneinander abwägen. Diese Entscheidung kann von den Gerichten auch bei der Feststellung der Voraussetzungen eines Verfahrenshindernisses wegen erheblicher Verletzung des Rechtstaatsprinzips verlangt werden.[603] Auch bei der Frage der Verhandlungsunfähigkeit eines Angeklagten, etwa wegen einer seelischen Erkrankung, muß das Gericht sich mit Abgrenzungsproblemen ausein-

[598] Dies ist vor allem bei Rieß JR 1985, 45 ff; Volk, StV 1986, 34 ff zu sehen. Kritisch hiergegen Hillenkamp, NJW 1989, 2841, 2846.
[599] So Hillenkamp, NJW 1989, 2841, 2846.
[600] So die Argumentation von Hillenkamp, NJW 1989, 2841, 2846.
[601] So Hillenkamp, NJW 1989, 2841, 2846.
[602] So LG Bad Kreuznach, NJW 1993, 1725; Weiler, GA 1994, 561, 579.
[603] So LG Bad Kreuznach, NJW 1993, 1725.

andersetzen.[604] Es hat darüber zu befinden, ob die Verhandlungsfähigkeit vollständig, teilweise oder überhaupt nicht ausgeschlossen ist und ob gegebenenfalls diese von dauernder oder vorübergehender Natur ist. Die Differenz zwischen dieser Wertung und derjenigen eines rechtsstaatswidrigen Verfahrens, besteht nur in der breiteren Tatsachengrundlage, die der bewertenden Entscheidung zugrunde liegt.[605] Der Existenz eines Verfahrenshindernisses kann dies nicht entgegenstehen. Dies zeigt auch gerade die oben erwähnte Entscheidung des EGMR[606] zum Einsatz polizeilicher Lockspitzel. Aus ihr folgt zwangsläufig die Existenz eines Verfahrenshindernisses bei dieser Fallkonstellation, dessen Vorliegen aufgrund einer gegebenen Tatsachengrundlage wertend zu beurteilen ist.[607]

ee. Revisionsrechtliche Bedenken durch Verfahrenshindernis

Bei der ablehnenden Haltung der Rechtsprechung und der überwiegenden Meinung des Schrifttums gegenüber einem Verfahrenshindernis aufgrund eines gravierenden Rechtsstaatsverstoßes wird vor allem ein revisionsrechtlicher Hintergrund vermutet. So wird die Gefahr einer erheblichen Erweiterung der revisionsrechtlichen Überprüfung eines Urteils gesehen, weil von Amts wegen anhand des gesamten Akteninhalts durch Gesamtabwägung die Rechtsstaatswidrigkeit des Verfahrens zu überprüfen ist. Auch unter dem revisionsrechtlichen Aspekt wäre das Verfahrenshindernis somit systemfremd.[608]

Ob dies jedoch ein dogmatisch einschlägiges Argument gegen das Verfahrenshindernis ist, ist mehr als fraglich. Es ist ein Charakteristikum einer aus der Verfassung abgeleiteten Position, daß diese sich nicht immer völlig systemkonform darstellt.[609] Hier besteht jedoch gerade die Möglichkeit für Gesetzgeber, Rechtsprechung oder Lehre, Brüche zu überwinden und so zu einem konsistenten System zu kommen. Nur auf diese Weise kann die Flexibilität bei der Handhabung des Rechts gewährleistet werden. Die Systemfremdheit eines Instituts hat als Argument gegen seine Anerkennung gerade bei solchen Instituten, die aus der Verfassung abgeleitet werden,

---

604 Hierauf weist Weiler, GA 1994, 561, 581 hin.

605 Vgl. Volk, StV 1986, 34, 36; Weiler, GA 1994, 561, 581.

606 EGMR, StV 1999, 127 f; siehe Kapitel IV 3.

607 Nach der Entscheidung kommt es auf die Art und die Intensität der Einwirkung auf einen noch nicht vorbestraften und auch noch nicht zur Tat entschlossenen Betroffenen an. Entscheidend ist, ob die Tat ohne die staatliche Einwirkung begangen worden wäre, EGMR, StV 1999, 127 f.

608 Diesen Hintergrund in der Argumentation der Gegner der Verfahrenshindernislösung vermutet vor allem Weiler, GA 1994, 561, 579, 580.

609 Dies kann man etwa der Rechtsprechung zur Strafzumessungsbegründung bei der lebenslangen Freiheitsstrafe entnehmen, vgl. BVerfG NJW 1992, 2947 ff, siehe hierzu Geis, NJW 1992, 2938 ff.

eine stark reduzierte Bedeutung.[610] Im Gegenteil dazu liegt sogar eine gewisse Konkordanz mit anderen prozessualen Instituten, wie beispielsweise den Beweisverboten vor, so daß eine Negierung des Verfahrenshindernisses im Hinblick auf die grundsätzliche Struktur von Verfahrenshindernissen nicht zwangsläufig indiziert ist. Die aus der Verfassung hergeleiteten Beweisverwertungsverbote müssen ebenfalls durch eine Gesamtabwägung festgelegt werden.[611] § 344 Abs. 2 Satz 2 StPO hat hier lediglich die Funktion, den Arbeitsaufwand der Revisionsgerichte in einem erträglichen Rahmen zu halten. Wird nun das Verfahrenshindernis der öffentlichen Vorverurteilung auf Extremfälle beschränkt, bei denen die Position des Angeklagten nachhaltig gestört ist, so ist bei einer Prüfung von Amts wegen, selbst bei Unanwendbarkeit des § 344 Abs. 2 Satz 2 StPO der Mehraufwand erträglich und auch hinzunehmen.[612]

ff. Einwände der Rechtspraxis

Abschließend wird noch auf zwei eher auf die Rechtspraxis bezogenen Argumente eingegangen, die häufig gegen das Anerkenntnis eines Verfahrenshindernisses wegen öffentlicher Vorverurteilung aufgeworfen werden. Zum einen wird vor der Gefahr, die Durchführung von Strafprozessen in die Hand der Medien zu legen, gewarnt[613], auf der anderen Seite wird bestritten, daß Medienberichterstattung überhaupt in einer solchen Intensität erfolgen kann, daß Verteidigungspositionen tatsächlich nachhaltig gestört werden.[614]

Der Hinweis, daß man bei Anerkennung eines Verfahrenshindernisses aufgrund Vorverurteilung von Seiten der Medien Strafverfahren zu deren Disposition stellen würde[615], kann nicht überzeugen. Man befürchtet, daß es dann in der Hand der Medien liege, durch entsprechende Berichterstattung den Abbruch eines Prozesses herbeizuführen. Eine solche Lösung verbiete sich, weil damit unter dem Druck nichtstaatlicher Stellen die Funktionstüchtigkeit der Strafrechtspflege als rechtsstaatliches Element preisgegeben würde.[616] Darauf ist zu entgegnen, daß eine Medienkampagne kaum auf einem einzigen Akteur beruht, sondern sich aus einer Vielzahl von Aktivitäten ver-

---

610 So Weiler, GA 1994, 561, 579.

611 Siehe dazu BGHSt 19, 325, 332; 24, 125, 130; 34, 39; 34, 397, 401.

612 So Weiler, GA 1994, 561, 579, 580, der allerdings darauf hinweist, daß sich für die Tatgerichte ein gewisser Mehraufwand ergibt, da diese die Anknüpfungstatsachen des Rechtsstaatsverstoßes aufklären müssen, um so bei einer sachgerechten Bewertung im Rahmen der Entscheidung nach § 206 a StPO oder § 260 Abs. 3 StPO zu kommen.

613 So insbesondere von Roxin, NStZ 1991, 153, 154; Krekeler AnwBl. 1985, 426, 430.

614 So Hassemer, NJW 1985, 1921, 1928.

615 So Roxin, NStZ 1991, 153, 154.

616 So die Argumentation von Roxin, NStZ 1991, 153, 154.

schiedenster Medienvertreter zusammensetzt, die erst durch ein Zusammenwirken das entsprechende Klima der Vorverurteilung schaffen. Insofern ist ein einheitliches Vorgehen der gesamten Medienlandschaft, um über ein Verfahren zu disponieren, eher theoretischer Natur, weil hier meistens unterschiedliche Auffassungen und Zielrichtungen verfolgt werden.

Häufig wird auch damit argumentiert, daß Medienberichterstattung per se kaum Auswirkungen in der Form haben könne, daß von ihr irreparable Beeinträchtigungen für Prozeßbeteiligte zu befürchten seien. So weist Hassemer darauf hin, daß nachhaltige Verletzungen der Verteidigungsfähigkeit des Angeklagten durch ein "Trommelfeuer" der Medien in den USA möglich seien, nicht aber in der deutschen Medienlandschaft.[617] Diese Argumentation ist jedoch vor dem damaligen zeitlichen Hintergrund zu sehen und kann heute als überholt angesehen werden. Die Medienlandschaft hat sich in den letzten Jahren rasant verändert und ist heute eine wesentlich andere. Die Angebotspalette selbst hat sich durch private Anbieter erheblich vergrößert. Der Wettbewerb um Marktanteile ist dadurch härter geworden. Der Konkurrenzdruck durch die Vielzahl der im Medienbereich tätigen Unternehmen führt zu einer Orientierung in erster Linie an ökonomischen Aspekten bei der Gestaltung des Angebotes für den Kunden. Um die Bedürfnisse und Erwartungen der breiten Masse der Konsumenten zu befriedigen, wird das Interesse einer anspruchsvollen Minderheit an einer sachlichen Information der Sensations- und Unterhaltungsberichterstattung geopfert.[618] Die Folgen sind eine immer aggressivere Form der Berichterstattung und immer skrupellosere journalistische Methoden, die für die Betroffenen teilweise verheerende Wirkungen haben können.[619]

Als Fazit bleibt somit festzuhalten, daß aus dogmatischen Gründen die Ablehnung des Verfahrenshindernisses wegen öffentlicher Vorverurteilung nicht begründbar ist. Weder werden Grundprinzipien des Strafprozeßrechtes tangiert, noch kann eine irgendwie geartete Systemwidrigkeit festgestellt werden. Vielmehr muß der vorhandene Raum für Rechtsfindungsprozesse genutzt werden, um so die Handhabung des Rechts flexibel an den Grundwerten der Verfassung zu gestalten und der geänderten Rechtswirklichkeit gerecht zu werden. Wie zuletzt dargelegt, stehen auch an der

---

617 Hassemer, NJW 1985, 1921, 1928.

618 von Becker, Straftäter und Tatverdächtige, S. 74; Dalbkermeyer, Schutz des Beschuldigten, S. 97.

619 Siehe dazu Weiler, AnwBl. 1998, 2, 6; Gatzweiler, StraFo 1995, 64, 66; Dalbkermeyer, Schutz des Beschuldigten, S. 97.

Rechtspraxis orientierte Gründe der Annahme eines Verfahrenshindernisses nicht entgegen.

b. Inhaltliche und sachliche Legitimation eines Verfahrenshindernisses wegen öffentlicher Vorverurteilung

Die bisherigen Ausführungen sind zu dem Ergebnis gekommen, daß normative Erwägungen einem Verfahrenshindernis von Verfassungs wegen nicht entgegenstehen. Um eine Legitimation in sachlicher und inhaltlicher Hinsicht zu schaffen, muß das Verfahrenshindernis aber auch normativ begründbar sein. Hierzu müssen die oben bereits angeführten, einzig in Frage kommenden, Rechtsgrundlagen[620] im Hinblick auf ihre Anwendungsvoraussetzungen einschlägig sein. Zu Bedenken ist hierbei, daß das Betreiben des Strafverfahrens als solches bereits einen Eingriff in die Grundrechte des Beschuldigten bedeutet.[621] Die Strafprozeßordnung als Bestandteil der verfassungsmäßigen Ordnung erlaubt einen Eingriff in den Schutzbereich dieser Grundrechte, die dabei allerdings unter dem Vorbehalt des verfassungsrechtlichen Übermaßverbotes stehen. Ein übermäßiger Eingriff von Verfahrenshandlungen in die Rechtsposition des Beschuldigten ist dann kein erlaubter Grundrechtseingriff mehr und führt zu verfahrensrechtlichen Sanktionen[622], was bei den Fallgruppen der Beweiserhebungs- und Beweisverwertungsverbote auch von der Rechtsprechung anerkannt wurde.[623]

Der Ansatz für das aus der Verfassung abzuleitende Verfahrenshindernis wegen öffentlicher Vorverurteilung liegt somit in einer aus dem Verhältnismäßigkeitsgrundsatz resultierenden Abwägung des staatlichen Strafverfolgungsinteresses mit dem Anspruch des Beschuldigten auf ein faires rechtsstaatliches Verfahren.[624] Der dogmatische Ausgangspunkt für ein Verfahrenshindernis aufgrund Verletzung des rechtsstaatlichen Verfahrens ist somit bei den Grundrechten und dem Grundsatz der Verhältnismäßigkeit zu suchen.[625] Es geht um den Schutz der subjektiven Rechte des Beschuldigten, die durch das Rechtsstaatsprinzip weiter ausgefüllt werden.[626]

---

620 Siehe dazu oben Kapitel V 1 a aa.
621 So LG Bad Kreuznach, NJW 1993, 1725, 1727.
622 So LG Bad Kreuznach, NJW 1993, 1725, 1727.
623 Vgl. BVerfG 34, 238, 245; 35, 202, 220; 80, 367, 563; BGHSt 14, 358; 19, 325, 329; 31, 304, 308; 34, 397, 104.
624 So Weiler, GA 1994, 561, 582.
625 Vgl. I. Roxin, Die Rechtsfolgen schwerwiegender Rechtstaatsverstöße in der Strafrechtspflege, S. 158 ff; Schroth NJW, 1990, 29 f.
626 So Weiler, GA 1994, 561, 583.

Bei einem Strafverfahren wird vielfältig in die Grundrechte des Beschuldigten eingegriffen. Bei Vorliegen der entsprechenden Voraussetzungen der jeweiligen Eingriffsnorm muß er die Durchsuchung von Wohn- und Geschäftsräumen, Kraftfahrzeugen dulden, die Sicherstellung seiner Sachen hinnehmen, Untersuchungshaft erleiden, seine Fernsprecheinrichtung abhören lassen, in der Hauptverhandlung anwesend sein und viele weitere Eingriffe mehr akzeptieren. Diese Zwangsmaßnahmen stellen bei Vorliegen ihrer strafprozessualen Voraussetzungen keinen unerlaubten Eingriff in die Grundrechte dar, weil die Strafprozeßordnung als Teil der verfassungsmäßigen Ordnung die Grundrechte inhaltlich begrenzt oder Grundrechtsschranken aufstellt (vgl. Art. 13, 14 Abs. 1, 2 Abs. 2 GG). Ein Verstoß gegen die Handlungsfreiheit gem. Art. 2 Abs. 1 GG oder gegen die Menschenwürde gem. Art. 1 Abs. 1 GG ist deshalb in dem Verbot sich dem Verfahren zu entziehen und in der Hauptverhandlung anwesend zu sein, grundsätzlich nicht zu sehen.

Die Einschränkung der tangierten Grundrechte steht aber unter dem Vorbehalt der Verhältnismäßigkeit.[627] Voraussetzung für die Grundrechtseinschränkung ist daher die Geeignetheit, Erforderlichkeit und Angemessenheit des Strafprozesses insgesamt.[628] Die Durchführung eines Strafverfahrens ist dabei grundsätzlich zur Wahrung der staatlichen Ordnung unerläßlich. Ein Abbruch des Verfahrens läßt sich im Hinblick auf das bedeutende Strafverfolgungsinteresse nur dann legitimieren, wenn das Strafverfahren infolge des rechtstaatswidrigen Verfahrensfehlers nicht mehr in der Lage ist, seinen Zweck zu erfüllen.[629] Die Aufgabe des Strafprozesses besteht darin, die Wahrheit zu erforschen.[630] Dies darf jedoch nicht um jeden Preis geschehen.[631] Der Strafprozeß muß zu einer materiell richtigen prozeßordnungsgemäß zustandegekommenen und dem Rechtsfrieden dienenden Entscheidung über die Frage der Strafbarkeit des Angeklagten kommen.[632] Gerade aber die materielle Gerechtigkeit und die Schaffung des Rechtsfriedens sind in Frage gestellt, wenn der Angeklagte durch das Verfahren selbst und die damit verbundenen Belastungen erheblich mehr persönliche Nachteile erleidet, als durch die drohende Bestrafung.[633] Eine Wahrheitserforschung

---

627 Siehe BVerfG 44, 353, 373; 63, 131, 144; 65, 1, 44.

628 Siehe etwa LG Bad Kreuznach, NJW 1993, 1725, 1727 mit Hinweis auf die ständige Rechtsprechung des BVerfG und des BGH.

629 So Weiler, GA 1994, 561, 583.

630 BVerfG 57, 250, 275 ff.

631 BGHSt 14, 358, 365.

632 Pfeiffer, in: KK-StPO, Einleitung Rn. 1; Kleinknecht/Meyer-Goßner, Einleitung Rn. 4; Roxin, Strafverfahrensrecht, § 1 Rn. 3.

633 So Weiler, GA 1994, 561, 583.

wird bei endgültiger Beweisvereitelung durch die Justiz unmöglich. Ein durch ein "Trommelfeuer" der Öffentlichkeit vorverurteilter Angeklagter dessen wirtschaftliche, soziale und familiäre Grundlagen und dessen psychologische Verfassung zerstört wurden, wird seine Rolle als Prozeßsubjekt nicht mehr wahrnehmen, der Strafprozeß wird ihn nicht mehr bestrafen können, weil er de facto die Strafe schon erhalten hat. Kann der Strafprozeß als solcher wegen dieser Gründe von Anfang an seinen Zweck nicht erreichen, dann ist ein Verstoß gegen das Verhältnismäßigkeitsprinzip gegeben. Die weitere Verletzung der Grundrechte des Angeklagten kann dann nur noch durch den Verfahrensabbruch mit Annahme eines Verfahrenshindernisses verhindert werden.[634] Ein Strafverfahren, das nur noch zum Spielball eines Medienspektakels degradiert wird, verliert seine Legitimation als rechtsstaatliches Strafverfahren und kann seinen Zweck nicht mehr erfüllen. Unter dem Einfluß äußerst aggressiver Methoden der Medienvertreter, die unter Verletzung der Anonymität des Betreffenden dessen gesamte Privatsphäre vor der Öffentlichkeit offenlegen und so für diesen eine schier unerträgliche Situation schaffen, besteht die Gefahr, daß dieses Klima der Vorverurteilung auf Richter, insbesondere die Laienrichter durchschlägt.[635] Die Forderung nach der Annahme eines Verfahrenshindernisses wegen öffentlicher Vorverurteilung ist daher berechtigt.

c. Tatbestandliche Voraussetzungen eines Verfahrenshindernisses wegen öffentlicher Vorverurteilung

Die bisherige Untersuchung hat ergeben, daß ein Verfahrenshindernis wegen öffentlicher Vorverurteilung aus Art. 1, 2 GG i. V. m. Art. 6 EMRK und dem Rechtsstaatsprinzip anzunehmen ist, wenn eine Verletzung des Grundsatzes der Verhältnismäßigkeit vorliegt. Aufgrund der nachhaltigen Folgen der Anerkennung eines Verfahrenshindernisses sind jedoch seiner Anwendung enge Grenzen gesetzt und die Voraussetzungen hierfür klar und eng zu umreißen. Ein Verfahrensabbruch muß sich auf extreme Fälle beschränken.

Nach Gatzweiler ist ein Verfahrenshindernis dann anzunehmen, wenn die Medienkampagne in Quantität und Qualität eine irreparable Situation heraufbeschwört, die befürchten läßt, daß die richterliche Unbefangenheit und Neutralität nachhaltig und irreparabel gefährdet ist. Er verlangt hierbei den objektiven Nachweis einer in ihrer

---

634 So Weiler, GA 1994, 561, 583.
635 So Gatzweiler, StraFo 1995, 64, 66.

Einseitigkeit durch dichte Abfolge flächendeckenden Berichterstattung in verschiedenen Medien vertieft und verschärft geführten Kampagne gegen den Angeklagten und seine Verteidigung im Verfahren.[636]

Diese Ausführungen bilden sicherlich einen richtigen Ansatz, der jedoch weiterentwickelt werden muß, um der Eingrenzungsfunktion für Extremfälle gerecht zu werden. Weiler hat diese Weiterentwicklung maßgeblich gefördert, in dem er das Vorliegen von vier Kriterien für die Annahme eines Verfahrenshindernisses von Verfassungs wegen fordert.[637]

Erstes Kriterium für die Annahme eines Verfahrenshindernisses von Verfassungs wegen ist zunächst eine durch Strafverfolgungsorgane verursachte erhebliche Rechtsverletzung des Beschuldigten, die die Unverhältnismäßigkeit des gesamten Verfahrens indiziert.[638] Diese Rechtsbeeinträchtigung kann hierbei verfahrensrechtlicher oder sachlicher Natur sein. Ein rein verfahrensrechtlicher Nachteil kann etwa in der Herbeiführung einer völligen Verteidigungsunfähigkeit durch die Auswirkungen einer Pressekampagne liegen. Der sachliche Nachteil wäre in dem Verlust der Freiheit, etwa durch Untersuchungshaft, des öffentlichen Ansehens durch deformierende Presseberichte, der Gesundheit oder der wirtschaftlichen oder sozialen Grundlagen zu sehen.[639] Zwar besitzt hier das Interesse des Staates an der Durchführung des Verfahrens grundsätzlich den Vorrang, weil der Beschuldigte diese Nachteile normalerweise hinzunehmen hat. Diese rechtsstaatswidrige Beeinträchtigung führt jedoch dann zum Bruch des Verfahrens, wenn sie das Maß des üblichen so weit überschreitet, daß die Hinnahme des Verfahrens unzumutbar wird und sie ein solches Gewicht hat, daß das Verfahren insgesamt seinen Zweck die Wahrheit zu erforschen, Schuld oder Unschuld des Beschuldigten festzustellen und gegebenenfalls eine der Schuld angemessene Strafe zu verhängen, nicht mehr erreichen kann.[640]

Ausgehend von Gatzweiler muß weitere Tatbestandsvoraussetzung des Verfahrenshindernisses die Irreparabilität der Rechtsbeeinträchtigung sein.[641] Unter Berücksichtigung des staatlichen Interesses an der Durchführung des Strafverfahrens kann auch ein schwerer Verfahrensfehler allein nicht der Grund für den Verfahrensabbruch sein,

---

636 Gatzweiler, StraFo 1995, 64, 66.
637 Siehe hierzu Weiler, GA 1994, 561, 584 ff.
638 Weiler, GA 1994, 561, 584.
639 Vgl. Weiler, GA 1994, 561, 584.
640 So Weiler, GA 1994, 561, 584.
641 Gatzweiler, StraFo 1995, 64, 66.

sondern nur ein nicht anders ausgleichbarer Nachteil.[642] Die sachlichen Nachteile wie Gesundheitsschaden oder wirtschaftliche Verluste lassen sich hierbei ohne weiteres feststellen. Die Abwägung solcher Nachteile gegenüber einem potentiellen Strafausspruch und die eventuelle Kompensation durch weniger einschneidende Sanktionen ist die schwierige im methodischen Bereich tatrichterlicher Arbeit liegende Entscheidungsfrage, wobei hier die Beschränkung auf Extremfälle die Aufgabe erleichtert.[643]
Ein Verfahrenshindernis fordert jedoch weiterhin, daß der Verstoß gegen das fair trial Prinzip als eine Tatsache von solchem Gewicht zu bewerten ist, daß die Fortsetzung des Verfahrens nicht mehr hinnehmbar ist.[644] Hier hat eine am Verhältnismäßigkeitsgrundsatz orientierte Gesamtabwägung zu erfolgen, bei der das gewichtige Interesse der staatlichen Gemeinschaft an der Durchführung des Strafverfahrens zur Wahrheitserforschung und angemessenen Schuldausgleich gegen den Rechtstaatsverstoß zueinander ins Verhältnis zu setzen sind.[645] Hier gilt als Abwägungsprinzip, daß das Strafverfolgungsinteresse um so höher zu bewerten ist, je schwerwiegender der strafrechtliche Vorwurf ist, der dem Angeklagten gemacht wird. Im Gegenzug hierzu wird man einen Verfahrensabbruch um so eher rechtfertigen können, je schwerer der Rechtsstaatsverstoß wiegt.
Abschließend ist noch zu berücksichtigen, daß das Verfahrenshindernis von Verfassungs wegen subsidiär gegenüber anderen prozessualen oder materiell-rechtlichen Maßnahmen ist, die den Rechtsstaatsverstoß angemessen ausgleichen können.[646] So sind andere, einfach festzustellende Verfahrenshindernisse oder ein Freispruch aufgrund der Beweisregel "in dubio pro reo" vorrangig. Schließlich ist zu prüfen, inwieweit andere Ebenen des sanktionsrechtlichen Systems die öffentliche Vorverurteilung angemessen kompensieren können.[647]
Mit diesen vorbezeichneten Kriterien läßt sich das Verfahrenshindernis aufgrund öffentlicher Vorverurteilung auf Extremfälle beschränken. Dadurch wird dem Interesse der Gesellschaft an der Durchführung des Strafverfahrens hinreichend Genüge getan. Dies ist insoweit wichtig, als auch eine entsprechende Akzeptanz in der Rechtswirklichkeit durch dieses Institut nicht von völlig untergeordneter Bedeutung sein kann.

---

642 So Scheffler, Überlange Verfahrensdauer, S. 176 ff; Hillenkamp, NJW 1989, 2841, 2847.
643 Weiler, GA 1994, 561, 585.
644 Hillenkamp, NJW 1989, 2841, 2847.
645 Weiler, GA 1994, 561, 585.
646 So Hillenkamp, NJW 1989, 2841, 2847.
647 Weiler, GA 1994, 561, 586.

Der Abbruch eines Strafverfahrens, das seinen Zweck nicht mehr erreichen kann, wird hier sicherlich als plausibel und nachvollziehbar zu vermitteln sein.

2. Einstellung nach den §§ 153, 153 a StPO

Erreicht die öffentliche Vorverurteilung in den Medien nicht eine derartige Intensität, daß hierdurch der Zweck des Strafverfahrens insgesamt verfehlt werden würde, so kann dem Grundsatz der Verhältnismäßigkeit dadurch Rechnung getragen werden, daß man einen Rückgriff auf andere Sanktionsmöglichkeiten des formellen und materiellen Strafrechts annimmt. Besonders häufig wird hierbei die Möglichkeit der Berücksichtigung der belastenden Medienberichterstattung bei der Strafzumessung zugunsten des Angeklagten genannt.[648] Zuvor ist jedoch zu verifizieren, inwieweit als Sanktion des formellen Strafrechts, als Ebene zwischen Verfahrenseinstellung und Strafmilderung, eine Einstellung des Verfahrens nach den §§ 153, 153 a StPO in Betracht kommt. Diese Diskussion drängt sich vor allem deshalb auf, weil in den Fällen der überlangen Verfahrensdauer bei den entsprechenden Sachverhalten eine Einstellung nach den vorbezeichneten Vorschriften eine von der höchstrichterlichen Rechtsprechung anerkannte Rechtspraxis ist.[649]

a. Tatbestandliche Anwendungsvoraussetzungen

Nach § 153 StPO kann ein Verfahren eingestellt werden, wenn die Schuld des Täters als gering anzusehen wäre und kein öffentliches Interesse an der Strafverfolgung besteht. Nach § 153 a StPO kann ein Verfahren eingestellt werden, wenn Auflagen und Weisungen geeignet sind, das öffentliche Interesse an der Strafverfolgung zu beseitigen und die Schwere der Schuld der Einstellung nicht entgegensteht. Eine Begrenzung des Anwendungsbereichs bei den Normen ergibt sich dabei schon daraus, daß eine Einstellung hiernach nur bei Vorliegen eines Vergehens erfolgen kann.[650] Während § 153 a StPO ein öffentliches Interesse, welches durch Auflagen und Weisungen beseitigt werden kann, gerade voraussetzt, verlangt § 153 StPO zunächst dessen Nichtvorliegen. Die Auslegung dieses Merkmals begegnet gewissen Schwie-

---

648 So beispielsweise Schäfer, Praxis der Strafzumessung, Rn. 326; Weiler ZRP 1985, 130, 135; Hassemer, NJW 1985, 1921, 1928; Krekeler, AnwBl. 1985, 426, 430.

649 Siehe etwa BGH, NJW 1990, 1000; NJW 1988, 2188; NJW 1996, 2739.

650 Dies ist einhellige Meinung, vgl. Kleinknecht/Meyer-Goßner, § 153 Rn. 1. Eine analoge Anwendung dieser Opportunitätsvorschriften auf Verbrechen wird überhaupt nicht diskutiert.

rigkeiten, da es bei der Anwendung einen beträchtlichen Ermessensspielraum offenläßt. Das öffentliche Interesse ist nicht meßbar und stellt eine Summe sehr widerstrebender Interessenrichtungen dar.[651] Insgesamt behilft man sich hier sowohl mit spezial- als auch mit generalpräventiven Erwägungen.[652] Für ein öffentliches Interesse sprechen zunächst Gründe in der Person des Täters, wie etwa einschlägige Vorbelastungen, gesellschaftsfeindliche Gesinnung oder bewußte Mißachtung der staatlichen Autorität.[653] Auf der anderen Seite können auch Belange der Allgemeinheit ein öffentliches Interesse begründen, so etwa bei außergewöhnlichen Tatfolgen oder wenn es zu verhindern gilt, daß sich bestimmte Ungesetzlichkeiten im Sozialleben einbürgern.[654] Im Zusammenhang mit den Belangen der Allgemeinheit wird allerdings auch das besonders starke Interesse der Allgemeinheit an der Tat genannt, das insbesondere auch durch eine hohe Intensität der Berichterstattung in der Presse über den Fall zum Ausdruck komme und damit ein öffentliches Interesse indiziere.[655] Bei genauer Betrachtung spricht dies jedoch nicht gegen die Anwendung des § 153 StPO im Falle der öffentlichen Vorverurteilung. Gemeint ist hier vielmehr die sachgerechte Berichterstattung in der Presse über den Fall, die lediglich der Informationsfunktion dient und die keinen vorverurteilenden Charakter hat. Eine solche Berichterstattung ist in keinem Fall eine öffentliche Vorverurteilung, und wäre sie noch so umfangreich und intensiv.[656] Insofern ist es naheliegend, in einem solchen Fall das öffentliche Interesse zu bejahen. Gerade aber bei der massiven öffentlichen Vorverurteilung können sich im Hinblick auf die Einwirkungen und Konsequenzen verschiedenster Art für den Angeklagten spezialpräventive Aspekte ergeben, die eine Verneinung des öffentliches Interesses nahelegen. Der in der Regel justizunerfahrene Angeklagte wird mit einem ungewohnten und sehr unangenehmen Phänomen konfrontiert, welches ihn im Regelfall auch nachhaltig beeindrucken wird. Diese negativen Begleitumstände werden von ihm de facto als Strafe empfunden. In einem solchen Fall ist es äußerst fraglich, ob eine Strafe notwendig ist, um den Angeklagten in Zukunft zu einem rechtstreuen Verhalten anzuhalten. In diesem Zusammenhang ist darauf hinzuweisen, daß zu den Belangen der Allgemeinheit, die zur Bejahung des öffentlichen Interesses führen, auch

---

651 So Schoreit, in: KK-StPO, § 153 a Rn. 12.

652 Rieß, in: LR-StPO, § 153 Rn. 28; Schoreit, in: KK-StPO § 153 Rn. 22; Kleinknecht/Meyer-Goßner, § 153 Rn. 7.

653 Schoreit, in: KK-StPO, § 153 Rn. 23.

654 Schoreit, in: KK-StPO, § 153 Rn. 25.

655 Schoreit, in: KK-StPO, § 153 Rn. 25, 26.

656 Siehe dazu im Kapitel III 1 d aa.

die Wiederholungsgefahr gezählt wird.[657] Fehlt nunmehr, aufgrund der Wirkungen, die das bisherige Verfahren auf den Angeklagten gehabt hat, die Wiederholungsgefahr, so kann hieraus auf ein fehlendes öffentliches Interesse geschlossen werden. Vorauszugehen hat natürlich eine umfassende Betrachtung der konkreten Umstände des Einzelfalles, die auch die Feststellung zulassen, daß der Angeklagte durch das Verfahren so beeindruckt ist, daß bei ihm die Wiederholungsgefahr zwar nicht ausgeschlossen, jedoch als sehr gering eingestuft werden kann. Gerade unter Berücksichtigung des großen Ermessensspielraums bei diesem Merkmal wird bei Vorliegen der entsprechenden Fallkonstellationen ein fehlendes öffentliches Interesse an der Strafverfolgung auf der Basis der bisherigen Dogmatik ohne weiteres begründbar sein.

b. Öffentliche Vorverurteilung und geringe Schuld

Weit größere Schwierigkeiten entstehen bei den Begriffsmerkmalen der geringen Schuld und der Schwere der Schuld, die einer Einstellung nicht entgegenstehen darf. Der Gesetzgeber hat diese Merkmale anstelle des früheren Erfordernisses der "unbedeutenden Folgen" in das Gesetz aufgenommen und somit eine Orientierung am Schuldprinzip vorgegeben.[658] Nach der h. M. wird Schuld hierbei als Vorwerfbarkeit der Tat im Hinblick auf die ihr zugrundeliegende, rechtlich tadelswerte Gesinnung definiert.[659] Der Schuldgehalt einer Tat wird somit aus den konkreten Umständen der Tatbestandsverwirklichung gewonnen. Wäre nach diesem Schuldbegriff aufgrund der Tatbestandsverwirklichung die Schuld als nicht mehr gering anzusehen, so könnte dies nicht mehr aufgrund einer öffentlichen Vorverurteilung doch zu einer Einordnung der Schuld als gering führen. Es bliebe vielmehr bei einer Betrachtung der Tat als solcher, die aufgrund der Medienbelastung keine andere Bewertung erfahren könnte. Somit erscheint eine Anwendung der §§ 153, 153 a StPO im Hinblick auf die tatbestandlichen Voraussetzungen der Norm schwierig. Gatzweiler umgeht diese Probleme, in dem er die §§ 153, 153 a StPO analog auf die Fälle der öffentlichen Vorverurteilung anwendet.[660] Dies scheitert nicht am Analogieverbot des Art. 103 GG, da dieses nur für materiell-rechtliche Vorschriften gilt.[661] Im übrigen müßte man in der Anwendung dieser Vorschriften auch eine Analogie zugunsten des Täters sehen, die

---

657 Siehe dazu Schoreit, in: KK-StPO, § 153 Rn. 24.
658 So Schoreit, in: KK-StPO, § 153 Rn. 4.
659 BGHSt 2, 200, Jescheck/Weigend, Strafrecht AT § 39 Abs. 2 I; Maurach-Zipf, Strafrecht AT I 416, Welzel, Das deutsche Strafrecht, 139 ff; Burghardt, GA 76, 333; Gallas, ZStW 67, 1, 45.
660 Siehe Gatzweiler, StraFo 1995, 64, 67; vgl. auch Krekeler, AnwBl. 1985, 426, 430.
661 Siehe dazu Tröndle/Fischer, § 1 Rn. 10 mwN.

ebenfalls ohne weiteres zulässig ist.[662] Bedenken gegen die Annahme einer Analogie können jedoch aus deren Begrifflichkeit folgen. Analogie ist die Anwendung eines Rechtssatzes auf einen von ihm nicht erfaßten Sachverhalt, der dem von ihm erfaßten rechtsähnlich ist.[663] Eine solche Ähnlichkeit wird bei dem Merkmal der geringen Schuld im Sinne der Vorwerfbarkeit im Zusammenhang mit der öffentlichen Vorverurteilung zunächst nicht plausibel erscheinen. Das gleiche Argument würde dann allerdings auch für die Fallgruppe der überlangen Verfahrensdauer gelten. Hier wird jedoch von jeher ohne eine weitere dogmatische Begründung ein Anwendungsbereich der §§ 153, 153 a StPO gesehen.[664] Der BGH erwähnt diese Normen wie selbstverständlich in einer direkten Anwendung, ohne überhaupt die Hilfe der Analogie in Anspruch zu nehmen.[665] Eine Erklärung hierfür könnte sein, daß er losgelöst vom materiellen Schuldbegriff einen eher prozessual geprägten Schuldbegriff seinen Betrachtungen zugrundelegt und sich damit an den im Vorgriff befindlichen Lehren orientiert, die der Schuld lediglich eine strafbegrenzende Funktion attestieren und sie als "Derivat der Generalprävention" bezeichnen und den Schuldbegriff allein oder vorwiegend von den Präventionszwecken der Strafe her bestimmen wollen.[666] Roxin sieht zwischen den Begriffen Schuld und Prävention eine Wechselwirkung im Sinne einer gegenseitigen Beschränkung. Die Schuld basierend auf der normativen Ansprechbarkeit des Menschen ist hierbei um das Element der präventiven Sanktionsnotwendigkeit zu ergänzen. Der Täter sollte nur dann in Verantwortung gezogen werden, wenn er schuldhaft gehandelt hat und eine präventive Notwendigkeit zur Bestrafung des schuldhaften Verhaltens besteht.[667]

Diesem Ausgangspunkt ist insofern zuzustimmen, als daß staatliches Strafen im allgemeinen an den anerkannten Strafzwecken auszurichten ist.[668] Neben dem Aspekt der Generalprävention kommt bei einem modernen auf Resozialisierung abzielenden Strafrecht der Spezialprävention besondere Bedeutung zu. Die Strafe hat die Aufgabe

---

662 Tröndle/Fischer, § 1 Rn. 10.

663 Vgl. Larenz, Methodenlehre der Rechtswissenschaft, S. 381.

664 BGH, NJW 1990, 1000; NJW 1988, 2188; NJW 1996, 2739.

665 So insbesondere bei BGH, NJW 1996, 2739. Es wird dahingehend argumentiert, daß aufgrund des Zeitablaufes die Schuld zum jetzigen Zeitpunkt als gering anzusehen ist. Vor dem Hintergrund des Schuldbegriffs der herrschenden Meinung kann dies jedoch kaum begründet werden, da sich die aus der Tatbestandsverwirklichung ergebene Vorwerfbarkeit nicht durch einen bloßen Zeitablauf verändern kann. Die Handlungen des Täters, seine etwaige zum Ausdruck gekommene Gewaltbereitschaft erfährt einige Jahre später sicherlich keine andere Bewertung.

666 So der strafzweckorientierte Schuldbegriff bei Jakobs, Strafrecht AT, 480 ff; Achenbach in: Schünemann, Grundfragen des modernen Strafrechtsystem,, S. 135.

667 Roxin, Strafrecht AT, § 19 Rn. 3; Festschrift für Arthur Kaufmann, S. 519; ZStW 96, 641.

668 Vgl. Stree, in: Schönke-Schröder, Vorb. §§ 38 ff Rn. 1 ff.

den Täter zu resozialisieren. Sie soll für ihn nicht nur eine Übelszufügung bedeuten, sondern versuchen, ihn derart in die Sozialgemeinschaft wieder einzugliedern, daß er in Zukunft als ihr vollwertiges Mitglied ohne Straftaten in ihr zu leben vermag.[669] Die Notwendigkeit und Wirkung einer Strafe sind hier zu berücksichtigen. Beeindruckt nun die öffentliche Vorverurteilung den Täter so nachhaltig und fügt ihm in Sinne einer vorweggenommenen Strafe erhebliche materielle und immaterielle Nachteile zu, so kann mit guten Gründen angenommen werden, daß er in Zukunft sich rechtstreu verhält, weil er derartigen Belastungen nicht mehr ausgesetzt sein will. Das Verfahren und seine Auswirkungen als solche, lassen dann eine Strafe als nicht mehr erforderlich erscheinen. Sie ist in diesem Fall vom Strafzweck nicht getragen. Hier führt das Fehlen der präventiven Sanktionsnotwendigkeit zu einer Einschränkung des Schuldbegriffs in der Weise, daß sie, den entsprechenden Sachverhalt vorausgesetzt, zur Bejahung des Merkmals der Geringfügigkeit kommt.
Eine so verstandene Auslegung des Begriffs der geringfügigen Schuld führt dann zur Anwendung der §§ 153, 153 a StPO, die bereits bei der überlangen Verfahrensdauer zu sachgerechten Ergebnissen führen. Bereits oben wurde dargelegt, daß die öffentliche Vorverurteilung hiermit im Hinblick auf die Erscheinungsform gleichzusetzen ist.[670]

3. Strafmilderung wegen öffentlicher Vorverurteilung

Im Gegensatz zu den vorbezeichneten rechtlichen Konsequenzen hat im Schrifttum die Meinung, daß belastende Medienberichterstattung als geringfügigste Auswirkung zumindest bei der Strafzumessung zugunsten des Angeklagten zu berücksichtigen ist, eine große Anhängerschaft gefunden.[671] Kritisch äußert sich in diesem Zusammenhang Roxin. Die Strafmilderung als "alternatives Heilmittel" gegen eine verzerrende Medienberichterstattung sei keine "besonders geeignete Therapie". Sie liefere lediglich dem vorverurteilten Schuldigen ein "Trostpflaster" und helfe dort nicht viel weiter. Der vorverurteilte Unschuldige hingegen müsse freigesprochen werden, so daß ihm

---

669 So Stree, in: Schönke-Schröder, Vorb. §§ 38 ff Rn. 15.

670 Vgl. oben Kapitel IV 5. Für eine direkte Anwendung der §§ 153, 153 a StPO spricht sich offensichtlich auch Krekeler aus, siehe AnwBl. 1985, 426, 430.

671 Siehe beispielsweise Schäfer, Praxis der Strafzumessung, Rn. 326; Weiler, ZRP 1985, 130, 135; Hassemer, NJW 1985, 1921, 1928; Krekeler, AnwBl. 1985, 426, 430. Dalbkermeyer, Schutz des Beschuldigten, S. 233. Interessant ist in diesem Zusammenhang auch die Forderung in These 10 der von der Bundesrechtsanwaltskammer empfohlenen Richtlinien, die fordert, daß der Verteidiger darauf hinzuwirken hat, daß spürbare Beeinträchtigungen des Beschuldigten durch Medienpublizität bei den Rechtsfolgen berücksichtigt werden, vgl. Anhang.

eine Strafmilderung ohnehin nichts nütze. Im übrigen sei die Medientätigkeit dem privaten Bereich zuzuordnen und könne daher nicht der Justiz zugerechnet werden.[672] Diese Ansicht geht jedoch am Kern der Sache vorbei. Es ist unangemessen, die Begleiterscheinungen eines Strafverfahrens, die sanktionsähnliche Wirkung haben, völlig zu negieren, zumal diese durch die aus den §§ 230, 231 StPO resultierende öffentlich-rechtliche Anwesenheitspflicht des Angeklagten verursacht werden. Stellt die überlange Verfahrensdauer eine besondere zur Strafmilderung führende Beschwer dar, so muß dies auch für erhebliche Beeinträchtigungen des Persönlichkeitsrechts durch einseitige Berichterstattung gelten. Zwar kann dem später verurteilten Täter die Veranlassung der Vorverurteilung schuldhaft aufgrund seiner begangenen Straftat vorgeworfen werden. Einem Angeklagten kann jedoch unter Berücksichtigung der Unschuldsvermutung nur eine sachlich informierende Berichterstattung zugemutet werden, nicht aber eine Sensationsberichterstattung, die ihn vorverurteilt oder als Objekt reißerischer Berichte belastet.[673] Die bisherigen Ausführungen haben die massiven Beeinträchtigungen des Angeklagten und die nachteiligen Folgen für seinen gesamten Lebensweg, die eine belastende Medienberichterstattung haben kann, hinreichend aufgezeigt. In der Sache selbst ist die Berücksichtigung eines derartigen Phänomens bei der Strafzumessung weitgehend allgemein anerkannt.

Ist damit ein sachlicher Grund für die Berücksichtigung von Medientätigkeit bei der Strafzumessung aufgezeigt worden, so bleiben die Befürworter einer Strafmilderung jedoch eine Antwort darauf schuldig, wie sie ihren Lösungsweg dogmatisch begründen. Eine Legitimation für die Berücksichtigung belastender Medienberichterstattung zugunsten der Angeklagten bei der Strafzumessung wird man aber nur dann vermitteln können, wenn es gelingt, eine normative Grundlage hierfür zu erarbeiten. Die nachfolgenden Ausführungen sollen untersuchen, ob eine solche normative Grundlage vorhanden ist.

a. § 46 StGB

Geht es um Fragen der Strafzumessung, so rückt zuerst § 46 StGB in das Blickfeld. Danach ist die Schuld des Täters Grundlage für die Zumessung der Strafe. § 46 Abs. 2 StGB nennt die Umstände, die beim Strafzumessungsakt für und gegen den Täter abzuwägen sind. Die belastende Medienberichterstattung läßt sich hierbei unter keine

---

672 So insgesamt die Argumentationen bei Roxin, NStZ 1991, 153, 154.

673 So die Argumentation von Weiler, ZRP 1995, 130, 135.

der dort genannten Umstände subsumieren. Dies spricht zwar noch nicht zwangsläufig gegen § 46 StGB als dogmatische Grundlage, da aus der Wendung "namentlich in Betracht kommen" hervorgeht, daß die aufgezählten Umstände nicht abschließend sind und somit auch nicht explizit aufgeführte Umstände in die Strafzumessung Eingang finden können.[674] § 46 Abs. 2 StGB ist aber die Wertung zu entnehmen, daß nur Umstände eine Rolle spielen, die aus dem Bereich von Tat und Täter herrühren.[675] Bei der belastenden Medienberichterstattung handelt es sich gerade nicht um solche Umstände, da es hier um nachträgliche Einwirkung von außen auf den Täter geht. Im übrigen ist beim Schuldbegriff des § 46 StGB gerade von dem materiellen Schuldbegriff auszugehen, der seinen Gehalt durch den auf die konkrete Tatbestandsverwirklichung bezogenen Gesinnungsunwert bestimmt.[676] § 46 StGB müßte somit norm- und systemwidrig angewandt werden und ist schon von daher keine geeignete rechtliche Grundlage für eine Strafmilderung aufgrund belastender Medienberichterstattung. Insofern ist hier den oben angeführten Erwägungen des LG Frankfurt[677] zuzustimmen.

b. § 51 Abs. 1 StGB

Schäfer leitet die Berücksichtigung belastender Medienberichterstattung aus § 51 Abs. 1 Satz 1 StGB her.[678] Danach wird Untersuchungshaft oder eine andere Freiheitsentziehung, die der Verurteilte aus Anlaß einer Tat erlitten hat, auf die Strafe angerechnet. Die Anrechnung sei nicht selbstverständlich, da die Untersuchungshaft keine vorweggenommene Strafe darstelle. Die Anrechnung resultiere auf einer "pragmatischen Billigkeitserwägung", wonach das zur Sicherung des Strafverfahrens auferlegte Übel einen nachträglichen Ausgleich verlange.[679] Schäfer entnimmt dieser Regelung den allgemeinen Grundsatz, daß Belastungen, die durch das Verfahren als solches entstehen, dem Täter bei der Strafzumessung zugute kommen, indem sie bei einer Abwägung des Gesamtübels mitberücksichtigt werden. Dies gelte für überdurchschnittliche Belastungen, wie die öffentliche Vorverurteilung.[680]

---

674 Stree, in: Schönke-Schröder, § 46 Rn. 10.
675 Vgl. Weiler, ZRP 1995, 130, 135.
676 Siehe Kapitel V 2 b.
677 Siehe Kapitel IV 4.
678 Schäfer, Praxis der Strafzumessung, Rn. 326; Festschrift für Tröndle, S. 402.
679 Tröndle, in: LK-StGB, §§ 51, Rn. 13, 15 ff.
680 So die dogmatische Herleitung von Schäfer, Praxis der Strafzumessung, Rn. 326; Festschrift für Tröndle, S. 402 ff.

Gegen Schäfers Auffassung spricht jedoch schon der Wortlaut des § 51 Abs. 1 StGB, aus dem zum Ausdruck kommt, daß hier nur eine eng eingegrenzte bestimmte Frage, nämlich die Anrechnung der Untersuchungshaft, geregelt werden soll. Wie eng der Anwendungsbereich des § 51 StGB gezogen ist, geht auch aus § 51 Abs. 5 StGB hervor. Sicherlich könnte man § 51 Abs. 1 StGB den allgemeinen Rechtsgedanken entnehmen, daß die Belastung mit einer Zwangsmaßnahme im Ermittlungsverfahren dann, wenn in einer Verurteilung eine der Zwangsmaßnahme entsprechende Sanktion erfolgt, dies im Hinblick auf den zeitlichen Aspekt anzurechnen ist. Dennoch wird die Anrechnung der Dauer einer vorläufigen Entziehung der Fahrerlaubnis auf das Fahrverbot dadurch festgeschrieben, daß man in § 51 Abs. 5 StGB die entsprechende Anwendung des § 51 Abs. 1 StGB ausdrücklich regelt, obwohl eine Anrechnung schon nach dem Rechtsgedanken des § 51 Abs. 1 StGB naheliegt. Eine Norm, die vom Wortlaut her einen derart engen Anwendungsbereich aufweist, wird einen solchen weitreichenden allgemeinen Rechtsgedanken kaum vermitteln können.

Dessen ungeachtet kann § 51 Abs. 1 StGB mit Blick auf die Rechtspraxis auch nicht inhaltlich der Rechtsgedanke entnommen werden, daß Wirkungen des Verfahrens auf den Angeklagten zu berücksichtigen sind. Bei der Untersuchungshaft handelt es sich oftmals nämlich nicht um eine allgemeine Auswirkung des Strafverfahrens. Dies resultiert daraus, daß in der Rechtspraxis die eigentlich der Verfahrenssicherung dienenden Haftgründe längst durch die sogenannten "apokryphen" Haftgründe abgelöst wurden.[681] Hierbei handelt es sich um die für die Anordnung der Untersuchungshaft tatsächlich ausschlaggebenden Gründe, die ungenannt bleiben und sich hinter vorgeschobenen gesetzlichen Haftgründen verbergen.[682] Einer der in der Praxis besonders relevanten Haftgründe ist die vorweggenommene Strafe[683], was Schäfer verkennt. Schlothauer/ Weider weisen auf die weit verbreitete Übung hin, die Untersuchungshaft als sofortige Sanktion für eine angebliche Straftat zu verhängen, da die aktuellen rechtspolitischen Bestrebungen daraus hinauslaufen, auf die Kriminalität mit immer neuen Ermittlungsmethoden und vor allem mit immer härteren Sanktionen zu reagieren.[684] Unter diesem Eindruck ordnen Haftrichter Untersuchungshaft als unmittel-

681 Vgl. Gebauer, Die Rechtswirklichkeit der Untersuchungshaft in der Bundesrepublik Deutschland, 357 ff; Schulz, StraFo 1997, 294, 297.

682 Schlothauer/Weider, Untersuchungshaft, Rn. 268; eine umfassende Auflistung der apokryphen Haftgründe befindet sich dort unter den Rn. 249 ff.

683 So Schlothauer/Weider, Untersuchungshaft, Rn. 274.

684 Schlothauer/Weider, Untersuchungshaft, Rn. 274. Ein Beispiel für die gesetzgeberischen Konsequenzen derartiger rechtspolitischer Bestrebungen ist das im November 1997 verabschiedete 6.

bare Sanktionen für vermeintliche Straftäter an. Verstärkt wird diese Tendenz noch dadurch, daß die in vielen Bereichen der Kriminalität zu erwartenden Geld- oder Bewährungsstrafen nicht als ausreichende Sanktionen angesehen werden. Die angebliche Tat soll mit einer spürbaren Sanktion belegt werden.[685]

Bei der Untersuchungshaft geht es somit in vielen Fällen um Rechtsfolgen und Sanktionen und nicht um eine allgemeine Auswirkung des Verfahrens. Aus § 51 Abs. 1 StGB kann daher nicht eine Strafmilderung im Hinblick auf belastende Medienberichterstattung hergeleitet werden.

c. § 60 StGB

Wenn es um Berücksichtigung der nachteiligen Folgen des Strafverfahrens für den Angeschuldigten geht, so richtet sich zwangsläufig der Blick auch auf § 60 StGB, eine Norm, die in der Praxis eher ein Schattendasein fristet. Dies liegt insbesondere an dem relativ engen Anwendungsbereich. Nach § 60 StGB sieht das Gericht von Strafe ab, wenn die Folgen der Tat, die den Täter getroffen haben, so schwer sind, daß die Verhängung der Strafe offensichtlich verfehlt ist. Dies gilt allerdings nur, wenn der Täter für die Tat höchstens eine Freiheitsstrafe von einem Jahr verwirkt hat.[686] Dies scheint § 60 StGB bei der vorliegenden Problematik zu einer untauglichen Rechtsgrundlage zu machen, da es bei Verfahren, die im Rampenlicht der Medienöffentlichkeit stehen, fast überwiegend um Vorwürfe geht, die, wenn ihr Nachweis geführt wird, eine mehrjährige Haftstrafe zur Folge haben. Aufgrund des klaren Wortlautes der Vorschrift ist auch eine analoge Anwendung auf Fälle, in denen zwar die gesetzlichen Voraussetzungen nicht vorliegen, weil eine höhere Freiheitsstrafe verwirkt ist, jedoch möglicherweise ein kriminalpolitisches Bedürfnis für ein Absehen von Strafe besteht, nicht zulässig.[687] Der Gesetzgeber hat den Gerichten strikt vorgegeben, unter welchen Voraussetzungen von Strafe abgesehen werden kann.[688]

Eine normative Grundlage für eine Strafmilderung aufgrund belastender Medienberichterstattung kann § 60 StGB jedoch dann darstellen, wenn ihr zum einen eine Wirkung auf der Strafzumessungsebene generell zugesprochen werden kann und

---

Gesetz zur Reform des Strafrechts; allgemein hierzu Staechelin, StV 1998, 98 sowie Kreß, NJW 1998, 633.

685 So insgesamt die Argumentation von Schlothauer/Weider, Untersuchungshaft, Rn. 274.

686 Der Gesetzesentwurf sah hier noch eine Zweijahresgrenze vor, siehe Hirsch, in: LK-StGB, § 60 Entstehungsgeschichte. Hassemer, in: Festschrift für Sarstedt, S. 65, 79, forderte die zeitliche Grenze auf zwei Jahre zu erweitern.

687 BGHSt 27, 274, 276.

688 Dies ist einhellige Meinung, vgl. Hirsch, in: LK-StGB, § 60 Rn. 20.

wenn sie zum anderen auch gerade Auswirkungen, die sich aus Vorverurteilungen ergeben, im Sinne des Angeklagten erfassen will.

§ 60 StGB ist zu entnehmen, daß über die Wirkungen der Strafe hinaus auch sonstige Folgen für die Rechtsfolgenbestimmung und damit für den Strafausspruch von teilweise sehr weitreichender Bedeutung sein können.[689] Das Gericht kann sogar von Strafe absehen, wenn im Hinblick auf die Tatfolgen die Strafe offensichtlich verfehlt ist. Verfehlt ist die Strafe, wenn sie aus präventiven Gründen nicht erforderlich ist, weil einerseits der Täter so schwere Schädigungen hat hinnehmen müssen, daß es einer weitergehenden Einwirkung nicht mehr bedarf und andererseits ein Absehen von Strafe Ausdruck humaner Strafrechtspflege ist und einen effektiven Rechtsgüterschutz nicht in Frage stellen würde.[690] Ist ein Absehen von Strafe nicht möglich, weil mehr als ein Jahr Freiheitsstrafe verwirkt ist oder weil die Folgen nicht so schwer sind, daß die Strafe offensichtlich verfehlt wäre, dann muß der Rechtsgedanke des § 60 StGB bei der Strafzumessung berücksichtigt werden, mit der möglichen Konsequenz des Unterschreitens der schuldangemessenen Strafe.[691] Völlig zu Recht betont Maiwald, daß § 60 StGB eigentlich systematisch an falscher Stelle steht und als "Extremfall einer Strafzumessungsregel" anzusehen ist.[692] Zipf will den Rechtsgedanken des § 60 StGB sogar in die allgemeine Strafzumessungsvorschrift übernehmen.[693] Demgemäß kann es heute als allgemeine Meinung angesehen werden, daß der Rechtsgedanke des § 60 StGB analog in die Entscheidung über die Rechtsfolgen Eingang findet.[694]

Klarzustellen ist, daß es sich hierbei nicht um eine originäre Analogie einer Gesetzesnorm handelt, bei der die für einen Tatbestand bestehende gesetzliche Regelung auf einen ungeregelten ähnlichen Tatbestand übertragen wird.[695] Dies läge nur dann vor, wenn die in § 60 StGB vorgesehene Rechtsfolge des Absehens von Strafe angewandt werden würde. Dies wollte der Gesetzgeber, wie bereits dargelegt, aber gerade nicht. Vorliegend soll nur der aus § 60 StGB hervorgehende Rechtsgedanke, daß neben der bei der Tatbestandsverwirklichung zum Ausdruck kommenden Schuld, sonstige aus dem Verfahren selbst resultierenden Umstände, die nachhaltige Negativauswirkungen für den Täter mit sich bringen, zu seinen Gunsten bei der Rechtsfolgenentscheidung

---

689 Siehe Schäfer, Festschrift für Tröndle, S. 400.
690 BGHSt 27, 298, 300.
691 So Schäfer, Festschrift für Tröndle, S. 401.
692 Maiwald, ZStW 1971, 663 ff.
693 Siehe Zipf, JR 1975, 162, 164.
694 Hirsch, in: LK-StGB, § 60 Rn. 44; Stree, in: Schönke-Schröder, § 60 Rn. 12; Tröndle/Fischer, § 60 Rn. 7.
695 Vgl. Larenz, Methodenlehre der Rechtswissenschaft, S. 281.

zu berücksichtigen sind, analog angewandt werden. Eine allgemeine Regelung, die negative Auswirkungen zugunsten des Täters berücksichtigt, hat das Gesetz nicht. Dies stellt sich bei genauer Betrachtung jedoch als eine offene Gesetzeslücke dar. Eine solche liegt nämlich dann vor, wenn das Gesetz für eine bestimmte Fallkonstellation keine Regelungen enthält, die auf sie anwendbar wären, obgleich es nach seiner eigenen Teleologie eine solche Regel enthalten sollte.[696] Mit einer analogen Anwendung des Rechtsgedankens des § 60 StGB kann diese im vorliegenden Fall bestehende Lücke gefüllt werden, denn gerade dieser Norm kann die Teleologie des Gesetzes negative Auswirkungen des Strafverfahrens für den Angeklagten bei der Rechtsfolgenentscheidung zu seinen Gunsten zu berücksichtigen, entnommen werden. Durch die Ermittlung der ratio legis des § 60 StGB kann daher dieser allgemeine Rechtsgrundsatz entwickelt werden.

Ist damit die Zugehörigkeit des § 60 StGB zur Strafzumessungsebene dargetan, so gilt es nun zu klären, ob nicht nur die generellen allgemeinen nachteiligen Folgen eines Strafverfahrens, sondern gerade auch die Auswirkungen, wie sie eine belastende Medienkampagne verursacht, von dem Rechtsgedanken der Norm erfaßt werden. Vorverurteilungen haben meistens mittelbare Folgen. Wirtschaftliche Schäden, Berufsverlust und Einbußen im sozialen und familiären Bereich resultieren nicht unmittelbar aus der Medientätigkeit. Diese Folgen treten vielmehr durch Handlungen oder Verhaltensweisen Dritter ein, die sich aufgrund der Medienwirkung bewußt oder unbewußt dazu veranlaßt sehen. Teilweise wird aber vertreten, daß § 60 StGB nur die unmittelbaren Folgen der Tat erfasse.[697] Sehr oft sind die Folgen der Medienberichterstattung auch in den psychischen Schäden beim Angeklagten zu sehen. In den Kommentierungen zu § 60 StGB dominiert hingegen bei der Tatfolge eine wirtschaftliche oder auf Körperschäden abstellende Betrachtungsweise.[698]

Derartige Einschränkungen werden jedoch dem Charakter der Norm nicht gerecht. Hirsch weist zu Recht darauf hin, daß § 60 StGB keine Beschränkung auf Folgentypen beinhaltet. Ebensowenig wie die Norm bestimmte Deliktgruppen ausnimmt, werden abstrakte Folgetypen als irrelevant ausgeschlossen. Eine Unterscheidung zwischen materiellen und immateriellen Schäden, zwischen mittelbaren und unmittel-

---

696 So die Definition der offenen Gesetzeslücke bei Larenz, Methodenlehre der Rechtswissenschaft, S. 377.

697 So von Horn, in: SK-StGB, § 60 Rn. 5.

698 Stree, in: Schönke-Schröder, § 60, Rn. 4; Tröndle/Fischer, § 60, Rn. 2 ff; sehr auf wirtschaftliche Gesichtspunkte abstellend auch BayOblG NJW, 1971, 766.

baren Einbußen, zwischen objektiven und subjektiven Folgen, ist weder im Wortlaut noch in Sinn und Zweck der Vorschrift angelegt.[699] Es ist unerheblich, ob es sich um körperlich-seelische oder wirtschaftliche, unmittelbare oder mittelbare Folgen handelt.[700] § 60 StGB enthält eine der Strafzumessung im weiteren Sinne angehörende "Tatfolgenregelung"[701] und will so umfassend alle im Zusammenhang mit Strafverfahren entstehenden Negativfolgen bei der Rechtsfolgenentscheidung zugunsten des Angeklagten berücksichtigten. Verursacht die Medienberichterstattung genau diese Negativfolgen im psychischen, wirtschaftlichen oder sozialen Bereich und entwickelt damit Sanktionscharakter, so ist die normative Reichweite des § 60 StGB betroffen. Insofern ist es auch sachgerecht, Verletzungen des Angeklagten aus einer belastenden Medienkampagne entsprechend der Ratio des § 60 StGB als "poena naturalis" anzusehen, die auf die "poena civilis" anzurechnen ist.[702] Aus alledem folgt, daß eine Strafmilderung aufgrund belastender Medientätigkeit ihre normative Grundlage in der analogen Anwendung des Rechtsgedankens des § 60 StGB findet.[703]

d. Umfang der Strafmilderung aufgrund belastender Medienberichterstattung

Ist mit der obigen Herleitung die rechtliche Grundlage für eine Strafmilderung aufgezeigt worden, so muß man sich nun der Frage zuwenden, in welchem Umfang dies zu geschehen hat. Vorausgegangen ist bereits die Prüfung, daß aufgrund der konkreten Umstände des Einzelfalles die Voraussetzungen für eine Verfahrenseinstellung aufgrund eines Verfahrenshindernisses oder für eine Einstellung nach dem § 153, 153 a StPO nicht vorliegen. Es ist weder zu einer irreparablen Situation, die die Weiterführung des Strafverfahrens als untragbar und zwecklos erscheinen läßt gekommen, noch hat sich ergeben, daß es einer Einwirkung auf den Angeklagten durch entsprechende strafrechtlichen Sanktionen nicht mehr bedarf.

Für die Strafzumessung hat nun eine umfassende Gesamtabwägung aller Umstände des konkreten Einzelfalles zu geschehen. Relevante Gesichtspunkte sind hierbei zunächst Art und Ausmaß des Anklagevorwurfs sowie Art, Dauer und Intensität der

---

699 So die Argumentation von Hirsch, in: LK-StGB, § 60 Rn. 25.

700 Schäfer, Festschrift für Tröndle, S. 401.

701 So Schäfer, Festschrift für Tröndle, S. 400, 401; Tröndle/Fischer, § 60 Rn. 1.

702 So ausdrücklich Hassemer, NJW 1985, 1921, 1928.

703 In diesem Sinne wohl auch Hassemer, NJW 1985, 1921, 1928; Festschrift für Sarstedt, 67, der an anderer Stelle allerdings § 46 als normative Grundlage für die Berücksichtigung belastender Medienberichterstattung ansieht, siehe dazu Hassemer, bei: Kohl, JZ 1985, 669. Auch Krekeler nennt § 60 StGB als normative Grundlage, wobei allerdings die Art und Weise der dogmatischen Anwendung offen bleibt, siehe AnwBl. 1985, 426, 430.

Medienberichterstattung.[704] Zu berücksichtigen ist aber auch die Persönlichkeit des Angeklagten und seine Lebenssituation. Die Einwirkungen in sozialer, wirtschaftlicher und familiärer Hinsicht durch die Berichterstattung spielt ebenso eine Rolle wie die individuelle Verteidigungsfähigkeit des Angeklagten. Zur letzteren zählen die psychische Widerstandskraft des Betreffenden, seine intellektuelle Fähigkeit zur argumentativen Reaktion auf die Vorwürfe und die Chancen über einen eigenen Zugang zu den Medien, die abweichende Position öffentlich darzustellen und entlastende Umstände einzubringen.[705] Auch darf bei einem prominenten Angeklagten das Medieninteresse weit weniger rechtliche Auswirkungen haben als bei einem Angeklagten, der bisher in einem engen, eingegrenzten Lebensbereich in weitgehender Anonymität lebte.

Ist aufgrund dieser Gesamtabwägung eine Strafmilderung angezeigt, so muß noch festgestellt werden, in welchem Umfang sich die belastende Medienberichterstattung bei der Strafzumessung als Milderungsgrund auswirkt. Es wäre zunächst daran zu denken, die belastende Medienberichterstattung in den Strafzumessungsakt bei der Bewertung der Umstände nach § 46 Abs. 2 StGB zu integrieren. Dieser Weg ist schon deshalb abzulehnen, weil damit § 46 StGB über einen Umweg wieder zur normativen Grundlage gemacht werden würde, was er aber aus den angeführten Gründen nicht sein kann. Zudem würde dies den gravierenden Auswirkungen von Medienberichterstattung auf das Leben des Angeklagten nicht gerecht. Diese führen beim Angeschuldigten oftmals zu nachhaltigen Schäden im sozialen, familiären und beruflichen Bereich, einhergehend mit massiven psychischen Belastungen. Da Folgen dieser Art für den Angeklagten häufig schwerer wiegen als die Sanktionen selbst, ist es angebracht, der belastenden Medienberichterstattung im Rahmen der Strafzumessung eine Bedeutung zukommen zu lassen, die im Strafausspruch auch deutlich zum Ausdruck kommt. Hierbei können die im Strafgesetzbuch normierten Fälle der Strafmilderung als Orientierung dienen. In zahlreichen Bestimmungen wird eine Strafmilderung zwingend oder fakultativ festgeschrieben, deren Umfang durch die Verweisung auf § 49 StGB eindeutig umrissen ist. Den Verweisungsnormen liegen bestimmte Gedanken zugrunde, die dazu führen, die Tat unter einer milderen Betrachtungsweise zu sehen. Diese können hinsichtlich der Erheblichkeit durchaus mit der belastenden Medienberichterstattung gleichgesetzt werden. Insofern erscheint es sachgerecht, den

---

[704] So Hassemer, NJW 1985, 1921, 1928; Hillenkamp, NJW 1989, 2841, 2849.

[705] Hassemer, NJW 1985, 1921, 1928.

aus ihr resultierenden Umfang der Strafmilderung ebenso an § 49 StGB zu bemessen. Dabei sollte die Anwendung der Norm umfassend mit ihren beiden Absätzen erfolgen. Dies ermöglicht eine weitere Differenzierung im Hinblick auf die Intensität der Belastungen durch die Medienberichterstattung. Je geringer sich diese darstellt, um so eher wird man die Strafrahmenverschiebung des § 49 Abs. 1 StGB und nicht die Milderungsmöglichkeit des § 49 Abs. 2 StGB als angemessen erachten.[706] Die Anwendung des § 49 StGB gewährleistet zum einen, daß die enormen Nachteile belastender Medienberichterstattung sich im Strafausspruch deutlich niederschlagen, sie trägt aber gleichzeitig dazu bei, daß die Strafzumessung sich unter diesem Aspekt als kalkulierbarer Akt darstellt, der auch dem Gesichtspunkt der Gleichbehandlung Rechnung trägt.

[706] Die Milderungsmöglichkeiten des Gerichtes sind bei § 49 Abs. 2 StGB größer, da er eine nahezu schrankenlose Reduzierung des Strafrahmens ermöglicht. § 49 Abs. 1 StGB sieht eine begrenzte Strafrahmenherabsetzung vor; vgl. dazu Stree, in: Schönke/Schröder, § 49 Rn. 1.

VI. Zusammenfassende Thesen der Arbeit

1. Zwischen der Medienberichterstattung über Strafverfahren und deren Ablauf besteht eine Wechselwirkung. Medien nehmen hierbei auf den konkreten Ablauf eines Strafverfahrens erheblichen Einfluß. Aufgrund der Aggressivität und der Intensität der Medientätigkeit empfinden Angeklagte die hierdurch entstandenen materiellen und immateriellen Schäden oftmals als gravierender als die strafrechtliche Sanktion selbst. Insoweit bedarf der Angeklagte hier des Schutzes.

2. Der Schutz des Angeklagten wird durch die dem Konflikt zugrundeliegende Grundrechtskollision erschwert. Dem allgemeinen Persönlichkeitsrecht des Angeklagten, seinem Anspruch auf ein faires und rechtsstaatliches Verfahren und der Unschuldsvermutung steht das Grundrecht der Pressefreiheit entgegen.

3. Bei der Lösung des Problems hat zunächst eine Begriffsfindung der öffentlichen Vorverurteilung stattzufinden. Die Arbeitsdefinition des Bundesministers der Justiz definiert öffentliche Vorverurteilung als Umstände, insbesondere Verhaltensweisen, die geeignet sein können zu beeinträchtigen, daß richterliche und staatsanwaltschaftliche Entscheidungen unbefangen, objektiv und nur aufgrund der jeweils vorgeschriebenen Entscheidungsgrundlage ergehen. Diese Definition ist wegen ihrer rechtstheoretischen und rechtsmethodologischen Schwächen abzulehnen.

4. Der Begriff der Vorverurteilung hat sich am Beschuldigten zu orientieren, da ansonsten die Grenzen zur unzulässigen Einflußnahme auf Staatsanwaltschaft und Gericht verwischt werden. Sachgerecht ist vielmehr eine strikt an der Unschuldsvermutung des Art. 6 Abs. 2 Satz 2 EMRK ausgerichtete Begrifflichkeit. Eine öffentliche Vorverurteilung liegt somit immer dann vor, wenn ein Beschuldigter vor rechtskräftigem Abschluß eines Strafverfahrens als feststehender Täter bezeichnet und ein noch so dringender Tatverdacht als Gewißheit ausgegeben wird. Berichterstattung muß, um als öffentliche Vorverurteilung zu gelten, jedoch eine erhebliche Intensität entfalten. Orientierung gibt hier § 338 Nr. 8 StPO mit seiner hierzu vorliegenden Dogmatik und Kasuistik. Erreicht die Bericht-

erstattung wertungsmäßig den Schweregrad der bei einer Verletzung des § 338 Nr. 8 StPO zugrundeliegenden Rechtsverstöße, so ist von öffentlicher Vorverurteilung auszugehen. Die sachliche Berichterstattung über das Strafverfahren, die nur der Erfüllung der Informationsfunktion der Presse dient, ist schon begrifflich keine öffentliche Vorverurteilung.

5. Die geltende Rechtsordnung stellt dem Angeklagten keine effektiven rechtlichen Möglichkeiten, sich gegen öffentliche Vorverurteilung zu schützen, zur Verfügung. Dies gilt für die Rechtsbehelfe und Schutznormen des Strafrechts, Zivilrechts, Presserechts und des öffentlichen Rechts.

6. Der Schutz des Angeklagten vor öffentlicher Vorverurteilung ist in einer strafrechtsimmanenten Lösung zu suchen. Hierzu bietet sich das System der abgestuften Kette von Sanktionen eines Rechtstaatsverstoßes an. Auf die Dogmatik und Kasuistik zur überlangen Verfahrensdauer und zur Tatprovokation durch Lockspitzeleinsatz kann hierbei Rückgriff genommen werden. Danach kann auf öffentliche Vorverurteilung mit einer Verfahrenseinstellung aufgrund eines Verfahrenshindernisses, mit einer Einstellung nach den §§ 153, 153 a StPO oder mit Strafmilderung reagiert werden. Wann die jeweilige Sanktion zu ergreifen ist, hängt von den konkreten Umständen des Einzelfalles ab. Zu berücksichtigen sind insbesondere die Schwere des Tatvorwurfs, die materiellen und immateriellen Folgen der Vorverurteilung, die Intensität der Pressekampagne und die Einschränkung der Verteidigungsmöglichkeiten des Angeklagten.

7. Rechtsgrundlage für ein Verfahrenshindernis wegen öffentlicher Vorverurteilung ist Art. 1, 2 GG i. V. m. dem Rechtstaatsprinzip des Art. 103 GG und der Unschuldsvermutung des Art. 6 Abs. 2 EMRK. Eine Einstellung des Verfahrens ist nur dann geboten, wenn die Medienkampagne in Quantität und Qualität eine irreparable Situation heraufbeschwört, die befürchten läßt, daß die richterliche Unbefangenheit und Neutralität nachhaltig und irreparabel gefährdet ist. Die Weiterführung des Strafverfahrens muß untragbar sein und würde seinen Zweck nicht mehr erreichen können.

8. Eine Einstellung nach den §§ 153, 153 a StPO ist dann geboten, wenn eine strafrechtliche Sanktion zur Einwirkung auf den Täter nicht mehr erforderlich ist, weil der Täter durch das bisherige Verfahren, insbesondere die durch die öffentliche Vorverurteilung erlittenen Nachteile hinreichend beeindruckt ist. Der Begriff der geringen Schuld hat sich hierbei prozessual und strafzweckorientiert, insbesondere spezialpräventiv auszurichten.

9. In jedem Fall ist die öffentliche Vorverurteilung strafmildernd zugunsten des Angeklagten zu berücksichtigen. Die Rechtsgrundlage bietet die analoge Anwendung des Rechtsgedankens des § 60 StGB, sonstige Nachteile des Strafverfahrens zugunsten des Angeklagten zu berücksichtigen. Der Umfang der Strafmilderung richtet sich nach § 49 StGB.

Anhang

Verteidigung in Ermittlungsverfahren und Medien - Schutz der Verteidigung

Thesen zur Zusammenarbeit Beteiligter eines Strafverfahrens mit den Medien – Diskussionsgrundlage für den Strafrechtsausschuß der Bundesrechtsanwaltskammer (Dr. Karl-Heinz Groß, Ministerialdirigent im Hessischen Justizministerium)

These 1

Strafverfahren werden von der Medienaufmerksamkeit begleitet. Auch die Verteidigung hat sich hierauf einzurichten.

These 2

Es ist eine Aufgabe der Organe der Rechtsordnung und damit auch der Rechtsanwälte als Verteidiger, zu verhindern, daß die Mediendiskussion eines strafrechtlich relevanten Vorkommnisses das justizielle Verarbeitungsmonopol beeinträchtigt.

These 3

Es wird den Staatsanwaltschaften eine wesentlich größere Zurückhaltung bei ihrer Öffentlichkeitsarbeit empfohlen.

These 4

Beim Umgang des Verteidigers mit den Medien sind die ihm vom Strafrecht und vom Standesrecht gezogenen Grenzen zu beachten. Verteidigung ist grundsätzlich nicht über Medien zu führen.

These 5

Es empfiehlt sich, daß der Verteidiger in potentiell medieninteressanten Verfahren mit dem Mandanten eine grundsätzliche Vereinbarung über die Haltung gegenüber den Medien trifft und die Verteidigung gegebenenfalls auch hiernach ausrichtet.

These 6

Der Verteidiger hat den Wunsch des Mandanten gegen die Medienpublizität grundsätzlich zu berücksichtigen. Er darf umgekehrt Publizitätswünschen des Mandanten nicht uneingeschränkt folgen. Grundsätzlich ist dem Mandanten aufzuerlegen, eigene Medienkontakte zu unterlassen.

These 7

Prüft der Verteidiger, ob es angezeigt ist, an die Staatsanwaltschaft mit dem Ziel heranzutreten, das Verfahren möglichst nicht publik zu machen, dann sind die Erfolgschancen sehr kritisch abzuwägen.

These 8

Die Staatsanwaltschaft hat zu einer Pressekonferenz auch den Verteidiger einzuladen. Informandi causa sollte der Verteidiger dieser Einladung in aller Regel Folge leisten. Die gleichzeitige Darstellung des eigenen Standpunktes auf dieser Pressekonferenz hat zu unterbleiben.

These 9

Pressekontakte des Verteidigers dürfen, außer bei Gefahr in Verzug, nur mit Einwilligung des Mandanten stattfinden. Dem Verteidiger wird empfohlen, bei der Aufnahme und der Durchführung solcher Pressekontakte grundsätzlich Zurückhaltung zu wahren. In Einzelfällen kann eine Unterrichtung der Medien den Zweck der Verteidigung dienlich, als Reaktion auf tendenzielle Darstellungen sogar geboten sein.

These 10

Dienstaufsichtsbeschwerden und Ablösungsgesuche wegen unkorrekter Pressekontakte eines Staatsanwaltes können angezeigt sein, sofern sie im Interesse der Verteidigung liegen. Der Verteidiger hat darauf hinzuwirken, daß spürbare Beeinträchtigungen des Beschuldigten durch die Medienpublizität bei der Festsetzung der Rechtsfolgen berücksichtigt werden.

These 11

Strafverteidigung gebietet es gegebenenfalls auch, das Recht auf Gegenvorstellung sowie das Recht auf Widerruf oder Unterlassung gegenüber Presseorganen wahrzunehmen. Hingegen zählt die Geltendmachung von Schadensersatzansprüchen nicht zu den Aufgaben der Strafverteidigung.

These 12

Kritisieren Medien die Tatsache, daß ein offenbar überführter Beschuldigter überhaupt noch aktiv verteidigt wird, dann ist es Aufgabe der Justizbehörden und gegebenenfalls auch der Rechtsanwaltskammer, in der Öffentlichkeit argumentativ dazutun, daß Strafverteidigung unabdingbarer Bestandteil des Rechtsstaates ist.

These 13

Es kann geboten sein, unberechtigten Angriffen gegen die Person des Verteidigers und seine Integrität mit rechtlichen Schritten (Strafantrag, Widerrufs- oder Unterlassungsklage) zu begegnen. In Extremfällen ist die öffentliche Unterstützung des angegriffenen Verteidigers durch die Rechtsanwaltskammer, gegebenenfalls auch durch Gericht und Staatsanwaltschaft angezeigt.

These 14

Nicht ehrenrührige Kritik der Medien an der Führung der Verteidigung ist hinzunehmen. Für den Fall, daß der Verteidiger sich hiergegen wehren will, kommt ein Pressegespräch in Betracht.